臺灣歷史與文化 研究輯刊

四 編

第 16 冊

蘭陽地區傳統文學研究（1800～1945）（上）

陳麗蓮 著

花木蘭文化出版社

國家圖書館出版品預行編目資料

蘭陽地區傳統文學研究（1800～1945）（上）／陳麗蓮 著──
初版 ── 新北市：花木蘭文化出版社，2013〔民102〕
序 2+ 目 6+208 面；19×26 公分
（臺灣歷史與文化研究輯刊 四編；第 16 冊）
ISBN：978-986-322-498-3（精裝）
1. 地方文學　2. 臺灣文學史
733.08　　　　　　　　　　　　　　　102017406

ISBN-978-986-322-498-3

9 789863 224983

臺灣歷史與文化研究輯刊
四　編　第十六冊　　　　　　ISBN：978-986-322-498-3

蘭陽地區傳統文學研究（1800～1945）（上）

作　　　者　陳麗蓮
總 編 輯　杜潔祥
出　　　版　花木蘭文化出版社
發 行 所　花木蘭文化出版社
發 行 人　高小娟
聯絡地址　235 新北市中和區中安街七二號十三樓
　　　　　　電話：02-2923-1455／傳眞：02-2923-1452
網　　　址　http://www.huamulan.tw 信箱 sut81518@gmail.com
印　　　刷　普羅文化出版廣告事業
初　　　版　2013 年 9 月
定　　　價　四編　22 冊（精裝）新臺幣 50,000 元

蘭陽地區傳統文學研究（1800～1945）（上）

陳麗蓮　著

作者簡介

陳麗蓮，宜蘭人。中山大學中國文學系學士、碩士，佛光大學文學系博士。碩士時期致力於儒家喪禮研究，其後醉心區域文學探索，以宜蘭家鄉為鑽研起點，撰寫博士論文，發表學術論文數篇。陸續主編出版頭圍登瀛吟社社員詩集，如《立雪齋詩文集》、《莊芳池吟草》、《畏勉齋詩文集》、《劉夢竹吟草》、《黃振芳吟草》等。另有編著《蘭陽教學奇航——四位國文老師的教學實錄》將區域文學研究成果融入教學中，以文學啟發學生的在地情感。

提　　要

　　一地之文學發展與該地開發程度密切相關，蘭陽地區開發晚於臺灣西部，因此，傳統文學的發展起步也比較晚，本文從區域文學史及文學傳播的角度觀照蘭陽地區傳統文學的研究，希望能為蘭陽傳統文學研究開拓不一樣的視野。

　　本文第一章說明研究動機、文獻分析、研究範圍及預期成果等相關問題。

　　第二章蘭陽地區的自然與人文，是瞭解該地文學發展的基本資料，有助於解析文學作品或活動。除自然地理，人口族群、實業交通、區域發展、文教機構的介紹外，還探討到影響蘭陽文教氛圍的「族規家風」。

　　第三章蘭陽地區鸞書研究，從文學傳播的角度觀察蘭陽地區傳統詩與民間宗教相互影響的情況。文學與文化關係密切，蘭陽地區傳統文人以「吟詩作對」、「扶鸞創作」二種不同的傳播方式傳承漢文化，研究鸞書可發掘文學活動的另一面相。

　　第四章蘭陽地區清治時期（1800～1895）傳統文學研究，撰寫重點放在文學史料整理及此時期詩文題材的分析，行文中闡明清治時期的遊宦文人及本地文人兩者間書寫方向的異同。

　　第五章蘭陽地區日治時期（1896～1945）傳統詩社研究，討論蘭陽地區傳統詩社沿革、社團活動，及此時期活躍詩人之介紹。

　　第六章蘭陽地區日治時期（1896～1945）詩文分析，著重於詩文題材分析及地方描寫。並依蘭陽平原由北至南的順序，論述頭城、宜蘭、羅東、蘇澳地區的地方描寫，以凸顯文學與地景之緊密關係。

　　最後一章總結說明研究成果及展望。本文研究時間點擴及日治時期，較前人局限於清治時期的研究更往前推進一步，探討的文學作品包含詩詞古文及鸞書，不再局限於傳統詩。而實際田野調查，能補充文獻之不足，使各層位的史料相互印證，更清楚呈現蘭陽地區傳統文學的發展。

序　言

　　朋友常問我，讀書寫論文真的那麼有趣嗎？何以我在備課教書，家事繁忙之餘，還有力氣寫論文？除了本身興趣使然，正因為我能得到家人、同事的體諒，師長、朋友的鼓勵，有機會繼續深造，實在是一件幸福快樂的事，怎能不勤學以回報眾人的恩情呢？

　　這一路走來，感謝許許多多親朋好友的支持和協助，感謝父母、公婆全心全意的付出，讓我減輕家務的負擔；感謝熟知鄉鎮地理的外子，天南地北的陪我田野調查，讓我在最快的時間內準確到達目地的；感謝兩個稚齡小孩——晧宸及君蕙，時常忍受媽媽因課業壓力所引發的火爆脾氣，還不忘提醒媽媽要加油喔！

　　感謝石精華、石澄雄、吳鶴森、李坤山、李裕亮、李肇基、林旺根、康濟時、張江樹、張國楨、莊淑娥、莊漢川、莊錫財、莊錫棟、陳文隆、陳圳成、陳長城、陳燦榕、游俊雄、楊君潛、楊晉平、楊欽年、盧旺坤(依姓名筆劃排列)等先進長輩，不辭麻煩的接受訪談，或提供珍貴的文學史料；感謝宜蘭縣史館李素月、林怡伶、游美淑、廖正雄，以及頭城圖書館李日凰、林惠真、林靜芬等人給予史料調查的協助；感謝同事胡靜君熱情相助，費心校對本論文。

　　感謝李紀祥、蔡芳定、潘美月、龔顯宗諸位口考教授提供寶貴的意見，讓本論文更趨完美。更要謝謝時時鼓勵我、催促我、教導我、提攜我的論文指導教授——楊松年老師。

　　因為有你們，我才得以順利完成博士論文。

　　寫作過程中有些章節的內容已發表過。第一章的部分內容曾寫成〈臺灣區域文學史著之書寫〉、〈蘭陽文學之定義及資料收集〉二文，先後發表於 2005

年舉辦的「東南亞華文文學研究新視野：臺新研究經的交流」學術研討會及「蘭陽學的建立：科際整合型區域研究的應用」蘭陽學國際學術研討會。第三章有關頭圍喚醒堂鸞書的研究，曾以〈傳統詩文與鸞書之關係——以《渡世慈帆》李太白詩文為例〉一文發表於，2007 年五月《蘭陽學報》第六期。第五章蘭陽地區日治詩期詩社中有關頭圍登瀛吟社之研究，則發表於 2005 年十月《台灣文學研究學報》第一期，論文題目〈頭圍登瀛吟社之經營與詩作史料整理〉，因發現新史料，有關登瀛吟社社長傳承的部分在此章已獲得修正。

　　書寫「區域文學史」區域範圍的界定是首要之務，然而，我們也應該知道以區域劃分研究範圍時，雖然達到研究上的方便與需要，亦須明白其局限性，才不致於畫地自限，反而抹殺語言、文學等事物的活潑與多變。面對創作者的遷徙流動，文學風格的特色與當地文學活動之關係等問題，都是書寫區域文學史不可避免的難題。清楚的解釋何謂「區域文學史」？應包含哪些範圍？將有助於資料的處理及觀念的釐清。本文從世界華文文學的討論，縮小範圍到蘭陽傳統文學的研究，並注意文學傳播對文學發展的影響。

　　文學傳播的影響是與時推移的，不同的時代有不同的傳播方式。例如清領時期的仰山書院，現在以「仰山吟社」、「仰山文教基金會」兩種型態從事各項文學活動。又如現今各種文學獎的舉辦更能帶動文學風氣，2004 年宜蘭縣政府第一次舉辦蘭陽文學獎很有特色，不同於現今流行文學獎分類，第一屆蘭陽文學獎除小說、散文之外，增加傳統詩的創作，儘管傳統詩收件的類別、評審過程仍有可議之處，整體的努力是值得肯定。筆者進行田調訪談時，也深深感受到蘭陽人對蘭陽文學的關心，這篇論文只是拋磚引玉，希望有志者一同加入研究的行列，莊子曰：「指窮於為薪，火傳也，不知其盡也。」(〈養生主〉)期待大家攜手合作，以寬大的胸襟及宏觀的視野蒐集蘭陽文學史料，書寫蘭陽文學史，讓蘭陽文學的研究繼續發光發熱，共勉之！

附圖目次

參考書目 ································ 529

第一章 緒 論

　　從世界華文文學〔註1〕研究著眼，我們可以將世界華文文學區分為中國、美國、加拿大、澳洲、日本、新加坡及馬來西亞等不同研究區塊，以探討各地華文文學的交流與影響。每一個區塊的研究都值得重視，以臺灣地區的研究來說，如果我們依循「臺灣各地區華文文學研究（例如：基隆地區華文文學、宜蘭地區華文文學、臺南地區華文文學……等）」→「臺灣華文文學」→「世界華文文學」由小到大的脈絡進行，進而分析臺灣文學並與世界各地華文文學進行比較、傳播的研究，也許可以為臺灣地區的文學研究提供一個可行方向。

第一節　研究動機與目的

　　目前臺灣各地區文學史書寫已經受到相當程度的重視，約每隔一年就有一本某地區文學史著出版。綜觀臺中、苗栗、彰化、澎湖等地的文學史著出版，若依出版的順序而言，1995 年出版的《臺中縣文學發展史》由施懿琳、許俊雅、楊翠三人合撰，臺中縣立文化中心贊助協同完成。1997 年施、楊二人又合著《彰化縣文學發展史》，由彰化縣立文化中心出版。1998 年龔顯宗〈安

〔註 1〕 本文「世界華文文學」採用周寧的看法：「世界華文文學指包括中國大陸在內的所有用漢語寫作的文學，它形成一個精神共同體，使用統一的語言，源於共同文學傳統的審美價值，擁有共同作者群、讀者群、媒介、共同的文化價值觀念。」詳見周寧，〈走向一體化的世界華文文學〉，《東南學術》，第 2 期（總 175 期），（福建：東南學術雜誌社，2004 年），頁 155。又佛光大學「世界華文文學網站」亦刊載此文，網址：
http://www.fgu.edu.tw/~wclrc/drafts/Taiwan/yang-s/yang-s-08.htm。

平文學史〉收錄於《臺灣文學研究》，由臺北五南書局出版。陳明台《臺中市文學史初編》，由臺中市立文化中心於 1999 年出版。2000 年，莫渝、王幼華《苗栗縣文學史》問世，由苗栗縣文化中心出版。葉連鵬《澎湖文學發展之研究》爲碩士論文，澎湖縣文化局在 2001 年予以出版。2002 年有高麗敏《桃園縣文學史料之分析與研究》，2003 年有郭麗琴《西螺地區文學發展研究》，以上兩者皆爲碩士論文。2006 年龔顯宗、許獻平合撰《台南縣文學史》由臺南縣政府出版。可見臺灣區域文學史的書寫，已受到學者們的注意。

　　至於臺灣各地區傳統文學方面的研究，則有江寶釵《嘉義地區古典文學發展史》〔註2〕，黃美娥《清代臺灣竹塹地區傳統文學研究》〔註3〕博士論文，以及張作珍《北港地區傳統詩社研究》〔註4〕、王俊勝《清代臺灣鳳山縣詩歌研究》〔註5〕、張淑玲《臺灣南投地區傳統詩研究》〔註6〕、吳淑娟《臺灣基隆地區古典詩歌研究》〔註7〕、林麗鳳《詩說噶瑪蘭，說噶瑪蘭詩——清代宜蘭地區古典詩研究》〔註8〕、游建興《清代噶瑪蘭地區的漢人文學發展》〔註9〕六篇論文分別於 2001 年至 2006 年間取得碩士學位，整體方向偏向傳統詩歌的研究。

　　從臺灣各公私立大學紛紛成立「臺灣文學」研究所，也可窺見學術界已正視「臺灣文學」研究之重要。衡量「臺灣文學」多元且複雜的發展，未來期盼在史料建立、方法訓練、史觀的切磋、世界文學的視野等面向有所開展〔註10〕。2003 年十月十七日正式營運的「國家臺灣文學館」更顯現

〔註2〕　江寶釵，《嘉義地區古典文學發展史》（嘉義：嘉義市文化中心，1998 年）。
〔註3〕　黃美娥，《清代臺灣竹塹地區傳統文學研究》，輔仁大學中文系，1998 年博士論文。
〔註4〕　張作珍，《北港地區傳統詩社研究》，南華大學文學研究所，2001 年碩士論文。
〔註5〕　王俊勝，《清代臺灣鳳山縣詩歌研究》，文化大學中文系，2002 年碩士論文。
〔註6〕　張淑玲，《臺灣南投地區傳統詩研究》，文化大學中文系在職專班，2003 年碩士論文。
〔註7〕　吳淑娟，《臺灣基隆地區古典詩歌研究》，中國文化大學中文所，2004 年碩士論文。
〔註8〕　林麗鳳，《詩說噶瑪蘭，說噶瑪蘭詩——清代宜蘭地區古典詩研究》，政治大學國文教學，2006 年碩士學位班論文。
〔註9〕　游建興，《清代噶瑪蘭地區的漢人文學發展》，佛光人文社會學院文學系，2006 年碩士論文。
〔註10〕成功大學臺灣文學研究所所長陳萬益於「跨世紀/第一屆臺灣文學史料編纂研討會」發表專題演講，講題爲「從臺灣文學研究所的籌備經驗說起」，該演講指出幾個臺灣文學研究上的重要問題，一是臺灣文學的學科發展有其歷史淵

「臺灣文學」研究環境已臻成熟，有獨立運作的行政機構。

　　為什麼臺灣文學的相關研究會受到如此青睞？甚至有「顯學」〔註11〕、「學術新寵」〔註12〕之稱。「臺灣文學」成為大家注目焦點，與研究環境的開放有關，臺灣自由民主的體制以及追求本土化的思潮，鼓勵大家進行此方面的研究是重要因素。筆者以為，對自我生活環境的關切，更是促進我們書寫臺灣文學相關問題的重要動機。

　　古今中外文學經常出現「歸鄉」、「返家」的巡迴母題〔註13〕，臺灣區域文學也顯現書寫者對家鄉的關懷，如施世洁（1856～1992）的懷鄉詩中經常出現以「臺南」為指涉的語詞，如七鯤、鹿耳、赤崁等，呈現相當濃厚的地方色彩。〔註14〕蘭地文人李望洋（1830～1903）至甘肅任官，多以「思家」為詩題，如〈七月十五夜思家〉、〈癸酉午節前一日省寓憶家中兒子〉、〈八月初七日省邸曉起思蘭陽親友〉、〈二十八夜思家〉〔註15〕，抒發對蘭陽家園的思念。黃春明以龜山島象徵蘭陽子弟對家鄉的孺慕之情，〔註16〕蘭陽遊子搭

　　　源，從日治時期至今已有豐富成果，未來應持續下去。二是臺灣文學的多元性與現代性，臺灣文學的語言與文化背景與中國文學最為接近，但無法漢語概括之，日治時期日語、客家語、閩南語、原住民語言等多種語言使用，讓書寫符號多樣而複雜，有獨立研究之必要。三是從事臺灣文學的研究者必須在史料建立、方法訓練、史觀的切磋、世界文學的視野等面向有所開展，臺灣文學這門學科才能永續經營。以上資料取自陳國偉〈「跨世紀/第一屆臺灣文學史料編纂研討會」側記〉，《漢學研究通訊》20：1（總77期）（民國90年2月），頁73。
〔註11〕黃美娥，《清代臺灣竹塹地區傳統文學研究》，輔仁大學中文系，1998年博士論文，頁1。
〔註12〕許俊雅，〈九〇年代臺灣古典文學研究現況評介與反思〉，收入許俊雅主編《講座FORMOSA：臺灣古典文學評論合集》（臺北：萬卷樓圖書有限公司，2004年），頁661。
〔註13〕馬森，〈何處是吾家？〉，《聯合報副刊》（2003年4月16日）。
〔註14〕施世洁（1856～1992），名應嘉，字澐舫，號芸況，又號喆園，晚號耐公，或署定慧老人。清咸豐5年（1856）生於臺南米街，是臺南道光年間進士施瓊芳的次子。光緒3年（1877）考取進士，與其父前後輝映，成為臺灣歷史上唯一一對父子進士。乙未割臺時，因不願當日本統治之民，於是攜家帶眷回到祖里泉州晉江縣西岑，終生不回臺灣，著有《後蘇龕合集》。施世洁內渡後的懷鄉詩已由乙未前遠遊詩中對家人的眷戀，轉為鄉愁與國恨的糾結情緒。向麗頻〈施世洁乙未內渡懷鄉詩初探〉，《日治時期臺灣傳統文學論文集》（臺北：文津出版社，2003年），頁101～135。
〔註15〕李望洋，《西行吟草》（臺北：龍文出版社，1964年），頁53、、59、69、138。
〔註16〕黃春明，〈龜山島〉錄自黃淑瑩編，《歸來吧！龜山──八十二年度全國文藝季宜蘭縣活動成果專輯》（宜蘭：宜蘭縣政府，1994年），頁7。

火車離鄉、返鄉，最能體會龜山島在心中所代表的意義。

依「懷鄉」情感解釋臺灣文學研究受重視的原因，亦有其理。前文所提臺灣各地區文學史作者絕大部分都與撰寫的地區有密切的地緣關係，例如施懿琳是彰化人，他與原鄉是臺中大肚山的楊翠，兩人先後合撰《臺中縣文學發展史》及《彰化縣文學發展史》二書。龔顯宗雖為嘉義人，但久居臺南長達三十年以上，因此書寫〈安平文學史〉。本籍臺中縣豐原市的陳明台〔註17〕撰寫《臺中市文學史初編》。1956 年十月出生於苗栗縣頭份鎮的王幼華〔註18〕，與 1948 年一月出生於苗栗縣竹南鎮的莫渝〔註19〕，兩人皆為苗栗縣新文學作家，攜手合作書寫《苗栗縣文學史》。葉連鵬認為「身為一個文學研究者，就應該要了解自己生長地方的文學」〔註20〕於是選擇自己的家鄉寫了《澎湖文學發展之研究》。郭麗琴寫《西螺地區文學發展研究》則緣於她是西螺媳婦〔註21〕。以上各例凸顯臺灣區域文學史著的作者對自身生活環境的關懷，他們運用自己的專長書寫故鄉（或居住地）的文學發展。

筆者身為蘭陽子弟，是土生土長的「宜蘭囝仔」，秉持關懷鄉土的熱情，自然而然想要對蘭陽地區的文學研究盡一份心力。本文預期目的有六：

1、充實蘭陽傳統文學史料：目前臺灣文學網路資料庫正在積極的建構之中，蘭陽方面的資料明顯不足。例如國家臺灣文學館「臺灣文學詞典」檢索系統〔註22〕，以傳統詩社為範圍，只查得到「仰山吟社」；以傳統文學作者為範圍，只有蕭竹、楊廷理、姚瑩、楊士芳、李望洋、李逢時等人入選，清末日治初期的張鏡光、吳祥輝、鄭騰輝、陳書、張天春、張黃曾、盧纘祥、莊芳池、石壽松等人都沒有建立資料庫，本文研究有助於充實蘭陽地區的文學史料。

2、延長研究斷限：清治時期蘭陽傳統文學較為學者所重視，日治時期則乏人問津，筆者將研究的時間斷限由清治時期延長至日治時期，延伸蘭陽傳統文學研究斷限。

〔註17〕陳明台，《臺中市文學史初編》（臺中：臺中市立文化中心，1999 年），頁 154。
〔註18〕莫渝、王幼華，《苗栗縣文學史》（苗栗：苗栗縣立文化中心，2000 年），頁 284。
〔註19〕同上註，頁 320。
〔註20〕葉連鵬，《澎湖文學發展之研究》（澎湖：澎湖縣文化局，2001 年），頁 1。
〔註21〕郭麗琴，《西螺地區文學發展研究》，中正大學中文所，2003 年碩士論文，頁 1。
〔註22〕網址：http://www2.nmtl.gov.tw:8090/ug-9.jsp?xsd_name=entry&handle，2007 年 6 月 12 日查詢結果。

　　3、文化地理的詮釋：場域的瞭解有助於理解文學作品的創作背景，進而正確的解讀文學作品。本文運用文化地理的詮釋，文學與地景的結合，期待建構本地文學特色。

　　4、區域文學史觀的探索：明確定義史觀，是書寫區域文學史的首要之務。故有別其它區域文學史著約略說明書寫史觀的情況，本文於第一章緒論中，詳述書寫區域文學史觀，作爲寫作本文最高指導原則。區域文學史的書寫除了作者生平及文本的解讀，筆者認爲文學傳播亦是重要的研究課題，因而注意到鸞書的寫作，以及傳統文學「大眾化」發展的傾向。

　　5、報章雜誌的配合：傳播媒體的發達，提供我們瞭解該地該時期的重要資料，尤其蘭陽地區，始終未見「采訪冊」，因此除了方志外，報章雜誌刊載的資料最值得我們重視。

　　6、田野調查的輔助：文獻之外，從事蘭地傳統文學田野調查則有助於瞭解事實的眞相。例如蘇澳潮音吟社社長楊長泉，其生平事蹟鮮少人瞭解，以致有「楊長泉即楊長流」之說。經筆者實際訪查後，得知楊長流爲楊長泉大哥，他們兄弟二人在蘇澳鼓吹傳統文化，不遺餘力。田野調查輔助研究，其助益由此可見。

第二節　文獻分析與探討

　　回顧臺灣傳統文學整體研究成果，1990 前與蘭地傳統文學相關的文章，如鄭喜夫〈李靜齋先生年譜初稿〉〔註23〕，陳長城〈楊進士士芳年表〉、〈吳沙與楊士芳〉、〈楊士芳傳〉、〈宜蘭仰山吟社沿革〉〔註24〕，林振宏〈姚瑩的文彩與風範〉〔註25〕，劉振維〈宜蘭仰山書院之始末及其基本精神〉〔註26〕，

〔註23〕鄭喜夫，〈李靜齋先生年譜初稿〉，《臺灣文獻》第 28 卷第 2 期（1977 年 6 月），頁 95～108。

〔註24〕陳長城，〈楊進士士芳年表〉，《宜蘭文獻》第 2 卷第 1 期（1972 年），頁 157～158。〈吳沙與楊士芳〉，《臺灣文獻》第 28 卷第 3 期（民國 66 年），頁 127～132。〈楊士芳傳〉，《蘭陽》第 35 期（1983 年 9 月 29 日），頁 127～128。陳長城，〈宜蘭仰山吟社沿革〉，《臺北文獻直字》109 期（民國 83 年 9 月），頁 141～144。

〔註25〕林振宏，〈姚瑩的文彩與風範〉，《臺南文化》新 3 期（民國 66 年 7 月），頁 11～15。

〔註26〕劉振維，〈宜蘭仰山書院之始末及其基本精神〉，《漢學研究》第 22 卷第 1 期（2004 年 6 月）。

陳進傳《清代噶瑪蘭古碑之研究》〔註27〕等，皆為零星的研究或發現，未見針對蘭地傳統文學全面深入的討論。

　　1990 至 2000 年間，臺灣古典文學論述的質與量，皆遠遠超過前面的時代，光是單篇論文就有一百五十篇左右。〔註28〕但是，其中只有高志彬〈李望洋研究的課題與文獻〉〔註29〕、劉漢忠輯錄〈楊廷理的「勞生節略」及《東遊草》〉〔註30〕、陳進傳〈宜蘭漢人家族文學初探〉〔註31〕三篇與蘭地文學研究相關。若以學位論文研究情況來看，有關蘭地古典文學研究只能由通論臺灣古典文學著作，如王文顏《臺灣詩社之研究》〔註32〕、周滿枝《清代臺灣流寓詩人及其詩之研究》〔註33〕、廖一瑾《臺灣詩史》〔註34〕、陳丹馨《臺灣光復前重要詩社作家作品研究》〔註35〕、翁聖峰《清代臺灣竹枝詞之研究》〔註36〕、劉麗卿《清代臺灣八景與八景詩》〔註37〕等尋得蛛絲馬跡，尚未出現專論，顯見宜蘭古典文學研究仍留有許多空白階段。本論文以蘭地傳統詩文、鸞書為研究對象，期待讓宜蘭文學研究少一點留白的扉頁。

　　宜蘭縣文化局出版刊物中以楊欽年《詩說噶瑪蘭》〔註38〕堪稱第一部仔細剖析蘭陽傳統詩的著作，該書運用「以詩明史，以史證詩」的手法，選擇清治時期蕭竹友、楊廷理、董正官、烏竹芳、柯培元、李若琳、李逢時等七位游宦詩人作品，依詩作內容分成「政事文教篇」、「風土形勢篇」、「族群互

〔註27〕陳進傳，《清代噶瑪蘭古碑之研究》（臺北：左羊出版社，1989 年）。
〔註28〕許俊雅〈九〇年代臺灣古典文學研究現況評介與反思〉於 2000 年 6 月 1～2 日發表於九十年代兩岸三地文學現象國際學術研討會。此文亦收入同註 12 一書附錄一，頁 644～658。
〔註29〕高志彬，〈李望洋研究的課題與文獻〉，《宜蘭文獻雜誌》第 12 期（1994 年 11 月），頁 2～9。
〔註30〕劉漢忠輯錄，〈楊廷理的「勞生節略」及《東遊草》〉，《臺灣文獻》第 47 卷第 1 期（1996 年 3 月），頁 5～9。
〔註31〕陳進傳，〈宜蘭漢人家族文學初探〉，《臺灣古典文學與文獻研討會論文集》（臺北：文津出版社，1999 年），頁 146～192。
〔註32〕王文顏，《臺灣詩社之研究》，政治大學中文所，1979 年碩士論文。
〔註33〕周滿枝，《清代臺灣流寓詩人及其詩之研究》，政治大學中文所，1981 年碩士論文。
〔註34〕廖一瑾，《臺灣詩史》，文化大學中文所，1983 年博士論文。
〔註35〕陳丹馨，《臺灣光復前重要詩社作家作品研究》，東吳大學中文所，1991 年碩士論文。
〔註36〕翁聖峰，《清代臺灣竹枝詞之研究》，淡江大學中文所，1991 年碩士論文。
〔註37〕劉麗卿，《清代臺灣八景與八景詩》，中興大學中國文學所，2000 年碩士論文。
〔註38〕楊欽年撰文，周家安圖說，《詩說噶瑪蘭》（宜蘭：宜蘭縣文化局，2000 年）。

動篇」、「勝景人物篇」四類。楊欽年長期致力於宜蘭傳統文學研究，他細讀
文本，旁徵博引，今古呼應，以現今通行白話文重新詮釋詩作，再配合周家
安大量圖說，讓文學與歷史密切結合，也讓讀者更瞭解這些詩作，值得後學
者取鏡。

另有高志彬寫的〈宜蘭河文學資料調查錄（初編）──以漢語傳統文學
為限〉收入 2003 年宜蘭縣文化局出版的《故鄉的河　慢慢的流：宜蘭河生命
史討論會論文集》〔註 39〕，該文以書寫宜蘭河之傳統詩為關懷重點，詳列有
關宜蘭河的傳統詩 55 首，詩文評論較少，文獻史料整理之貢獻為大，尤其第
一節「宜蘭文學資料簡述」，雖為簡述，且限於傳統詩之文學史料介紹，但實
為進入宜蘭傳統文學引路明燈。筆者整理該文所提到日治時期之前的蘭陽地
區傳統文學史料，並標明這些史料現況，如下表所示；

時　　間		蘭陽地區傳統文學史料	現　況
清治時期	嘉慶、道光	柯培元《噶瑪蘭志略》藝文志、雜識志	存
		陳淑均《噶瑪蘭廳志》雜識上下	存
	咸豐至光緒	《宜蘭縣采訪冊》	佚
		林師洙《滄波集》	佚
		李春波《藝海》	佚
		李望洋《西行吟草》	存
		李逢時《泰階詩稿》	存
日治時期	初期	（尚未尋得任何相關書籍）	
	中期	登瀛吟社《擊鉢吟錄》、《詩集》、《徵詩錄》	存◎
		仰山吟社莊及峰輯《仰山吟草》	佚
	末期	蘭地詩社社員登於《詩報》之作品	存◎
		陳書《畏勉齋詩文集》	存◎

上表「現況」欄標明「存」者，為已出版之資料，宜蘭縣史館均有館
藏。標明「佚」者，今日皆未得見，例如吳福助編輯《臺灣漢語傳統文學
書目》記載林師洙《滄波集》的版本為「清同治、光緒間稿本」〔註 40〕，

〔註39〕高志彬，〈宜蘭河文學資料調查錄（初編）──以漢語傳統文學為限〉，《故鄉
　　　的河　慢慢的流：宜蘭河生命史討論會論文集》（宜蘭：宜蘭縣文化局，2003
　　　年），頁 279～300。
〔註40〕吳福助，《臺灣漢語傳統文學書目》（臺北：文津出版社，1999 年），頁 77。

經筆者向編者請益，結果得知此爲書上著錄之資料，目前還未看到林師洙《滄波集》，蘭地散佚的文學史料仍等待大家努力搜尋。標明「存◎」者爲未出版之蘭地文學史料，但筆者經由田野調查已確實掌握者，其找尋過程詳述如下：

關於上表中「蘭地詩社社員登於《詩報》之作品」之資料，原本筆者已翻閱並整理林旺根收藏《詩報》原件影印資料，爾後得知，中正大學臺灣文學研究所江寶釵主持「臺灣漢詩數位典藏資料庫」，將《七夕四詠詩錄》、《八州詩草》、《大陸遊記》、《琳瑯閣吟草》、《臺灣詩薈》、《潛園琴餘草》等詩集傳統詩作，以及《臺南新報》、《臺灣時報》、《南方》、《南瀛新報》、《風月報》、《詩報》、《興南新聞》等資料數位典藏，提供使用者檢索之便。面對數位化的便利，筆者仍然不能忽略回查原件之必要，例如頭圍登瀛吟社社員游象新，1933 年 2 月 15 日刊登於《詩報》53 期第 7 頁，題名〈睡蓮〉二首五言律詩，手民將「游象新」誤植爲「游眾新」，若未回查原件，則將有所遺漏。

關於登瀛吟社社內詩集，筆者訪問頭城耆老陳圳成時，得知 1985 年吳文星、莊英章編纂《頭城鎮志》有影印一部分資料，其後經筆者居中聯繫，多方追索，始尋獲上述各資料。能找到如此珍貴的文學遺產，不僅有助於研究，更鼓舞筆者心志。

現今，蘭陽地區傳統文學研究已受青睞，2005 年筆者曾撰寫〈頭圍登瀛吟社之經營與詩作史料整理〉刊登於《臺灣文學研究學報》第一期〔註 41〕，該文針對日治時期活躍於頭城的登瀛吟社進行研究，不論詩社的經營、詩作史料整理，皆下過一番苦功，讓一般人對蘭陽地區詩社的瞭解不再只限於仰山吟社而已，唯此文限於篇幅尚未仔細分析登瀛吟社詩作內涵。2006 年有兩篇專論清代蘭陽傳統文學的碩士論文出現，分別是游建興的《清代噶瑪蘭地區的漢人文學發展》〔註 42〕，以及林麗鳳寫的《詩說噶瑪蘭，說噶瑪蘭詩——清代宜蘭地區古典詩研究》〔註 43〕。顯見清治時期的臺灣「後山」——噶瑪蘭，繼西部各地區研究之後已逐漸受到重視。

〔註41〕 陳麗蓮，〈頭圍登瀛吟社之經營與詩作史料整理〉，《臺灣文學研究學報》第 1 期，（2005 年 10 月），頁 23～78。

〔註42〕 游建興，《清代噶瑪蘭地區的漢人文學發展》，佛光人文社會學院文學系，2006 年碩士論文。

〔註43〕 林麗鳳，《詩說噶瑪蘭，說噶瑪蘭詩——清代宜蘭地區古典詩研究》，政治大學國文教學，2006 年碩士學位班論文。

　　分析游建興《清代噶瑪蘭地區的漢人文學發展》與林麗鳳《詩說噶瑪蘭，說噶瑪蘭詩——清代宜蘭地區古典詩研究》兩篇論文，各有優缺點。前者注意民間文學的探討，但未將民間文學納入漢人文學發展脈絡中加以討論，且該論文對於詩文的詮釋不夠深入，偏重文學史料的整理。後者編輯「清代宜蘭地區古典詩人生平資料表」及「清代宜蘭地區古典詩人作品一覽表」可見其用心之處，對詩人作品亦能深入分析，且將本地詩人作品置於外地詩人作品之前討論，足見作者對本地詩人作品之重視。比較值得爭議的是，該文所論本地詩人作品較偏重李望洋及李逢時兩人，將其它本地詩人僅存的少量作品穿插其中討論。目前蘭地可見詩文集雖以李望洋《西行吟草》〔註44〕、李逢時《泰階詩稿》〔註45〕最為完整，但是僅以二人之詩文作為主要分析對象論斷蘭地「本地詩人的本土書寫與現實關懷」，有以偏概全之慮。蘭地其他本地詩人如黃學海、李祺生、楊士芳、林拱辰、張鏡光等人雖然留下詩作較少，但不能以李望洋、李逢時兩人之詩作內涵主導蘭地本地詩文研究。試以今日蘭地現代文學情況說明之，如果後世之人因黃春明、李潼作品流傳為多，以此二人作品特色為總綱，剖析蘭陽現代文學特色，那麼邱阿塗、簡媜、吳淡如等人作品又將如何處理呢？文學史料流傳之多寡，誠然不是我們所能決定的，如何書寫某地文學特色卻是書寫者可以掌控的，既然受限於文學史料，何不以詩人個別文集論之，較符合書寫區域文學史之精神。

　　整體而論，前述兩篇碩論探討的文學作品仍局限在清代古典詩，對蘭地傳統文學研究而言，不論時間界限或文學類別，都還有值得努力的空間。本論文即是將研究的時間斷限拉長到 1945 年，並以 1800 年蕭竹書寫〈甲子蘭記〉做為蘭陽傳統文學研究開端。至於研究的文學作品範圍，不以古典詩為限，擴及古文、歌行體、對聯等作品。又考慮文學傳播的問題，因而將文學活動、鸞書寫作也納入研究範圍。

第三節　研究範圍與限制

　　區域的劃分是從事區域文學史研究首先遇到的問題。以學術觀點而言，區域文學史的區域劃分並不適合以目前的行政區域作為依據。陳萬益即認為

〔註44〕李望洋，《西行吟草》（臺北：龍文出版社，1964 年）。
〔註45〕李逢時，《泰階詩稿》（臺北：龍文出版社，2001 年）。

「地區」比「行政區的州縣」更為適合〔註46〕。目前「宜蘭」一詞是明確的行政單位，這是從行政區域來看，若是從書寫區域文學史的角度來說，以行政區域做為研究空間的規範並不恰當。首先，為避免行政單位用詞與政治的聯想，讓文學的研究單純化。再者，「宜蘭」一詞，含有「宜蘭市」和「宜蘭縣」兩種概念，如果要將涵蓋面包括整個宜蘭縣，筆者認為選擇「蘭陽地區」作為區域之名，比較恰當。

更有意義的是，「蘭陽」一詞較為文雅。文人寫作時常以「蘭陽」指稱「宜蘭」，例如，仝卜年〈蘭陽即事〉〔註47〕、董正官〈蘭陽雜詠〉〔註48〕、李祺生〈蘭陽春潮〉〔註49〕等詩作，皆以「蘭陽」為詩題名描寫宜蘭景致。《臺灣生熟番紀事・臺灣竹枝詞》形容宜蘭的景色為：「蜃市雞關爽氣通，早朝日射夕煙籠；泉流水渺帆初轉，盡在蘭陽八景中。」〔註50〕《臺灣教育碑記・重修彰化縣學碑記（道光二十年）》記載鄧荍原道光10年（1830）「奉檄分守蘭陽」〔註51〕。「蘭陽」之美稱，自清治時期已常用來指稱「宜蘭」，甚至直稱噶瑪蘭廳為「蘭陽一廳」〔註52〕，因此筆者選擇「蘭陽」作為研究區域之名。

本文「蘭陽地區」係指以蘭陽溪沖積平原為中心，包含東南面沿海沙灘地帶，以及其餘三面環繞的山脈地區，再加上龜山及龜卵二個離島而言，與今日宜蘭縣市行政區域大致吻合。

宜蘭，古稱噶瑪蘭，係以當地原住民的族名 Kavalan 或 Kavanan 作為地名，文獻上另有「蛤仔難」、「甲子蘭」、「蛤仔欄」、「葛雅蘭」、「葛雅藍」等譯名，直到光緒元年（1875）「噶瑪蘭」改制為縣，知縣馬桂芳才改用「宜蘭」之名。

〔註46〕陳萬益，〈現階段區域文學史撰寫的意義和問題〉，《文訊雜誌》，第174期（2000年4月），頁35。

〔註47〕陳淑均，《噶瑪蘭廳志》（臺北：文建會，2006年），頁481。

〔註48〕同上註，頁494。

〔註49〕柯培元，《噶瑪蘭志略》（臺北：文建會，2006年），頁449。

〔註50〕原詩小註：「蘇澳蜃市、北關海潮、西山爽氣、龜峰朝日、蕭嶺夕煙、湯圍溫泉、沙喃秋水、石港春帆，皆宜蘭縣境內；為蘭陽八景」。詳見黃逢昶，《臺灣生熟番紀事》（臺北：臺灣銀行經濟研究室，1961年），頁25～26。

〔註51〕原文：「道光十年，適郡伯鄧荍原先生修府志，派經費，李君廷璧集眾議捐，以學志並修請。始具情以問，報可。旋奉檄分守蘭陽，年餘回任。」詳見《臺灣教育碑記・重修彰化縣學碑記（道光二十年）》（臺北：臺灣銀行經濟研究室，1960年），頁46。

〔註52〕「長洲沈氏選《今詩別裁》，用前例不錄現人詩。近日修《臺邑志》者仿而刪之，誠不為無見。獨蘭陽一廳，徵文、考獻，時事為多。」見陳淑均，《噶瑪蘭廳志・例言》（臺北：文建會，2006年），頁37。

《噶瑪蘭志略》、《噶瑪蘭廳志》二書「疆域志」界定噶瑪蘭廳範圍並無差異，皆云：

> 廳治東至過嶺以海爲界，十五里；西至枕頭山後大坡山，與內山生
> 番界，十里；南至零工圍山與生番界，二十五里；北至三貂遠望坑
> 與淡水交界，六十里；東南至蘇澳過大南澳，八十里；西南至叭哩
> 喃與額刺王字生番界，三十里；東北至泖鼻山與淡水洋面界，水程
> 九十五里；西北至土名宰牛寮內山與淡水交界，八十里。〔註53〕

蘭陽平原地形封閉，從清代至今，其範圍大致一定，比較有爭議爲北與淡水廳交界之三貂遠望坑，今日已歸臺北縣管轄。宜蘭通往臺北之山路古道，綿延數十里，古代地理測量儀器精確度有限，往往約略以某地爲限，誠如《噶瑪蘭廳志·山川》記載：

> 頭圍後山：在廳治北二十六里，連岡疊嶂，北走巉巉，迤西尤叢巖
> 沓岫，綿互磅礴。雖舊以反水爲界，然盤旋紆鬱中，雲峰縹緲，煙
> 樹迷濛，有不能辨其屬蘭、屬淡者。〔註54〕
>
> 三貂大山：在廳治北七十餘里，以地得名。中分大溪，溪北屬淡水，
> 溪南屬噶瑪蘭。山路崎嶇，谿澗叢雜，雖行旅維艱，而實入蘭之孔
> 道。〔註55〕

三貂嶺一般皆視爲入蘭陸路孔道，山中路途多險惡，歌詠者有之，卻少有文人會在此停留聚集。三貂遠望坑今日雖已歸臺北縣管轄，但爲兩縣交界線，對本文範圍界定影響不大。故本文「蘭陽地區」一詞指現行宜蘭行政區內的諸多地區，包括現今宜蘭市、羅東鎮、頭城鎮、蘇澳鎮、員山鄉、三星鄉、冬山鄉、礁溪鄉、壯圍鄉、五結鄉、大同鄉、南澳鄉等一市三鎮八鄉爲區域。爲行文之簡潔，本文「蘭陽地區」以「蘭地」兩字簡稱之。

區域範圍界定清楚，再談到「文學」、「文學史」、「傳統文學」、「古典文學」等研究界定的問題。廣義而言，形諸文字具備「文本」（Text）即可歸入

〔註53〕 此段記載《噶瑪蘭志略》、《噶瑪蘭廳志》二書僅「過嶺」一詞有異，《噶瑪蘭志略》稱「過嶺仔」，《噶瑪蘭廳志》稱「過嶺」，地名稱呼是否有加口語尾字——「仔」字的小差異，並不影響界定，本引文以《噶瑪蘭廳志》爲主。柯培元，《噶瑪蘭志略·疆域志》（臺北：臺灣經濟銀行研究室，1961 年），頁248。陳淑均，《噶瑪蘭廳志·疆域》（臺北：文建會，2006 年），頁83。
〔註54〕 陳淑均，《噶瑪蘭廳志·封域·山川》（臺北：文建會，2006 年），頁89。
〔註55〕 同上註，頁90。

「文學」，此定義卻有實行的困難。例如《宜蘭古文書》〔註 56〕以文字記載的
地契公文等資料，是否應列入討論？廟宇對聯及民間信仰著作是否應列入討
論？「古文書」的實用目的很強，史料價值大於文學價值。更重要的是，目
前出版的「宜蘭古文書」資料，尚未發現情文並茂或寓有勸世哲理的古文書，
因此筆者未將古文書列入本文的研究範圍。胡萬川提倡民間文學蒐集與整
理，特別著眼於口傳文學的忠實史料呈現〔註 57〕，作家記錄的民間文學則又
是另一回事，其中隱含改寫或改編等問題。《宜蘭口傳文學》為耆老們對以前
詩歌口傳紀錄，從文學形式及創作者角度來說屬於通俗文學範圍，本文未列
入討論。

　　另外，紙業、印刷術不發達的年代，將作家作品流傳下來是一件不容易
的事。廟宇對聯多有文人之作，在史料難徵的情況下，可列入文學史料的一
環。「鸞書」為傳統文人主導的民間信仰著作，是醒世勸民的「集體創作」，
可說是民間宗教與傳統文人之間的巧妙結合，其創作形式為傳統詩詞古文，
筆者著眼於文學傳播的角度，以為應該去其迷信成分，將其納入討論範圍。

　　至於臺灣先民歌唱的「歌仔簿」，是否應列入討論？特別是宜蘭為歌仔戲
發源地，座落於宜蘭文化局的臺灣戲劇館圖書館收藏珍貴的歌仔戲劇本，內
容多為七字詞，是否納入本文？郭麗琴《西螺地區文學發展研究》〔註 58〕便
將「歌仔簿」列入民間文學討論範圍。但依蘭陽地區的情況而論，歌仔戲為
發源於宜蘭員山的臺灣戲劇〔註 59〕，蘭陽戲劇團也是國內第一個公立的歌仔
戲劇團，筆者以為應另立「歌仔戲劇本文學」專文討論比較適合，故未將歌
仔簿、歌仔戲劇本列入本文討論範圍。

　　總結而言，本論文所稱「傳統文學」包括古文（奏議、告示、贈序、序
跋、記、賦等）古詩、歌行體、近體詩、對聯、鸞書等內容，其中包含受民

〔註 56〕宜蘭縣文化中心出版一系列《宜蘭古文書》共有六輯，前五輯由邱水金主編，
　　　　第陸輯由陳金奇主編，皆由宜蘭縣縣史館出版。

〔註 57〕臺灣民間文學的出版以 1936 年李獻璋主編《臺灣民間文學集》最具代表性，
　　　　但胡萬川認為這些出版品的缺點「只看民間文學的『文學』面，反而不能為
　　　　大家保存真正的『民間文學』資料。」詳見胡萬川，《藝文資源調查作業參考
　　　　手冊─文學類》（臺北：文建會，1998 年），頁 50。

〔註 58〕郭麗琴，《西螺地區文學發展研究》，中正大學中文系，2003 年碩士論文。

〔註 59〕歌仔戲發源於宜蘭員山，其師承可上溯到民國前八、九十年出生的貓仔源。
　　　　詳見曾永義，《臺灣歌仔戲的發展與變遷》（臺北：聯經出版社，1988 年），頁
　　　　28～38。

間宗教文化影響的鸞書作品，因而不選用「典律」、「規範」意義較強的「古典文學」一詞做為論文題目，而選用「傳統文學」一詞。

本文將時間斷限界定在西元 1800 年至西元 1945 年，是為了明確界定研究範圍而下的規範，文學史書寫以時間為斷限，雖不完滿，但有其實用性。臺灣歷史背景特殊，統治者的官方政策對人民創作影響頗大，故本文仍選擇以朝代的統治時間為斷限基準，再佐以文學史料定出此範圍。

筆者將首位親炙蘭陽美景的旅人——蕭竹，所寫的遊記〈甲子蘭記〉視為蘭陽傳統文學之開端，該文中明言：「嘉慶三年秋，余與黃友渡臺。越三載庚申，遊極北之甲子蘭。」〔註60〕可見此文創作時間不會早於嘉慶 5 年（1800）庚申，故本文以 1800 年作為蘭陽地區傳統文學之開端。1945 年臺灣結束日治時期，朝代更替，政策轉換，文人面對另一種統治、社會環境考驗，故本文以 1945 年為下限。

再者，討論以某區域的文學作為研究範圍，何者可納入書寫的問題。應該以作者或是以作品為主？面對跨區創作的作者，我們如何處理比較恰當？學者們對此部份關注較少，雖有提出問題，但未深入分析。施懿琳、楊翠書寫《彰化縣文學發展史》對「在地性」的考量，即指出此問題的重要性：

> 所謂「在地性」有幾種評斷參考，如籍貫、出生地、學習地、工作地、作品內容等，但是這些卻又尚未能達到共識，比如光是籍貫在本地，而出生、學習與工作均不在本地者算不算？出生、初級學習在本地，但高中或大學之後便就此離鄉，其後也未曾返鄉工作者算不算？籍貫、出生、學習均不在本地，而現今在本地工作者算不算？就身體層面而言，早就離開此地，然而就心靈層次而言，卻一直視其為心靈原鄉者算不算？就身體層面而言，一直未曾離開家鄉，然而就心靈層次而言，卻一直未將家鄉視為真正原鄉者算不算？什麼樣作品內容才算有「在地性」？光是描寫地方風光景物，而未必有地方意識者算不算？〔註61〕

〔註60〕陳淑均，《噶瑪蘭廳志‧封域‧山川‧附考》（臺北：文建會，2006 年），頁94。
〔註61〕施懿琳、楊翠，《彰化縣文學發展史》（彰化：彰化縣立文化中心，1997 年），頁 6。

一連串「算不算」的提問，所考慮的層面實為「何者可納入此地區文學史的研究」的問題。施懿琳、楊翠二位學者認為清治時期及日治時期因創作者遷徙情況較少，容易處理；戰後生活形態轉變，創作者遷徙情況較多，如何界定「在地性」則較為困難，並特別指出：

> 並不定是人在此地、文寫此地，就有了「在地性」，有時也許適得其反，而「在地性」與「脫地方性」也可能有並存的矛盾，也需納入並深刻剖析。無論如何，「在地性」真正的指涉並非「人在此地」、「編輯此地藝文刊物」、「推動此地藝文活動」等表象上的行動，而應是更深沉地探究其作品的「土地意識」。〔註62〕

此一訴求的盲點在於何謂「在地性」？何謂「土地意識」？這是一個難以量化、科學化的評判標準。果真我們可以明確指出某地之「在地性」、「土地意識」為何，但是，何以不具某地土地意識之作品應被排除在外？以蘭陽地區傳統文學史研究來說，我們是否將楊廷理（1747～1816）、孫爾準（1772～1832）、李振唐（？）、陳淑均（？）、謝金鑾（1757～1820）、鄭兼才（1758～1822）、姚瑩（1785～1853）、烏竹芳（？）、全卜年（1780～1848）、柯培元（？）、李若琳（？）、董正官（？～1853）等宦遊文人感懷大陸家鄉的作品排除？我們可以不細論這些作品，但不能排除這些作品，因為這些作品有助於了解作家心路歷程、文學創作風格等問題。因此不論是表象上的行動，或深沉的土地意識，都難以成為客觀的界定標準。

高麗敏《桃園縣文學史料之分析與研究》對此問題的處理更為簡單，只從作家戶籍考量：

> 本文所討論的作家，自然以土生土長的人為主要對象。但是若戶籍屬桃園縣，但已遷居它處者，或戶籍不屬於桃園縣，但長久居住於桃園縣者，對臺灣文學界有重大影響者，本文亦一併列入討論。〔註63〕

長久居住於某地者，自然可列入某地文學史討論的範圍。比較困擾的是戶籍地與居住地不同的創作者，我們如何界定呢？高麗敏認為對臺灣文學界有重大影響者也可列入討論。然而此定義亦有疏漏，如果此人對「臺灣文學界」

〔註62〕同上註。
〔註63〕高麗敏，《桃園縣文學史料之分析與研究》，東吳大學中文系，2002 年碩士論文，頁 2。

沒有重大影響，但對「桃園文學界」有重大影響，是否列入呢？又如何判定「重大影響」呢？施懿琳、楊翠二位學者所說的「編輯此地藝文刊物」、「推動此地藝文活動」等行動是否為重大影響？以上都是值得細思的問題。

郭麗琴《西螺地區文學發展研究》則採用「作家本籍」、「出生地」、「居住地」、「工作地（求學地）」、「經歷」等五方面界定研究範圍，但強調跨區域討論的重要，例如李德和，出生於西螺，文學活動為雲林、嘉義兩縣，亦須列入研究範圍。可見作者身分確實是研究區域文學史不可避免的重大難題。

面對此難題，筆者以為可從作者身分及作品內容二方面加以考量。

首先，讓我們回到問題源頭重新思考，既然著眼於區域研究，假設以區域限制為主要條件，不論作者為何地之人，以何種語文創作，只要「描寫該地區之人、事、物」均應列入。但是這樣的假設有盲點存在，「描寫該地區之人、事、物」是從作品的角度著眼，若從作家的角度來觀察，則會發生困擾。例如宜蘭出生的本地文人，其作品內容卻不是描寫蘭陽地區的人事物是否排除在外？如此一來，李望洋（1829～1903）甘肅任官時的詩作，是否要完全排除在外？那些任職噶瑪蘭的遊宦詩人，他們懷念家鄉的作品是不是都不能討論？

黃得時〈臺灣文學史序說〉〔註64〕於 1943 年寫成，他對臺灣文學史的範圍所提的五點意見，今日看來仍然是值得引用的見解。茲將五點意見中的「臺灣」二字換成「此地區」，可作為臺灣區域文學史的借鏡：

一、作者出身此地區，文學活動在此地區實踐的。

二、作者出身此地區之外，但在此地區久居區，文學活動也在此地區實踐的。

三、作者出身此地區之外，只有一段時間在此地區進行文學活動，之後又離開此地區。

四、作者雖然出身此地區，但文學活動在此地區之外的地方實踐。

五、作者出身于此地區之外，而且沒有到此地區，知識寫了有關此地區的作品，文學活動地點也在此地區之外。

黃氏所舉的第五點是比較有爭議的。沒有到過此地區，文學活動又不在此地區，這位作者如何與地區有何必然的相關性？如果作者只是閱讀書報上的知

〔註64〕黃得時作，葉石濤譯，〈臺灣文學史序說〉。見葉石濤編譯《臺灣文學集 1》（臺北：春暉出版社，1996 年），頁 4～5。

識，進而創作有關此地區的文學作品，如何能劃入此地區的文學史範圍？筆者以爲應加入「其作品對此地區文學具有影響力」的條件才能成立，此處的「影響力」應以文學活動或作品的實際呈現狀況做爲判斷標準，蒐集文學史料時不論影響力之大小，都應納入。例如日治時期蘭陽地區仰山吟社、登瀛吟社等傳統詩社在報刊上刊登書寫蘭陽景致的徵詩活動，臺灣各地文人都有詩作參選，這些作品應該歸入蘭陽地區傳統文學研究範圍。從籍貫來分，這些作家嚴格說來不能算是蘭陽作家，但是他們書寫蘭陽的作品應該可以列入討論的範圍，因爲他參與蘭陽地區的文學活動。

　　書寫區域文學史時關於作者身分的問題，我們可以引楊師松年研究馬華文學史的意見作爲參考：

> 凡是在某個地方，努力文藝者，曾有文藝作品文學活動貢獻于某個地方者，無疑地我們應該承認他是一個某個地方的地方作家或文學工作者。〔註65〕

依據此定義稍加更動，可改寫成：

> 凡在蘭陽地區，致力於文學工作，曾有文學作品或文學活動貢獻蘭陽地區者，我們承認此作家是蘭陽地區的地方作家或文學工作者，
> 其文學作品及文學活動則可列入蘭陽地區文學史之內。

此定義偏向以作家角度爲切入點，只要「曾經」在「蘭陽地區」，「曾經」對蘭陽地區有文學作品或文學活動皆可納入研究範圍。再從作品的角度來說，如前段所言，「只要描寫該地區之人、事、物，均應列入」，不論作家之籍貫是否在該地區，是否屬於該地作家。例如，翟灝（1788～？）未到過宜蘭，他的《臺陽筆記・蛤仔爛記》是一篇由淡水臆測宜蘭的紀敘文，爲宜蘭的開發留下伏筆，此文既以蘭陽爲描寫對象，即可列入討論範圍。

　　總結而論，只要作家或作品其中有一方符合我們的定義，就具備列入蘭陽地區傳統文學研究範疇的資格，蒐集蘭陽傳統文學史料時都應包括在內。至於此作家或是此作品是否會被寫入蘭陽地區傳統文學史，則依撰寫者的史觀而有不同的取捨。蒐集區域文學史料時採取寬大的定義，承認文學樣貌的多種可能性，讓文學史料客觀存在，書寫區域文學史則依撰寫者之史觀進行

〔註65〕楊松年，《給書寫臺灣文學史提一些意見：整理馬華文學史的經驗》，發表於臺灣成功大學「臺灣文學史書寫」國際學術研討會，2002 年，頁 2。佛光大學「世界華文文學網站」亦有登載此文，網址：
http://www.fgu.edu.tw/~wclrc/drafts/Taiwan。

論述。我們相信，面對相同的史料，不同的史觀有可能寫出截然不同的區域文學史，這正是我們所要的，也是書寫區域文學史迷人之處。

第四節　研究步驟與方法

面對「蘭陽地區文學史」的龐大書寫工程，應如何分門別類，達到綱舉目張的效果？綜觀前述臺灣各區域文學史著作的文學分類方式，大致上可以分爲三種：一是依研究族群（對象）而分，有原住民文學、客家文學、女性文學、兒童文學等類別。二是依作品（文章）議題而分，有環保文學、傳記文學、報導文學、口傳文學等類別。三是依作品（文章）類別而分，如民間文學、傳統文學、現代文學、戲劇文學等類別。筆者以爲既著眼於文學研究，研究範圍內的文本又涵蓋新舊文學，因此，傾向依作品（文章）類別區分。

蘭地大規模開發始於清治嘉慶年間，文教方面承襲漢文字及儒家教化，因此筆者首先選擇「蘭陽地區傳統文學」作爲研究對象，藉以觀察經過清治及日治兩階段，中國傳統詩詞古文在蘭陽地區發展的脈絡。

「蘭陽地區傳統文學」可歸類爲依文學類別而分的區域文學專史寫作，筆者的整體思維理路由「區域文學史」相關研究出發，從「區域文學史」的角度思考本論文之寫作，並從文學史料的蒐集，以及文學的傳播兩方面進行研究。

一、文學史料的蒐集

觀察臺灣各區域文學史著作的寫作歷程，施懿琳、鍾美芳、楊翠等編寫《臺中縣文學發展史》即是先完成《臺中縣文學發展史：田野調查報告書》〔註66〕，實際從事田野調查工作時則分區域、人物兩大方面進行，這樣的方式非常值得參考。江寶釵讀了《臺中縣文學發展史》讓她興起爲在地的嘉義撰修文學史的念頭〔註67〕，於 1997 年寫成《清領時期嘉義古典文學資料匯編》技術報告〔註68〕，1998 年出版《嘉義地區古典文學發展史》。海洋大學

〔註66〕 施懿琳、鍾美芳、楊翠等著，《臺中縣文學發展史：田野調查報告書》（豐原：臺中縣立文化中心，民82）。
〔註67〕 江寶釵，《嘉義地區古典文學發展史》（嘉義：嘉義市文化中心，1998 年），頁5。
〔註68〕 詳見國立中正大學臺灣文學研究所「師資陣容」網頁，筆者於 2007 年 2 月 16 日取得此資訊。

曾子良撰寫《基隆文學類資源調查報告書》〔註69〕也是朝此方向努力，其調查方向以民間文學、作家及作品、客家文學爲主軸。鄭定國任職雲林科技大學漢學資料整理研究所，致力於《雲林文學史》資料蒐集的工作，建立雲林文學史資料庫，帶領學生共同撰寫《日治時期雲林縣的古典詩家》〔註70〕，田野史料的蒐集及論析同時進行，成果顯著。

以現今區域文學史著文學史料蒐集情況作爲借鏡，筆者以爲完成「蘭陽地區文學類資料的調查」爲首要工作，尤其面對史料難徵、老成凋謝等問題，愈早起步蒐集蘭陽地區文學類資料對研究者愈有力。以頭城地區文學資料爲例，吳文星、莊英章兩人在1985年撰寫《頭城鎭志》時找到頭圍登瀛吟吟社相關詩集，當時的收藏者只願意提供影印，不願意捐贈。二十年後筆者再去找尋，已杳然無踪，現在只有影本流傳。

文學類資料史料的蒐集和文學史的書寫爲兩個不同層面的工作，編寫「蘭陽地區文學史」之前，最好的狀況是先完成「蘭陽文學類資料調查成果報告書」。文學史料的蒐集爲撰寫文學史的首要基本工作，在時間及能力的限制下，筆者首先選定「蘭陽地區傳統文學」，並將時間斷限界定在「1800～1945」年作爲研究對象。蘭陽地區傳統文學以漢文書寫之文學爲主要討論對象，西元1800年至1945之間，蘭地經歷清朝及日本兩個不同政權的統治，本文統一以「清治時期」、「日治時期」指稱之，以表明各時期影響文學發展的官方力量。行文中依該人或該作品所處時期標明之，並於括號內標示西元紀年，例如嘉慶6年（1801）、昭和3年（1927）之寫法。

文學史料可區分爲三個層位，第一層位的文學史料指作家本人著作，包括文集、日記、書信、或散見的文學作品、回憶錄、自傳等，以及群體性文學活動的當事人或事件之目擊者的撰述。第二層位的文學史料指同時代非當事人的記錄，其瞭解的情況或掌握的資料比後代多。第三層位的文學史料指根據前代遺存的史料進行綜合、分析、取捨而寫成的資料性著述。〔註71〕文學史料完整與否，深深影響研究成果。蘭地傳統文學史料蒐集，筆者從兩方面著手，一爲文獻資料搜尋，以獲得第三層位的文學史料。二爲田野調查工作，以取得第一、二層位的文學史料。

〔註69〕 曾子良，《基隆文學類資源調查報告書》（基隆：基隆市文化中心，2003年）。
〔註70〕 鄭定國編，《日治時期雲林縣的古典詩家》（臺北：里仁出版社，2005年）。
〔註71〕 潘樹廣編，《中國文學史料學》（臺北：五南文化事業，1996年）上冊，頁142～144。

關於文獻資料搜尋，可分爲五方面；

一、方志收錄之文學史料。有關蘭陽地區的方志，如《噶瑪蘭志略》、《噶瑪蘭廳志》、《宜蘭縣志稿》、《宜蘭縣志》、《頭城鎮志》、《礁溪鄉志》、《宜蘭市志》等書，所收錄的文學作品。宜蘭縣長盧纘祥、林才添、陳進東等人，以及文獻委員編纂組長盧世標、林萬榮皆是雅好吟咏又喜作詩，在他們帶領下宜蘭文獻委員會編輯《宜蘭縣志》、《宜蘭文獻》專刊各書於藝文採輯資料豐富，是爲研究蘭地傳統文學詩文之重要書籍。

另外，臺灣於光緒 18 年（1892）設「福建臺灣通志總局」，各府州廳縣亦修志分局，展開全面性的修志工作，各地皆有採輯。如「宜蘭縣采訪冊」最先採輯完成，並已造冊呈繳通志總局，惜至今未見「宜蘭縣采訪冊」。〔註72〕因此散見於各地方志，例如《諸羅縣志》、《鳳山縣志》、《淡水廳志》、《臺灣省通志稿》等有關蘭陽地區的文學作品，文學活動記載，或文人傳記，亦在收羅之列。

二、報章雜誌刊載之文學作品及文學活動。文人未結集的作品，散存於報章雜誌，如《臺灣新報》、《風月報》、《臺灣日日新報》、《詩報》等，皆爲珍貴的文學史料。而報章雜誌刊載之文學活動更有助於了解當時文學發展實況。

三、蘭地傳統文學作品輯佚。詩文總集中有關蘭地詩人作品或描寫蘭地之作品者，如《東寧擊鉢吟集》、《臺疆慶頌錄》、《南菜園唱和集》、《鳥松閣唱和集》、《竹風蘭雨集》、《大雅唱和集》、《東閣唱和集》、《瀛洲詩集》、《瀛海詩集》、《臺灣詩醇》、《臺灣詩海》、《古今詩粹》等書，可仔細挑選合於本文研究範圍者。活躍於日治時期的傳統詩作者其作品不論已刊，例如張振茂《茗園集》、陳金波《鏡秋詩集》、陳進東《南湖吟草》、李康寧《千年檜》、林萬榮《玉屏山樓詩草》，或有稿未刊，例如盧纘祥《史雲吟草》（《宜蘭文獻》3 卷 1 期摘錄 40 首）、莊鱉《芳池吟草》（一作《夢梅吟草》）、游象新《雪齋吟草》、石壽松《友鶴詩集》、張天春《愛吾盧詩文集》，這些已刊或有稿未刊個人詩集，詩人並不一定直接註明寫作時間，因此必須仔細閱這些作品，依內容斷定是否日治時期作品，如果非日治時期作品，本文將暫時不予以討論。

〔註72〕高志彬，〈清修臺灣方志藝文篇述評〉，《講座 FORMOSA：臺灣古典文學評論合集》（臺北：萬卷樓圖書有限公司，2004 年），頁 3。

四、圖書館館藏資料。善用圖書館之館藏，例如國家臺灣分館館藏臺灣舊書及臺灣史料，宜蘭縣史館館藏之宜蘭儒學月課試卷、族譜、蘭地鸞堂之鸞書，頭城圖書館館藏有關登瀛吟社、陳書、游象新詩作等資料。

五、網路資訊的運用。網路資訊提供檢索相關研究的便利，例如臺灣大學圖書館「臺灣研究資源」網站，江寶釵主持「臺灣漢詩數位典藏資料庫」，中研院「臺灣文獻叢刊資料庫」，皆有助於筆者在最短的時間內，獲取相關資料，進行深入的探討。

至於田野調查工作，可細分為口述訪談，蒐集作者藏書、著作、照片、地契，瞭解居住地、求學之處、活動區域的今昔之比等項目。關於口述訪談的部分，筆者採取主題式的深入訪談方式，針對文人後代子孫、友人、學生，及資深蘭陽文史研究耆老進行專訪，借以瞭解蘭地傳統文學存佚狀況，並設定訪談主題，例如「宜蘭張鏡光事蹟及文學作品現況」、「仰山吟社社員及活動情況」、「東明吟社員及活動情況」、「石壽松生平事蹟、遺物、藏書」、「莊芳池生平事蹟、遺物、藏書」、「《詩報》及蘭地傳統文學史料相關問題」、「《治世金針》、《敦倫經》二書之版本及產生過程」等。具有豐富口述訪談經驗的陳三井認為，事前硬體和軟體的準備要周全。硬體指訪談所需的輔助工具如照相機、錄影機、錄音機等設備。軟體指事先瞭解受訪者個人資料如年齡、個性、興趣，最重要的是必須對欲瞭解的事情做事前的設問，進行訪談時須態度誠懇、認真，錄音、錄影皆須取得受訪者的同意。談論過程中，必須盡量使氣氛和緩，讓受訪者暢所欲言，即使受訪者所談內容與主題無關，仍需耐心聆聽，不能表示不耐。〔註73〕筆者秉持上述之精神進行口述訪談，並將訪談記錄仔細整理以利查閱。

至於蒐集作者藏書、著作、照片、地契，瞭解居住地、求學之處、活動區域的今昔之比，亦為田野調查工作重點，有助於瞭解蘭地文人活動的環境，進而瞭解其寫作背景。例如張鏡光（1854～1932）、李春波（1833～1892）、李逢時（1829～1876）等人在蘭地枕頭山「棲雲別墅」詩酒相酬唱，現今枕頭山距離宜蘭市約七、八公里，清治時期居住於宜蘭城的文人何以至此地聚會，詢問耆老陳長城，得知「棲雲別墅」即現今宜蘭縣同樂國小，離酷熱溼悶的宜蘭城不遠，但氣候涼爽宜人，文人常相邀至此聚會吟遊。「棲雲別墅」

〔註73〕陳三井，〈口述史料的採集及其價值〉，《史學與文獻》（臺北：臺灣學生書局，1998年3月），頁179。

經過天災人禍，早已煙消雲散，走一趟同樂國小，距離宜蘭市約三、四公里的路程，清風徐徐，耳邊不時傳來兒童嬉戲聲，大伙同遊同樂。實地感受文人所處環境，想像蘭地文人如同蘭亭集會的閒情逸興，別是一番滋味在心頭。

田野調查工作如同「拉蕃薯藤，找蕃薯」（閩南語），看似豐富的綠葉，奮力一把拉起，可能連一小顆營養不良的蕃薯也沒瞧見；而毫不起眼的細小蕃薯藤，輕輕一拉，可能拉出成串的大蕃薯。前者情況如同《重修臺灣省通志・藝文志・著述篇》記載宜蘭縣石壽松著有《友鶴詩集》及《文學集成》〔註 74〕，筆者經多方詢問終於找到石壽松（1901-？）哲嗣石精華。但石精華告知，已無保留任何石壽松創作的作品，只留下幾張照片而已。後者情況如同筆者向前蘇澳鎮長李坤山詢問楊長泉的相關資料，意外得到楊君潛提供的楊長泉兄長楊長流的詩作及照片。田野調查曠日廢時，事前準備，事後整理、校勘都需要極大的耐力與毅力，筆者秉持「一步一腳印」的精神，忠實紀錄田野調查結果，不僅作為自己的研究佐證，也提供對蘭地傳統文學有興趣者研究之基石。

二、文學的傳播

近年來臺灣學者對於文學傳播問題多有著墨，林淇瀁根據美國傳播學者葛柏納（Gerbner）的傳播模式，融合文學社會學的解釋，定義「文學傳播」之意如下：

> 文學傳播，乃是文學傳播者（作家或編者），掌握某一事象，加以描寫（或反應），在某一情境中，透過某一媒介，提供某一訊息，並以某一表現形式（小說、詩、散文等），在某一情境架構中（文本或文學情境架構）中傳遞內容（或文學訊息），而產生某種效應的傳播過程。〔註75〕

此處「文學傳播者」包括作家和編者在內，將「文學」本身視為活動，故作家也是文學傳播者。根據此定義從此定義無法看出其書中所注重的社會結構、文化研究對傳播的影響，但是可知林氏將「作家」與「作品」的關係，以及「作品」與「讀者」的交流，視為「文學傳播」。筆者本文所論的「文學傳播」概念與林淇瀁「文學傳播」定義有些微差異，借用劉若愚修改亞伯拉

〔註74〕《重修臺灣省通志》（南投：臺灣文獻委員會，1997 年），頁 823。
〔註75〕林淇瀁，《書寫與拼圖：臺灣文學傳播現象研究》（臺北：麥田出版社，2001年），頁 14。

母斯（M.H.Abrams）藝術理論而成的文學理論關係圖〔註76〕（如下圖所示）
做為說明：

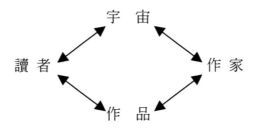

　　社會文化、自然環境影響作家創作，作家感受社會文化、自然環境，以
各種文學作品反映之，從文學傳播角度來說，印刷技術、報章編排方式等「傳
播機制」，影響作家的創作，例如編者主動要求某類作品，也影響作品以何種
面貌問世（排版、封面設計、行銷宣傳），更引導讀者閱讀習慣。再者，今日
資訊傳遞快速，作家可由報紙、雜誌、網路、影視等方面得知讀者的閱讀品
味及習慣，其創作時亦有可能受影響，因此，除了上表圓環雙向結構外，「作
家」、「讀者」二者間的互動情況與「文學傳播」相關，筆者運用劉氏圖表更
改為「文學傳播關係圖」，如下所示：

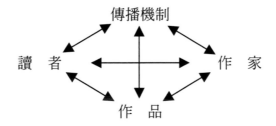

　　作家創作的「作品」為獨立完整的個體，「作品」與「讀者」之間的互動
非作家所能左右，如果作家不將作品公諸於世，則無法達到傳播的效果。作
品如何傳播，與編者、行銷方式有關，「作品」與「讀者」之間依賴此關係才
能聯繫，「作家」與「讀者」之間也依賴此關係才有交流。而「讀者」閱讀反
應有可能影響作家思維，編者行銷方式則受編者主觀意見，及外在社會環境
所左右，以上種種情況皆有可能影響作家的寫作內容、書寫的方式，如此環
環相扣的過程，都是「文學傳播」研究範圍。因此，舉凡文學活動、文學作
品行銷、讀者反應、文學創作樣貌等問題皆為文學傳播範疇。

〔註76〕劉若愚撰，杜國清譯，《中國文學理論》（臺北：聯經出版社，1981 年），頁
　　　　13。

　　「文學」研究，不單單是「文本」（text）的研究，與各地區的文化、社會變遷亦是息息相關。我們應該閱讀文本，分析文本，也應該注意文本與外在環境的關係。關於區域文學史「文學傳播」的概念，楊師松年對筆者的影響很大，2002 年三月楊師在廈門大學第五屆東南亞華文文學會議上宣讀《研究東南亞華文文學的若干領會》，提出以下觀點：

　　　　一個國家或一個地區的文學史，應當是那個國家或地區人類文化活
　　　　動史的部分。它絕對不是作家或作品史。它除了論析文學作者與文
　　　　學作品之外，還包括多方面問題的探討：如文學的經營的問題，其
　　　　中又包括報章副刊與雜誌編者爲何創辦有關的副刊或雜誌，他們容
　　　　納稿件的標準爲何？取稿的原則又是如何？他們的編輯方針對當
　　　　時和以後的文壇、社會有著怎樣的影響？當時的文學團體的運作情
　　　　況又是如何？對當時與以後的文壇、社會又起著怎麼樣的作用？此
　　　　外也包括文學消費的課題，如當時讀者的興趣與需要如何左右文藝
　　　　的出版與發表？編者如何考量與照顧讀者的興趣與需要來引導讀
　　　　者？

2002 年十一月楊師於「第一屆新世紀文學文化研究的新動向研討會」發表〈1900 年至 1920 年臺灣新舊體文學之比較研究〉〔註77〕，文中再次重申此觀點的重要。

　　受文學傳播觀點的影響，筆者思考蘭陽地區傳統文學相關問題時，認爲蒐集蘭陽地區傳統文學史料除文本之外，應該注意文學傳播問題，蒐集報章雜誌上相關的文學報導，以及文人集會結社、文集的著作發行等新聞，都可提供研究之利。以頭城地區日治時代傳統詩社研究爲例，筆者利用《臺灣日日新報》刊載的藝文消息，寫成〈頭圍登瀛吟社之經營與詩作史料整理〉〔註78〕考察頭圍登瀛吟吟社的社長傳承及該社活動情況。《臺灣日日新報》、《風月報》、《臺南新報》、《詩報》等報章雜誌提供我們了解日治時期本地傳統詩社的活動訊息，我們不應該忽略這麼重要的資料。

　　再談到文學作品行銷、讀者反應問題，讀者的興趣與需要如何左右文藝的出版與發表？蘭地傳統文人爲了與一般民眾接近，達到文學教化的目的，

〔註77〕　楊松年，〈1900 年至 1920 年臺灣新舊體文學之比較研究〉，《21 世紀臺灣、東
　　　　　南亞的文化與文學》（宜蘭：佛光人文社會學院，2002 年），頁 79～104。
〔註78〕　同註41，頁 23～77。

由他們主持的鑑民堂〔註79〕、醒世堂〔註80〕、未信齋〔註81〕、喚醒堂〔註82〕、碧霞宮〔註83〕等鸞堂，將文人扶鸞詩文集結成鸞書出版，向民眾宣揚儒家文化。從文學傳播角度來看，實爲特殊的時代背景造成文學傳播樣貌，此部份應該納入蘭陽地區傳統文學研究範圍，蒐集傳統文學史料時不應遺漏。

「江海不擇細流而能成其大」，面對「區域文學史」研究我們不能有狹猻的心胸。楊師松年認爲科技進步，人類交往頻繁的今日，「固守一個地區來研究文學的交往、衝突、整合與傳播的關係，是不合時代的要求的；固定一個範圍來看作者和作家的身分，也是不合宜的態度。」〔註84〕現代科技發達的地球村確實是如此，如果我們縮小範圍，印證蘭陽地區傳統文學研究，何嘗不是如此。日治時期傳統詩盛行的年代，蘭陽地區的仰山吟社、登瀛吟社和目前基隆地區的貂山吟社、奎山吟社各社之間密切往來，互相擊鉢吟詩，這樣的傳統仍然延續到今日。現今文通、資訊便利，文人的交流更容易也更密切，怎能固守某一區域，因此，「蘭陽地區傳統文學史」雖然以區域爲限，但不能不注意文學傳播的問題。

第五節　預期成果與章節安排

葉石濤在戰後首先提出「臺灣鄉土文學」主張，並以動態觀點賦予此名詞新內容、新解釋。《臺灣文學史綱》〔註85〕從地緣、血緣、史緣解釋臺灣傳統文學受大陸影響，其史觀始終採取彈性、寬容的態度。葉氏刻意建立鄉土文學的概念，指出臺灣文學應該在臺灣歷史的脈絡中尋找，才能辨認其發展及性格。正視臺灣特殊的歷史背景，成爲學者不可忽略的重要課題。

〔註79〕鑑民堂位於宜蘭城郊珍仔滿力庄（今宜蘭市進士里），爲陳氏家族所創，創立時間爲光緒十四、十五年間（1888～1889）。扶鸞所著鸞書有《化蘭全書》、《奇夢新篇》、《龍鳳圖全集》，前二書今日皆不復見。

〔註80〕醒世堂的創立源自柯錫疇爲母治病，創立時間不詳1890已有扶鸞活動，該堂鸞書《善錄金篇》1891年成書。

〔註81〕未信齋堂主爲宜蘭舉人林以佃，1891年爲其活躍年代。

〔註82〕喚醒堂之設立源於莊碧芳經商之餘，曾於光緒二十一年五月（1901）與吳炳珠、吳祥煇等創設喚醒堂，擔任堂主，藉宗教信仰勸人爲善，以《渡世慈帆》、《小學千家詩》爲宣講內容。

〔註83〕碧霞宮鸞堂又名岳武穆王廟，位於今日宜蘭市城隍街五十二號，主祀岳飛，是臺灣少數幾個以岳飛爲主神之廟宇，其淵源可過溯至坎興鸞堂。

〔註84〕同註65。

〔註85〕葉石濤，《臺灣文學史綱》（臺北：文學界雜誌社，1987年）。

　　後殖民理論則開啓研究臺灣文學的另一扇窗。別人對我們或我們對異己的解釋，都無可避免會投射偏頗的自我意識。薩伊德後殖民理論，乃在於重塑我們對世界的看法，一方面抗拒強勢文化的支配，一方面泯除過度自我膨脹，此開放態度對臺灣文學研究有無比的暗示。

　　臺灣殖民經驗來自西方及東方的日本、中國，相關的後殖民研究戒嚴後才展開。帝國主義使用強權軍事侵略，迫使弱國接受不平等條約，殖民主義則使殖民地人民喪失固有歷史和文化傳統，其害甚於帝國主義。後現代主義解構中央集權式論述，源於資本主義發達的歐美，最終目的是主體的解構。後殖民主義則瓦解中心/邊緣雙元帝國殖民論述，源於第三世界，最終目的是主體的重建。

　　從後殖民的立場研究臺灣文學，是臺灣文化主體的追求。從後結構的思考研究臺灣文學，是在臺灣文化主體追求過程注意組成主體內容各種不同的因素。唯有正視臺灣特殊歷史背景，才能爲臺灣文學史預留更大的解釋空間。

　　1995 年 2 月至 1996 年 10 月陳昭瑛、陳芳明、黃琪椿、廖朝陽、張國慶、邱貴芳、廖咸浩（依文章發表順序）等學者在《中外文學》的激辯已呈現臺灣後殖民課題與族群、國家認同互相鑲嵌的複雜關係。〔註86〕「主體的重建」是當務之急，但我們不禁要問「什麼才是主體？」如果要追尋臺灣移民社會的主體，確實是令人感到困難重重，漢文化是主流文化，但我們不能忽略原住民文化、客家文化等其它文化的存在。臺灣文學史觀念的演變是族群認同角力的拉扯，〔註 87〕當筆者選擇「傳統文學」爲研究主體時，已預示偏向漢文化研究的立場。

　　筆者相信任何人文科學研究都不能不受制於研究者的主觀意圖和所使用的理論模式，所謂純客觀的研究根本不存在。重點在於擺脫「影響」，而不是視而不見或全盤否定；是通過沉思，深入理解這種「解釋」、這種「解釋」的由來，以及支配著這種「解釋」的思想範式。〔註 88〕從地緣、血緣、史緣而言，臺灣傳統文學確實受大陸影響，當臺灣成爲日本殖民地，後殖民研究讓

〔註86〕邱貴芳，〈「後殖民」的臺灣演繹〉，收入陳光興主編，《文化研究在臺灣》（臺北：巨流出版社，2000 年），頁 285～318。

〔註87〕藍建春，《臺灣文學史觀念的歷史考察》，清華大學中國文學系，2002 年博士論文，頁 522。

〔註88〕陳平原，〈小說史研究方法散論〉，收入陳國球編，《中國文學史的省思》（臺北：書林出版社，1994 年），頁 102。

我們審視「主體的重建」的課題。「蘭陽地區傳統文學研究」是區域文學研究一環，以某區域為範圍，地理學相關研究亦有助於開拓研究視野。

首先，文化地理學的核心主題是文化、文化區、文化歷史、文化地景和文化生態，強調共享的文化空間，暗示了意義和實踐於區位裡的重要性。文化是一套信仰或價值，賦予生活方式意義，生產出物質和象徵形式，文化地理學注重不同過程在特定地方集結的方式，還有這些地方如何對人產生意義。文學地景的產生，自我與他者的判別，書寫者佔有關鍵地位。〔註 89〕就「蘭陽地區傳統文學」而言，漢文掌握書寫主導權，蘭陽八景以及頭城、宜蘭、羅東、蘇澳等地的文學地景書寫，則標示該地文學地景，完成地方想像與認同。

再者，人文主義地理學研究，以「體會實際環境的心情和行為」，去發掘作為人文主義地理學者之地理感的「靈感」，再由地理感而完全認知「環境的客觀及主觀地理知識」。「地方」成為地理探究的核心概念，強調主體性和經驗，而非冷酷無情的空間科學邏輯。〔註 90〕本文以「蘭陽地區」為區域限制，該地開發晚於臺灣南部、西部，我們不能以它地的傳統文學做為評估該地的傳統文學的主要依歸。以歷史古蹟為例，某地只有五十年的歷史，如何與百年歷史古蹟進行評比，幾十年的古蹟對已有千年歷史的地方意義不大，但對五十年歷史的某地卻深具意義。因此本文關心蘭陽地區傳統文學的地方特色，更甚於文學作品美學問題的探討。

最後，參考人類學的知識是地方知識（local knowledge）的概念，了解異文化必須從當地人的角度出發。亦即，了解他者（the Other），理解異文化時不能以自己的偏見強加於異民族之上，必須從「當地人」（the native）的眼光出發，了解當地人的符號系統，了解當地人如何透過這些符號系統建構自身的「身分認同」（self-identity）。〔註 91〕有效的田野調查，是協助我們瞭解當地的重要方法。

〔註 89〕 Mike Crang 著，王志弘、余佳玲、方淑惠譯，《文化地理學》（臺北：巨流出版社，2003 年），頁 1～106。

〔註 90〕 Yi‐Fu Tuan 著，潘桂成譯，《經驗透視中的空間和地方》（臺北：國立編譯館，1998 年），頁 7～154。

〔註 91〕 Clifford Geertz 著，楊德睿譯，《地方知識：詮釋人類學論文集》（臺北：麥田出版社，2002 年），第三章「從土著的觀點來看：論人類學理解的性質」，頁 83～103。

　　書寫「區域文學史」區域範圍的界定爲首要之務，然而，我們也應該知道以區域劃分研究範圍時，雖然達到研究上的方便與需要，亦須明白其局限性，才不致於畫地自限，反而抹殺語言、文學等事物的活潑與多變。〔註92〕面對創作者的遷徙流動，文學風格的特色與當地文學活動之關係等問題，都是書寫區域文學史不可避免的難題。清楚的解釋何謂「區域文學史」？應包含哪些範圍？將有助於資料的處理及觀念的釐清。本文從世界華文文學的討論出發，縮小範圍到蘭陽地區傳統文學的研究，仔細界定有關區域文學作家歸屬問題，並注意文學傳播及活動對文學的影響。期待跳脫過去臺灣文學研究單一的、強勢的文學意識規範〔註93〕，從不同視角解析蘭陽地區傳統文學。希望瞭解蘭陽地區的文化特性如何內化成爲文學經驗題材、主題類型及語言風格，進而營造出和其它區域不同性質的文學，〔註94〕讓蘭地傳統詩文研究更往前邁進一步，這是本文的預期成果。

　　本論文共分七章。

　　第一章「緒論」說明研究動機、文獻分析、研究範圍、預期成果，以及區域文學書寫史觀等有關本文寫作的基本觀念。

　　第二章「蘭陽地區的自然與人文」，是瞭解該地文學發展的基本資料，有助於解析文學作品或活動。除自然地理，人口族群、實業交通、區域發展、文教機構的介紹外，還探討到「族規家風」所呈現的蘭陽文教氛圍。

　　第三章「蘭陽地區鸞書研究」，蘭地鸞書寫作始於清末日治初期，橫跨清治及日治兩時期，故未以朝代爲斷限。又因其創作動機、形式、作者皆不同第四至六章所談的詩詞古文，且蘭地鸞書以本地文人爲主導，不論就文學傳播或文學史料的保存來看，皆有重要價值，故本文置於第三章獨立討論之。本章從文學傳播的角度，觀察蘭陽地區傳統詩與民間宗教相互影響的情況。一般從事古典文學研究的學者不太會將鸞書寫作當成重要研究方向，筆者以爲文學與文化關係密切，蘭陽地區兩大詩吟社——仰山吟社、登瀛吟社，其

〔註92〕龔鵬程，〈臺灣文學史的寫作與傳統〉，《龔鵬程年度學思報告1999》（宜蘭：佛光人文社會學院，2001年），頁312。

〔註93〕許俊雅認爲過去臺灣文學的研究以反映現實、關懷社會、憐憫苦難人生的作品爲優秀之作，這樣簡單而不容置疑的文學意識規範，必須拋棄。詳見註12，頁640。

〔註94〕筆者將顏崑陽以臺北爲對象的要求，轉爲撰寫本文的自我要求。顏崑陽〈講評：〈臺北：一個文學中心的形成〉〉，封德屏主編，《鄉土與文學——臺灣地區區域文學會議實錄》（臺北：文訊雜誌社，1994年），頁399。

社員及社址都和鸞堂的成員及組織有密不可分的關係，可視為同一群人以「吟詩作對」、「扶鸞創作」二種不同的傳播方式傳承漢文化。

鸞書的內容文學性夠不夠強，有沒有可看性呢？筆者以為也許鸞書文學性不夠強，但從文學傳播的角度來觀察鸞書會有一些不一樣的發現，例如神佛名號的使用為基本格式但各書亦有差異，又如鸞文的創作形式多變，這些都是值得研究的方向，本文從「扶鸞結社背景」、「士紳文人與鸞堂之互動」、「鸞書的內容旨趣」、「鸞書的寫作風格」四方面闡述之。

第四章「蘭陽地區清治時期（1800～1895）傳統文學研究」，此章撰寫重點著眼於文學史料整理及此時期文學題材的分析，行文中闡明清治時期的遊宦文人及本地文人兩者間書寫方向的異同，全章分為「詩文輯佚」、「詩文作者」、「詩文題材分析」三方面論述之。

第五章蘭陽地區日治時期（1896～1945）傳統詩社研究，討論蘭陽地區傳統詩社沿革、社團活動，及此時期活躍詩人之介紹。就文學的發展而言，日治時代蘭地傳統詩的創作相當活躍，卻尚未有學者進行細部論述故需專章探討之。就文學史料蒐集情況而言，清治時期的詩文除方志及詩文選集、別集等紀錄外，鮮有新的文學史料出現；而日治時期還有很大的努力空間，目前未有學者整理此時期蘭地傳統文學發展，故筆者特別致力於此時期文學史料蒐集與書寫。

第六章蘭陽地區日治時期（1896～1945）詩文分析，探討日治時期蘭陽地區傳統詩文作品，著重於詩文題材、內容分析及地方描寫。古文方面分成「張鏡光撰文傳民意」、「林拱辰多書信酬答」、「陳書重科考議論」、「蔣渭水喜借古抒懷」等主題。詩作方面分成「吳沙開蘭」、「天災人禍」、「風景名勝」、「雨城風情」、「自然植物」、「新興事物」等書寫主題。最後依蘭陽平原由北至南的順序，論述頭城、宜蘭、羅東、蘇澳地區的地方描寫，以凸顯文學與地景之緊密關係。

最後一章「結論」總結說明研究成果及展望。一地之文學發展與該地開發程度密切相關，蘭陽地區開發與臺灣西部相較晚了許多，因此，傳統文學的發展起步很晚。弔詭的是，蘭地鸞書創作的起步卻很早，本文從區域文學史及文學傳播的角度觀照蘭陽地區傳統文學的研究，希望能為蘭陽傳統文學研究開拓不一樣的視野。

本文研究時間點擴及日治時期，較前人局限於清治時期的研究更往前推

進一步；而實際田野調查，補充文獻不足，各層位史料相互印證，更貼近事實眞像。也認爲一地之文學發展，除了文學作品的細讀及作者生平瞭解之外，更要考慮到當地社會、文化、經濟等外在環境的影響。作者的生活面向是多元的，以蘭地而論，這些傳統詩文作者組織詩社，也參與鸞堂活動撰寫鸞書，作者間的交流互動頻繁，因此本文特將蘭地傳統詩文作者生平製成「蘭陽地區傳統詩文作者（1800—1945）小傳」（見附表一），以利查閱。

「區域文學史」爲某地區「文學史」，應屬通史範疇，不論是民間文學、原住民文學、傳統文學、新文學或兒童文學等分類，只要此地區有此類型的文學作品存在皆可納入討論範圍。如卷帙浩繁，須仔細剖析，則應特別標出，如某地區傳統文學史、某地區新文學史、某地區兒童文學史……等，分門別類成爲專史論述的方式。本文「蘭陽地區傳統文學研究」屬於專史寫作，但時間上以清治時期至日治時期爲斷限。傳統詩文與民間宗教交互影響而成的鸞書，一般學者皆歸入民間文學的研究範圍，本文從文學傳播角度將鸞書納入傳統文學研究範圍，此新嘗試實著眼於鸞書內作品的寫作方式、使用的文句與傳統詩詞古文有密切關係，可視爲通俗化的傳統詩文。《宜蘭縣口傳文學》〔註95〕爲我們踏出蘭陽文學史研究的第一步，本論文則是另一個接力的開始，未來更有待大家共同攜手，同心協力開拓蘭陽文學史研究的無限可能。

〔註95〕邱坤良等著，《宜蘭縣口傳文學》（宜蘭：宜蘭縣政府，2002年）。

第二章　蘭陽地區的自然與人文

　　臺灣是移民社會，先民拓墾之初以改善生活經濟爲主要訴求，又因漢番衝突、分類械鬥、抗清事件、海盜、外患等因素造成民習尚武。經濟優先、尚武精神的考量，再加上教育環境不佳，儒學、書院、義學設立有限，造成臺灣文教發展遲緩，直到道光年間才文風日盛，漸脫草莽。因此清代臺灣社會流動模式，大多是以拓墾或經商致富而成爲地方領袖；接著透過捐納與軍功之方式取得官銜成爲仕紳階級；最後才是致力於讀書取士，透過科舉考試成爲仕紳階級。〔註1〕蘭地的拓墾與發展，整體亦是依循此模式，只是較具有規模開墾，遲至嘉慶初年才開始。

第一節　蘭陽地區的拓墾與發展

　　根據《重修臺灣省通志》「臺灣土地拓墾重要人物表」〔註2〕，早在清康熙 20 年（1681），臺灣的明鄭時期已有鄭長開闢淡北，其後陸續有王世傑開墾竹塹、楊志申開墾淡水之金包里、賴科與鄭珍等人合墾淡水內北投，至徐立鵬移墾紅毛港之新莊仔已是雍正 3 年（1726）的事。噶瑪蘭的開發更晚，直到嘉慶 2 年（1797），吳沙率眾入墾蘭陽平原，才獲得清政府的認可。就開闢疆域的時間點來看，臺灣東北部蘭陽的開發，約落後臺灣北中南各地百年的時間。

〔註1〕黃富三，〈清代臺灣的文教發展與社會流動〉，收錄在賴澤涵主編，《臺灣400年的變遷》（桃園：中央大學，2005 年），頁 121～145。

〔註2〕《重修臺灣省通志‧人物志‧人物傳篇‧人物表篇》（南港：臺灣省文獻委員會，1997 年），頁 214～217。

一、吳沙入蘭

開闢蘭陽的歷史，以吳沙最受矚目，爲討論之方便，茲將文獻上有關吳沙事蹟記載，依時代先後排列如下表：

撰　者	篇　名	出　處	寫作時間
蕭竹	〈甲子蘭記〉	《噶瑪蘭廳志》〔註3〕	嘉慶5年（1800）
謝金鑾	〈蛤仔難紀略・原由〉	《噶瑪蘭志略》〔註4〕	嘉慶12年（1807）
楊廷理	〈議開臺灣後山噶瑪蘭（即蛤仔難）節略〉	《噶瑪蘭志略》〔註5〕	（未著明）
	〈議開臺灣後山噶瑪蘭即蛤仔難節略〉	《噶瑪蘭廳志》〔註6〕	嘉慶18年（1813）
姚瑩	〈噶瑪蘭原始〉	《東槎紀略》〔註7〕	道光9年（1829）
柯培元	〈建置志〉、〈人物志・義俠〉	《噶瑪蘭志略》〔註8〕	道光17年（1837）
陳淑均	〈雜識（上）・記人〉	《噶瑪蘭廳志》〔註9〕	道光20年（1840）
王兆鴻	〈昭績碑〉	〈昭績碑〉碑文〔註10〕	咸豐8年（1859）
連橫	〈吳沙列傳〉	《臺灣通史》〔註11〕	民國10年（1921）

〔註 3〕陳淑均，《噶瑪蘭廳志・封域・山川・附考》（臺北：文建會，2006 年），頁 94～95。
〔註 4〕柯培元，《噶瑪蘭志略・藝文志》（臺北：文建會，2006 年），頁 420～422。
〔註 5〕同上書，頁 433～440。
〔註 6〕陳淑均，《噶瑪蘭廳志・雜識上・紀略》（臺北：文建會，2006 年），頁 440～445。
〔註 7〕同上書，頁 445～448。
〔註 8〕柯培元，《噶瑪蘭志略・建置志》（臺北：文建會，2006 年），頁 244～245。及，柯培元，《噶瑪蘭志略・人物志・義俠》（臺北：文建會，2006 年），頁 325～327。
〔註 9〕陳淑均，《噶瑪蘭廳志・雜識上・紀人》（臺北：文建會，2006 年），頁 402～403。
〔註10〕莊英章、吳文星編著，《頭城鎮志・勝蹟志》（宜蘭：頭城鎮公所，1986 年），頁 409。
〔註11〕連橫，《臺灣通史・列傳四・吳沙列傳》（臺北：眾文圖書出版社，1979 年），頁 853～856。

盧世標	〈人物志・拓殖傳〉	《宜蘭縣志》〔註12〕	民國 51 年（1962）

　　上表「撰者」一欄「蕭竹」之姓名，《噶瑪蘭志略》〔註13〕、謝金鑾〈蛤仔難紀略〉〔註14〕，以及姚瑩〈噶瑪蘭原始〉引謝金鑾〈蛤仔難紀略〉之文章皆稱「蕭竹」〔註15〕。僅《噶瑪蘭廳志》稱「蕭竹友」〔註16〕。至《宜蘭縣志》始云：「蕭竹，字竹友」〔註17〕。本文採用《宜蘭縣志》之說。

　　有關表內各篇文章寫作時間的認定，蕭竹〈甲子蘭記〉收錄於《噶瑪蘭廳志・封域・山川・附考》，依陳淑均「初稿例言」說明採用「附考」體例的原因，認為噶瑪蘭是海外剛開闢的地方，不妨各說互存，作為參考覆核的依據。蕭竹《別景詩圖說》為陳淑均道光 14 年（1834）內渡後於鹿溪一帶訪得，又《噶瑪蘭廳志》引用書名中並無其它蕭竹著作，據此〈甲子蘭記〉應是《別景詩圖說》某一部分內容。《噶瑪蘭廳志》並未詳述〈甲子蘭記〉寫作時間，但文中敘述蕭竹嘉慶 5 年庚申（1800）遊歷蘭地所見所聞，故以該年為寫作時間。又謝金鑾〈蛤仔難紀略後序〉：「嘉慶乙丑……吾友陳作哲出所藏蕭竹籍相示。」〔註18〕可見蕭竹之作在嘉慶乙丑年（1805）間已流傳在外，因此，〈甲子蘭記〉為描寫吳沙事蹟的最早文獻。

　　謝金鑾〈蛤仔難紀略〉及楊廷理〈議開臺灣後山噶瑪蘭即蛤仔難節略〉二文《噶瑪蘭志略》、《噶瑪蘭廳志》二書皆有收錄。相異處在於，編寫《噶瑪蘭廳志》的陳淑均認為謝氏之文與他實際看到的情況有出入，因此只刊載最末的「辨證二則」，而吳沙事蹟是記載在「原由」一門之中，故未收錄。而《噶瑪蘭志略》收錄謝氏〈蛤仔難紀略〉從「原由」、「宣撫」、「形勢」、「道里」、「圖說」、「論證」六門文章及後序〔註19〕，從謝氏後序之言可證明嘉慶

〔註12〕盧世標，《宜蘭縣志・人物志・拓殖傳》（宜蘭：宜蘭文獻委員會重刊，1970年），頁 1～4。
〔註13〕柯培元，《噶瑪蘭志略・人物志・義俠》（臺北：文建會，2006 年），頁 327。
〔註14〕同註 4，頁 421。
〔註15〕陳淑均，《噶瑪蘭廳志・雜識上・紀文上》（臺北：文建會，2006 年），頁 448。
〔註16〕陳淑均，《噶瑪蘭廳志・封域・山川・附考》（臺北：文建會，2006 年），頁 94。陳淑均，《噶瑪蘭廳志・雜識下・紀文下》（臺北：文建會，2006 年），頁 488。
〔註17〕盧世標，《宜蘭縣志・藝文志・文學篇》（宜蘭：宜蘭文獻委員會，1969 年），頁 2。
〔註18〕同註 4，頁 469。
〔註19〕同上註，頁 420～433；469～470。

12 年（1807）是〈蛤仔難紀略〉成書時間。

　　楊廷理〈議開臺灣後山噶瑪蘭（即蛤仔難）節略〉之寫作時間，《噶瑪蘭志略》未著明，《噶瑪蘭廳志》於篇名下以小字記載「嘉慶十八年癸酉孟秋」，當採用之。

　　姚瑩〈噶瑪蘭原始〉一文《宜蘭文獻·吳沙特輯》〔註20〕（以下簡稱《吳沙特輯》）記載為道光元年（1821）之作，此說值得爭議，〈噶瑪蘭原始〉文中雖有「瑩以道光元年檄權判其地」之句，但只能說明姚氏到達噶瑪蘭任官的時間，並不能作為撰寫此文的時間。《東槎紀略》成書於道光 9 年（1829），且書內並未明言此篇寫作年代，故應以成書的道光 9 年為依據較為恰當。由〈噶瑪蘭原始〉第一段得知姚氏寫作此文時已閱讀過謝金鑾〈蛤仔難紀略〉及楊廷理〈議開臺灣後山噶瑪蘭即蛤仔難節略〉二篇文章。

　　柯培元《噶瑪蘭志略》書中有〈人物志·義俠〉及〈建置志〉二部分記載吳沙事蹟。《噶瑪蘭志略》成書於道光 17 年（1837），人物志未標明寫作時間。《吳沙特輯》標出道光 15 年（1835），不知有何依據？筆者認為應以成書的道光 17 年（1837）較為恰當。

　　陳淑均《噶瑪蘭廳志》始撰於道光 11 年（1831），道光 12 年（1832）已粗成《蘭廳志稿》十卷，道光 20 年（1840）改為八卷十二門，但遲至咸豐 2 年（1852）由董正官補入 1840 年後的事才成書付梓。據此推論今日所見該書卷七〈雜識（上）·紀人〉最晚道光 20 年（1840）已寫成。

　　王兆鴻立於頭圍媽祖廟旁接官亭的〈昭績碑〉，筆者以該碑設立的咸豐 8 年（1859）為成文年代。此時王兆鴻擔任頭圍縣丞一職，為頭圍第二十九屆縣丞。

　　《臺灣通史·吳沙列傳》初刊於 1920 年、1921 年間，以後者為寫作時間。

　　《宜蘭縣志·人物志·拓殖傳·吳沙》由宜蘭文獻委員會於 1970 年十二月重刊，此書 1962 年版的油印本，已刊載吳沙事蹟，故以 1962 年為成文時間。

（一）吳沙開蘭記載之異同

　　本節比較上述各文書寫吳沙入墾蘭地的異同，以明吳沙事蹟經由漢人「著之竹帛」，踵事增華的過程。

〔註20〕林萬榮，《宜蘭文獻·吳沙特輯》（宜蘭：宜蘭文獻委員會，1968 年）。

1、開墾過程

蕭竹〈甲子蘭記〉以十九字簡單描寫吳沙開墾蘭地的情況：

> 嘉慶三年秋……前歲丁巳尚友吳沙者，鳩眾建造三城，來居斯地。
> 〔註21〕

「前歲丁巳」即是嘉慶 2 年（1797）之事，當時有民眾追隨吳沙開墾蘭陽。至於詳細開墾的情況則記載於謝金鑾〈蛤仔難紀略・原由〉：

> 漳人有吳沙者，遂統其事，眾目爲頭家。沙能部署，設立鄉勇，以防生番。內地來者，入餅銀一、二十，助鄉勇費，任耕其地。陸路由三貂入。〔註22〕

據謝氏的說法，內地人民至蛤仔難開墾，圍堡以禦患，吳沙爲眾人之中有領導能力者，於是統籌開墾事宜，被視爲頭家。其後，吳沙想要將私墾的行爲合法化：

> 吳沙既富，自恨不爲良民供租稅，且百貨不通，乃陰求敢言於當路者，得奏報升科，願出賦，爲請設官建署。其時鎮道惡周羅，以化外置之不問。未幾，蕭竹卒，吳沙亦死。〔註23〕

這段記載的重點有二：一爲吳沙願意奏報出賦，卻被當局以化外之地，難以掌控，拒絕申請，遂沒有下文。二爲蕭竹與吳沙有交情，蕭竹早於吳沙去世。有關蕭竹與吳沙的交往，謝氏云：

> 嘉慶三年間，有龍溪蕭竹者，頗能文章，喜吟咏，於堪輿之術自謂得異人傳。從其友遊臺灣，窮涉至蛤仔難。<u>吳沙款之居且切</u>。乃標其勝處爲八景，且益爲十六景。……時未有五圍、六圍，要其可以建圍之地，竹於圖中皆遞指之，<u>後乃遵建焉</u>。〔註24〕

此說法受到姚瑩的反駁，姚瑩〈噶瑪蘭原始〉最後一段引上述謝氏之言，將上述引文劃底線的內容，記載爲「吳沙款之。居且久，乃標其勝處爲八景」以及「後悉如其言」，並於引言後加按語：

> 嘉慶三年，吳沙已死，安有款居蕭竹之事？若謂二年，則是時僅開頭圍，與番爭鬪未息，安得游覽全勢？以余考之：蓋款蕭竹者，吳

〔註21〕 同註3。
〔註22〕 同註4，頁 421。
〔註23〕 同上註，頁 421～422。
〔註24〕 同上註。

沙之子光裔與吳化輩也。化等既得二圍與番和，乃延竹進窺其地。
〔註25〕

蕭竹是否受到吳沙款待，誠然是個謎團，但姚氏之舉證亦有可議之處。依「吳沙年表」〔註26〕吳沙卒於嘉慶 3 年（1798）十二月初九日，當時蘭地已開墾至四圍，蕭竹「嘉慶三年間」至蘭陽，如於「嘉慶三年冬」之前到達，則吳沙款待蕭竹亦有可能。比較令人起疑的是〈甲子蘭記〉一文中蕭竹並未提到自己受到吳沙的款待。至此，謝金鑾〈蛤仔難紀略・原由〉有關吳沙事蹟的記載令人疑雲重重，編修《噶瑪蘭廳志》的陳淑均即認爲此篇文章不足採信，未予收錄。

若將謝氏之文與楊廷理〈議開臺灣後山噶瑪蘭（即蛤仔難）節略〉相較，其相同之處爲吳沙在開墾過程中居於領導地位的描述。楊廷理經由淡防同知徐夢麟對吳沙才有初步的認識：

（乾隆）五十三年……理籌防林逆竄路，始知有三貂蛤仔難之名。……理檄飭淡防同知趕赴三貂堵緝，嗣接覆文，方知有漳人吳沙，久居三貂，民番信服。……次年……徐署邵篆，每向理稱吳沙可信，及蛤仔難生番易於招撫，地方廣袤，土性膏腴情形，屢會理稟商徐撫憲嗣曾，撫憲以經費無出，且係界外，恐肇番釁，弗允奏辦。〔註27〕

乾隆 53 年（1789）徐夢麟親赴三貂堵緝林爽文，從徐夢麟回覆的內容楊廷理才知道吳沙在噶瑪蘭「民番信服」的情況。此時噶瑪蘭開墾情形一直不明朗，因此乾隆年間官府並未正式允許開墾噶瑪蘭，直到嘉慶 2 年（1797）情況才有改變：

吳沙遂招漳泉廣三籍之人，並議設鄉勇以防生番反覆，內地流民聞風踵至，吳沙恐以私墾獲罪，嘉慶二年，赴淡防同知何如蓮呈請給札招墾，每五甲爲一張犁，每一張犁取餅二十元助鄉勇費。然吳沙係漳人，名爲三籍合墾，其實漳人十居其九，泉粵不過合居其一，……惟時三籍和睦，並無嫌隙。〔註28〕

〔註25〕同註 15。
〔註26〕同註 20，頁 15。
〔註27〕楊廷理，〈議開臺灣後山噶瑪蘭（即蛤仔難）節略〉，同註 4，頁 433～434。
〔註28〕同上註，頁 434。

吳沙獲得淡防同知何如蓮的許可，從私墾變爲清朝官府許可的開墾行爲。

　　楊廷理的說法獲得姚瑩的認同，姚瑩〈噶瑪蘭入籍〉：

> 乾隆五十三年林爽文既平，徐署府事，乃爲臺灣府楊廷理言吳沙可
> 信，及蛤仔難生番易於招墾，楊議上之。巡撫徐嗣曾以外界地恐肇
> 番釁，弗許。吳沙既入墾，懼獲罪，嘉慶二年赴淡水請給禮招墾，
> 同知何茹蓮〔註29〕予之。沙出私單招佃，每地五甲爲一張犁，取番
> 銀二十助鄉勇費。〔註30〕

可見姚氏肯定楊氏「嘉慶 2 年（1797）吳沙獲得淡水同知核可，招民開墾，
每五甲爲一張犁，給予鄉勇費」的說法，並予以採用。事實上，姚氏對於謝、
楊二人記載開墾蘭地的內容有所品評，姚瑩〈噶瑪蘭原始〉：

> 噶瑪蘭僻在荒裔，草昧初開，紀載闕略；臺人所傳，惟謝教諭金鑾
> 之《蛤仔難紀略》、楊廷理《議開噶瑪蘭紀略》二書，乃權輿也。楊
> 書僅記開拓之功，謝書稍詳形勢並其原起。然楊不及見十七年以後
> 之事，而謝僅得自傳聞，未嘗親履其地，所言或有未確。〔註31〕

姚氏認爲謝氏的說法多得自傳聞，可性度低，故採用楊氏的說法。而楊氏嘉
慶 18 年（1813）撰寫〈議開臺灣後山噶瑪蘭（即蛤仔難）節略〉離姚氏道光
9 年（1829）成書的《東槎紀略》已有十六年的時間，這段時間的歷史，楊氏
不得而知，故姚氏決定「訪諸耆老，則多身與經營，目擊前後者，考諸案牘，
咨詣舊吏，爰紀其實，以貽君子。」〔註32〕進而對吳沙開墾噶瑪蘭過程有更
爲詳細的描述。姚氏寫下：

> 吳沙者，漳浦人，久居三貂，好俠，通番市有信，番悅之。民窮蹙往
> 投者，人給米一斗，斧一柄，使入山伐薪抽籐自給。人多歸附。淡水
> 廳聞，懼其爲亂，乃遣諭羈縻之。林爽文之亂，慮賊北竄內山，同知
> 徐夢麟言，三貂有吳沙，民番素信，可堵賊，毋使遁入者是也。沙既
> 通番久，嘗深入蛤仔難，知其地平廣而腴，思入墾。與番割許天送、
> 朱合、洪掌謀，招三籍流民入墾，並率鄉勇二百餘人、善番者二十三
> 人，以嘉慶元年九月十六日進至烏石港南，築土圍墾之，即頭圍也。
> 沙雖首糾眾入山，而助之資糧者，實淡水人柯有成、何績、趙隆盛也。

〔註29〕此處「何茹蓮」的「茹」字和楊廷理文中的「如」字，互有出入。
〔註30〕姚瑩，《東槎紀略》（臺北：臺灣經濟銀行研究室，1957 年），頁 72。
〔註31〕同註 15，頁 445。
〔註32〕同上註。

> 沙所召多漳籍，約千餘。泉人漸乃稍入，粵人則不過數十爲鄉勇而已。
> 初入，與番日鬥，彼此殺傷甚眾。沙使人紿番曰：「我奉官令，以海
> 賊將據蛤氣難盡滅諸番，特來堵城，且護番墾田足眾糧而已，非有他
> 也。番性愚，不事耕鑿，間有耕者，用力苦而成功少，故視地不甚惜。
> 得沙言，疑信者半。鬥又屢敗，以爲漢人有神助之，稍置之。番社患
> 痘，沙出方施藥，全活甚眾，德之。〔註33〕

此段文字可謂姚氏重新整理謝、楊二人對吳沙的記載，並補入當時訪查所得，得知入墾的詳細時間，及帶領的人士，遭遇的困難等等問題。至此，吳沙開蘭事蹟獲得完整描述，其後對於吳沙事蹟的描寫則不出其右。唯吳沙弟弟——吳立戰死之事，姚氏並未提及。

「吳立戰死」的說法，最早見於柯培元編撰《噶瑪蘭志略·建置志》：

> 自乾隆四十七年……游民雜弓壯手乘頭圍而不果。嗣有人吳沙者，
> 久住三貂嶺，以採伐販私最悉番社情形。五十二年，聚徒數百，並
> 率其弟吳立，佔築頭圍土城，社番出死力拒之，<u>立不利</u>，沙亦旋棄
> 走。〔註34〕

上文中提及「立不利」指的即是吳立戰死之事。又《噶瑪蘭志略·人物志·義俠》：

> 幸沙猶畏法，不敢盡縱容入番社，視以不生事者爲用。故同知徐夢
> 麟，以沙言爲可信，每有招撫蘭番之意，此乾隆五十二年間事也。
> 然聚徒日眾，不移時，亦佔築土圍，踞烏石港爲頭城。番眾始驚愕，
> 傾其族以抵拒。<u>沙弟吳立死之</u>。有許天送者，首以販私悉夷情，社
> 番推爲長者。沙得其言，知不可以力制也。乃退回三貂，謀以一二
> 事示之信。〔註35〕

番族的強烈抵抗及吳立的戰死，成爲吳沙退回三貂，另謀他法以入墾蘭陽的關鍵。

連橫《臺灣通史·吳沙列傳》結合姚氏及柯氏的說法，以更詳細的情節描述吳沙入墾蘭陽平原的情形。盧世標編《宜蘭縣志·人物志·拓殖傳·吳沙》，亦承續姚氏及柯氏之說。有關吳沙入蘭的書寫至此已定型。

〔註33〕 同註15，頁 446～447。
〔註34〕 同註4，頁 244～245。
〔註35〕 同上註，頁 326。

2、番人患痘

文史記載肯定吳沙在開墾噶瑪蘭過程中扮演關鍵的地位，但是有關「番人患痘」一事，有詳略不同的說法。

最早描述吳沙事蹟的蕭竹〈甲子蘭記〉、謝金鑾〈蛤仔難紀略·原由〉二文並未提到「番人患痘」。直至楊廷理〈議開臺灣後山噶瑪蘭（即蛤仔難）節略〉始提出此事：

> 後聞吳沙私以鹽布與生番往來貿易，適番社患痘，吳沙出方施藥，
>
> 全活甚多，番眾德之，情願分地付墾。〔註36〕

「痘」，病名，俗稱天花，亦稱痘瘡或天瘡。吳沙提供藥方，解救原住民，感化他們，讓原住民情願分地付墾的說法，從「德化」的角度解釋吳沙開蘭，將吳沙入墾之事合理化，以符合漢族立場。

其後姚瑩、柯培元、陳淑均、王兆鴻、連橫、盧世標等人亦大多記載吳沙開墾時民番信服、治痘服人之事，而刻意忽略「與番日鬥，彼此殺傷甚眾」以及「埋石設誓」欺騙番民之行為。

例如，姚瑩〈噶瑪蘭原始〉：「番社患痘，沙出方施藥，全活甚多，德之。」〔註37〕柯培元《噶瑪蘭志略·人物志·義俠》雖無「番人患痘」之事，但〈建置志〉記載：「屬番患痘疹，沙復出方施藥，全活甚眾，番以為神。由是攝服吳沙甚於許天送。」〔註38〕陳淑均《噶瑪蘭廳志·雜識上·紀人》則云：「屬番社患痘，出方施藥，全活甚眾，番德之。」〔註39〕至連橫《臺灣通史·吳沙列傳》：「番患痘，枕籍死，闔社遷徙，沙以藥施之，不敢食，強而服之，病立瘥，凡所活百數十人，羣番以為神，納土謝，未一年得地數十里。」〔註40〕以生動的情節，描繪出吳沙因德服人的善蹟。其後《宜蘭縣志·人物志·拓殖傳》則記載：「未幾，番社患痘，沙出方施藥，全活甚眾，番德之，願分地付墾，因埋石設誓，共約不相侵擾。」〔註41〕上述史料皆從「漢族本位」立場出發，都認同吳沙替原住民治痘以德化之的說法。

原住民樂天知命，不善於耕種，吳沙見蘭地荒埔無人耕種，興起開發

〔註36〕同上註，頁434。

〔註37〕同註15，頁446～447。

〔註38〕柯培元，《噶瑪蘭志略·建置志》（臺北：文建會，2006年），頁245。

〔註39〕同註9，頁403。

〔註40〕同註11。

〔註41〕同註12，頁2。

的念頭。但侵略他人土地之行為必招來反抗，噶瑪蘭族的抵抗使吳沙入墾蘭陽受阻，兩族爭權必有損傷，為達目的各有其法。對開發過程的衝突，漢人地方志及文章偏向「德化」的立場，令人質疑。陳偉智〈傳統病與吳沙「開蘭」──一個問題的提出〉認為「痘」的傳染病是由漢人帶入蘭陽，迅速在依水為生的噶瑪蘭族蔓延，噶瑪蘭人不瞭解此傳染病，其醫療體系無法治癒，而必須靠外來漢人的藥石得以痊癒，此傳染病就成了吳沙成功開蘭的關鍵。﹝註 42﹞這樣推測的說法有其理，然無法提出有力的證據作為佐證，只能存此一說。

　　今考噶瑪蘭人治病儀式，確實不足以應付繁複多樣的疾病。﹝註 43﹞吳沙先入墾三貂，建樹豐碩，再以三貂為根據地入墾蘭陽。據瞭解吳沙略精歧黃之術，在今日丹里內寮設有中藥區，醫治族人疾病，﹝註 44﹞吳沙具備為人治病的能力，能替噶瑪蘭人治病就成為合情合理的說法。漢人文字記載加強「德化」的論述，有意忽略番漢衝突的其它記載，筆者以為關鍵不在於「痘」是何種傳染病，或者此傳染病由誰傳入，以及如何治癒，重點是文字書寫權掌握在何人。「吳沙開蘭」歷史的形成及以德化民的立場，充滿漢族本位的思想。

3、光裔無能，吳化繼之

　　有關吳沙後代事蹟，首見姚瑩〈噶瑪蘭原始〉：「二年，沙死，子光裔無能，姪吳化代理其事」﹝註 45﹞又認為嘉慶 3 年（1798）吳沙已死，如何能款待蕭竹，故認為「款蕭竹者，吳沙之子光裔與吳化輩也。化等既得二圍與番和，乃延蕭竹進窺其地。」﹝註 46﹞為何吳沙之子光裔無能呢？姚瑩〈噶瑪蘭入籍〉：

> （嘉慶）六年，沙子光裔及何續、趙隆盛、柯有成等請，復如前議置之。然三籍人眾，亦未議逐出山封禁，民墾自若也。續等多道求為業戶，不克。﹝註47﹞

﹝註42﹞ 陳偉智，〈傳統病與吳沙「開蘭」──一個問題的提出〉，《宜蘭文獻雜誌》（宜蘭：宜蘭縣立文化中心，1993 年 5 月 1 日），頁 1～20。

﹝註43﹞ 陳志榮，〈噶瑪蘭人治病儀式與其變遷〉，《閩臺社會文化比較工作研討會》（臺北：中央研究院民族所，1994 年 6 月 1 日），頁 1～17。

﹝註44﹞ 唐羽，〈清乾嘉間吳沙在三貂之墾務〉，《宜蘭文獻雜誌》（宜蘭：宜蘭縣立文化中心，2004 年 3 月），頁 3～54。

﹝註45﹞ 同註 15，頁 447。

﹝註46﹞ 同上註，頁 448。

﹝註47﹞ 同註 30，頁 73。

光裔未能得到朝廷的許可繼續開墾蘭陽的事業，故被視為無能。柯培元《噶瑪蘭志略・人物志・義俠》：「三年，沙死。子光裔頂充。六年，再續請墾開蘭，未果。而亦卒。」又〈建置志〉：「吳沙死，有子吳光裔。即於六年赴臺灣道遇昌呈邀何繢等請仍墾耕，又有赴福州藩司請給墾報陞爭為業戶者，皆議格不行。」而陳淑均《噶瑪蘭廳志・紀人》：「及三年，沙已死。子吳光裔頂充。由四圍更築至五圍，六年，請續墾開蘭，未報，尋亦卒。」同樣指出吳光裔未能繼承父業的事實，這就是「光裔無能」的原因。姚瑩認為吳沙之子光裔無能，由吳沙姪子吳化承續開墾事宜的評斷，也獲得日後其它文章的認同。

（二）「吳沙開蘭」歷史的衍變

針對吳沙的家族、開蘭時間及過程有詳細的考證者，首推高雙印、吳秀玉合著《開蘭始祖——吳沙之研究》〔註 48〕，作者甚至遠赴大陸考察吳沙來臺之前的家族史，然而亦未能確定吳沙在大陸的事蹟。關於吳沙開蘭的歷史，陳偉智〈吳沙開蘭歷史的形成〉一文對於塑造吳沙這位傳奇性人物及其英雄化的歷史化形象已有初步的論述。筆者分析有關吳沙事蹟的文史資料，將吳沙入墾蘭陽平原的流傳，分成「口傳、方志化、神格化、定型化」四階段。

1、口傳階段

吳沙開蘭事蹟最早記錄在蕭竹〈甲子蘭記〉，僅「前歲丁巳尚友吳沙者，鳩眾建造三城，來居斯地。」〔註 49〕的簡單記載，確定 1797 年吳沙已成功入墾蘭陽平原。若吳沙卒於嘉慶 3 年（1798）〔註 50〕，蕭竹〈甲子蘭記〉為當時事件的真實紀錄。

約十年後，謝金鑾〈蛤仔難紀略・原由〉收錄於柯培元編撰《噶瑪蘭志略》〔註 51〕，記載吳沙糾合漳、泉、廣東遺民，開墾蘭陽平原由頭圍至四圍，但未取得清朝認可。因蔡牽進逼蘇澳，賴吳沙逼退蔡牽，耕民日益眾多，至嘉慶 8 年（1803）男女丁口數已達二萬人。

〔註 48〕高雙印、吳秀玉，《開蘭始祖——吳沙之研究》（臺北：師大書苑，1997 年）。
〔註 49〕陳淑均，《噶瑪蘭廳志》（臺北：文建會，2006 年），頁 94～95。
〔註 50〕據「吳沙年表」。林萬榮，《宜蘭文獻：吳沙特輯》（宜蘭：宜蘭文獻委員會，1968 年），頁 15。
〔註 51〕謝金鑾〈蛤仔難紀略・原由〉寫於嘉慶 10 年（1805），收入柯培元，《噶瑪蘭志略》（臺北：文建會，2006 年），頁 420～422。

楊廷理〈議開臺灣後山噶瑪蘭（即蛤仔難）節略〉〔註52〕嘉慶 18 年（1813）寫成，此文特點在於加入：1. 番人患痘，吳沙出方治之的情節。2. 吳沙於嘉慶 2 年（1797）取得淡水防同知何茹蓮許可的官方墾照。二項事蹟，將吳沙的入墾行為合理化。

因此，嘉慶年間，從遊人蕭竹至官宦者謝金鑾、楊廷理有關吳沙開蘭事蹟的記載可視為口傳階段，吳沙的事蹟有不同的記載。姚瑩〈噶瑪蘭原始〉〔註 53〕認為此時噶瑪蘭地僻野荒，草昧初開，記載過於闕略，謝金鑾未親炙噶瑪蘭，僅得傳聞，與事實有所出入，有重新書寫的必要。

2、方志化階段

姚瑩訪問耆老，諮詢舊吏將吳沙事蹟完整記載在〈噶瑪蘭原始〉〔註54〕，此文特點在於：1. 吳沙任俠守信，深受民番愛戴。2. 嘉慶元年（1796）九月十六日成功入墾頭圍。3. 確定吳沙開蘭團隊人士，許天送、朱合、洪掌謀、柯有成、何績、趙隆盛等人。4. 採用楊廷理所言：番人患痘，吳沙施藥治之的說法。5. 吳沙死後，兒子光裔無能，由其姪吳化代理墾務。等五項事蹟。

《噶瑪蘭志略》道光 17 年（1837）成書，書中〈建置志〉及〈人物志·義俠〉〔註55〕，記載吳沙開蘭事蹟的特點在於：1.吳沙以三貂嶺為根據地。2.乾隆 52 年（1787）吳沙首次進逼噶瑪蘭，番人力拒，其弟吳立戰死，入墾受挫。3. 嘉慶 2 年（1797）取得淡水防同知何茹蓮許可的官方墾照。4. 保留番人患痘，吳沙施藥治之的說法。至於道光 20 年（1840）成書的《噶瑪蘭廳志·雜識（上）·記人》〔註56〕與《噶瑪蘭志略·人物志·義俠》二則傳記，文字完全相同。

因此，道光年間，吳沙守信、出藥治痘、取得官方墾照、糾合三籍遺民的說法，已獲得方志編撰者的認同，將這些事蹟記載至史書中，故稱為方志化階段。

〔註52〕收入柯培元，《噶瑪蘭志略·藝文志》（臺北：文建會，2006 年），頁 433～440。及，陳淑均，《噶瑪蘭廳志·雜識上·紀文上》（臺北：文建會，2006 年），頁 440～445。

〔註53〕收入陳淑均，《噶瑪蘭廳志·雜識上·紀文上》（臺北：文建會，2006 年），頁 445。

〔註54〕同上註，頁 446。

〔註55〕同註 38，頁 244～245。及註 13，頁 325～327。

〔註56〕同註 9。

3、神格化階段

咸豐 8 年（1862）王兆鴻特意彰顯吳沙功績，立〈昭績碑〉〔註57〕於頭圍烏石港前，媽祖廟旁的「接官亭」，碑文充滿推崇之意，認爲吳沙「慕義而任俠」，因爲「力不足以供客」所以「予以粮糗、斧斤，使抽藤伐木以自贍」。因爲跟隨吳沙的人眾多，開墾的過程「髣髴如有神助」。與楊廷理治理噶瑪蘭功業相比，王兆鴻認爲噶瑪蘭能夠「開磽确成膏腴，則全賴吳公父子經營血戰之力」。因而立碑昭告世人，並期望人民祭祀吳沙以得庇護，此行爲已將吳沙神格化，單純的開墾行爲，已轉化爲替後代子孫造福的千秋大事。

現今奉祀吳沙神位的開成寺，據傳建於嘉慶元年，寺中還供奉吳沙從大陸帶來的一尊黑面媽祖神像。〔註58〕吳沙等入祀開成寺的時間已難考訂，至少王兆鴻立碑的咸豐 8 年（1862）之時已設立。

王兆鴻立〈昭績碑〉宣揚吳沙開蘭之功，已將吳沙神格化，不忍以「無能」二字指稱吳沙後代子孫，故云「吳公及子光裔之辛勤，從子化之繼武也。海寇蔡牽、朱漬相繼窺伺，賴其父子策群力以殺敗之。」吳沙父子成爲蘭陽守護神。

4、定型化階段

連橫《臺灣通史・吳沙列傳》〔註59〕及民國後成書的《宜蘭縣志・人物志・拓殖傳》〔註60〕，對吳沙事蹟的記載有六點相同：1. 吳沙任俠守信，深受民番愛戴。2. 嘉慶元年（1796）九月十六日成功入墾頭圍。3. 乾隆 52 年（1787）吳沙首次進逼噶瑪蘭，番人力拒，其弟吳立戰死，入墾受挫。4. 嘉慶 2 年（1797）取得淡水防同知何茹蓮許可的官方墾照。5. 吳沙施方治痘，番民德之。6. 吳沙死後，兒子光裔無能，由其姪吳化代理墾務。此時「吳沙開蘭」的敘述已定型，可視爲定型化階段。此時有關吳沙開蘭的記載不離上述的六大點，唯連橫〈吳沙列傳〉情節較爲生動精彩，文字較爲華美繁複。光復後，宜蘭縣政府擴大宣傳吳沙入墾蘭陽平原的事蹟，「吳沙開蘭」已獲得蘭地人民的普遍認同。

〔註57〕 同註 10。
〔註58〕 《頭城鎮開成寺簡介》（頭城：開成寺管理委員會，2005 年），頁 4。
〔註59〕 同註 11。
〔註60〕 同註 12。

　　平心而言，吳沙不是開蘭第一人，至少吳沙之前已有林漢生入墾蛤仔難無功而返的記載，但吳沙成功開蘭的事蹟應是可以肯定的事實。唐羽從三貂開墾，考察吳沙以三貂為根據地，進墾蛤仔難的歷史，可作為吳沙成功開蘭的重要佐證。考之文史記載，吳沙開蘭的事蹟，經過「口傳、方志化、神格化、定型化」四階段，時至今日，我們更應瞭解番漢因爭奪生存資源而引發的衝突，有其不得不然的發展，不應由某個族群背負原罪。原諒他族在衝突中對我們的傷害，亦是饒恕自己曾經做過的不智之舉。經過那段血肉相搏的歷史，人類應該更具智慧面對未來的挑戰。

二、自然環境

　　蘭地位於臺灣東北角，東臨太平洋，西、北、南三面峰巒層繞，對外阻隔，地界分明，自成完整的區域，其間平原與河川交錯，漁耕皆宜。清治時期稱為噶瑪蘭，在臺灣開發過程中，處於「承先啓後」的關鍵地位，連橫云：「以為北臺屏翰，而前後山之襟帶也。」〔註61〕又云：

> 宜蘭即蛤仔難……北界三貂溪，南逮蘇澳。自三貂以至草嶺，深林密菁，最稱險要。過嶺為大里簡，東望東海，波濤洶湧，豁然萬里，則太平洋之濱也。北隅三十里，有小嶼曰龜山，置兵守之。草嶺迤東，群山羅列。其大者曰玉山，積雪不化，高至萬尺，魏魏乎大觀也哉。海濱巨石嶙峋，中設一關，曰北關；而設於蘇澳者，曰南關，屹立稱門戶焉。蘇澳之口，水深四、五丈，可泊輪船，唯防礁石。南風、北風兩澳，又為蘇澳門戶。……自蘇澳以南，濱海行，可達臺東。〔註62〕

此段敘述清楚說明蘭地所在位置。蘭陽平原背山面海，正當東北季風吹拂，降雨機率高，年平均雨量可達二千五百至三千公厘，全年降雨日更可高達二百五十天，為全臺最潮濕地區。〔註63〕每年七、八月間又有颱風肆虐，常造成重大的災害，居民常深以為苦，但也造就宜蘭人艱忍的個性，不為自然環境所屈服。

〔註61〕連橫，《臺灣通史・疆域志・宜蘭縣》（臺北：眾文圖書出版社，1979 年），頁117。

〔註62〕同上註。

〔註63〕盧世標，《宜蘭縣志・土地志・氣候篇》（宜蘭：宜蘭文獻委員會，1970 年重刊），頁 1～27。

　　臺灣全島開發基本上由西而東，西部地區又依循由南而北的發展方向，在極北開發之後才轉南向東海岸發展。因此在臺灣西部地區墾殖未具規模，或人口土地競爭尚未劇烈時，宜蘭這塊被天然環境阻隔的沃土，一直未受到重視。明代有稱此地為「北港」或「東番」〔註64〕，但這兩個名稱也可能是對臺灣全島的稱呼。蘭地在清治之前是混沌未開之地，遲至嘉慶年間，始將蘭地的開發納入管理。柯培元《噶瑪蘭志略‧建置志》〔註65〕、陳淑均《噶瑪蘭廳志‧封域志‧建置篇‧附考》〔註66〕二書均記載相傳嘉靖末年，海寇林道乾曾竄逃到蘇澳。西班牙、日本、荷蘭，甚至明鄭時期皆認為此地「不生五穀」、「不可栽種」，且有生番出沒的僻壤危地。

　　蘭地的開發，僅早於當今東部的花蓮及臺東兩地，在漢人未積極墾殖此地之前，這裡是土番散處的蠻荒之地，以當地原住民的族名Kavalan或Kavanan作為地名。文獻上對Kavalan或Kavanan有不同的譯音，黃叔璥〈番俗六考〉〔註67〕、陳夢林《諸羅縣志》〔註68〕、藍鼎元《東征集》〔註69〕以及高拱乾《臺灣府志》〔註70〕都譯為「蛤仔難」；蕭竹〈甲子蘭記〉〔註71〕稱「甲子蘭」；鄭兼才《鄭六亭集》有使用「蛤仔欄」〔註72〕一詞，方維甸將軍則謂「噶瑪蘭」。除此之外因閩南粵東移民及官方方言的不統一，亦有「哈仔難」、「葛雅蘭」、「葛雅藍」等譯名，以上各譯名大體皆依Kavalan或Kavanan音譯而來，〔註73〕並無意義上的差異。

〔註64〕陳淑均，《噶瑪蘭廳志‧封域志‧建置篇》（臺北：文建會，2006年），頁80。

〔註65〕同註38。

〔註66〕陳淑均，《噶瑪蘭廳志‧封域志‧建置篇‧附考》（臺北：文建會，2006年），頁82。

〔註67〕黃叔璥，《臺海使槎錄‧番俗六考‧北路諸羅番十》（臺北：臺灣經濟銀行研究室，1961年），頁135～136。

〔註68〕周鍾瑄、陳夢林，《諸羅縣志‧風俗志‧番俗篇》（臺北：臺灣經濟銀行研究室，1961年），頁172。

〔註69〕藍鼎元，《東征集‧記灣山後崇爻八社》（臺北：臺灣經濟銀行研究室，1961年），頁91。

〔註70〕高拱乾，《臺灣府志‧封域志、諸羅縣山條》（臺北：臺灣經濟銀行研究室，1961年），頁15。

〔註71〕同註3，頁94。

〔註72〕鄭兼才，《鄭六亭集‧愈瘖集卷一‧山海賊總論》（臺北：臺灣經濟銀行研究室，1962，頁52～53），記為「噶瑪蘭」，但在〈上辛筠谷侍御〉篇，則記為「蛤仔欄」。

〔註73〕何懿玲，《日據前漢人蘭陽地區的開發》，臺灣大學歷史學研究所，1980年碩士論文，頁11～13。

　　蘭地文化工作者林恆洲認爲「噶瑪蘭」是「蛤仔難」的譯音，而「蛤仔難」實爲「蛤仔灘」之訛。因爲古早時期此區盛產碩大且肥的「蛤仔」，人們取蛤珠食蛤肉，長久下來，將「蛤仔殼」丟棄成「灘」，因而有「蛤仔灘」之稱。〔註74〕徵諸史料，寫作時間始於嘉慶 16 年（1811），成於道光 22 年（1842）的《清一統志臺灣府·山川》：「噶瑪蘭，舊作蛤仔灘」〔註 75〕。將林恆洲說法與今日出土蘭地貝類化石研究結果相驗證，亦有其理。據瞭解淇武蘭遺址時期貝類大於現今臺灣可見的貝類約二至三倍〔註 76〕。不論以上哪一種說法爲正確，這些音譯的地名，一直流傳著，直到嘉慶十五年（1810）年正式將此區納入版圖，清政府使用「噶瑪蘭」一詞稱此區域。到光緒元年（1875）「噶瑪蘭」改制爲縣，知縣馬桂芳才改用「宜蘭」之名，並沿用至今。

　　宜蘭氣候以潮濕多雨著稱，與臺灣南部炎熱溫暖有異，也不同於多風沙的淡水，《噶瑪蘭廳志·風俗上·氣候》記載：

> 蘭僻在東北島，地勢漸高，東臨大海，與内地遠隔重洋，距郡亦越千里。臺郡視内地氣候懸殊，而蘭與通臺氣候亦自有別。……蘭與淡水接壤，淡水冬多朔風，飛沙拔木；蘭則冬多淋雨，積潦成渠。
> 〔註77〕

蘭地地勢與全臺各地相異，潮信也與全臺各地相反，〔註 78〕雨水豐沛是蘭地最大的特色。因此，清代蘭地農田水利灌溉之普遍已爲全臺之冠。〔註 79〕生活於此地的人民，早已熟稔此氣候變化，並學會與「雨」和平共處之道。放眼望去，蘭陽平原眾多的水田，大小不一的圳溝，適時發揮調節雨水的功能。宜蘭有句俗諺「宜蘭米淹腳目」〔註 80〕，土地肥沃，水源潔淨，加上陰濕多雨，非常適合水稻生長，划著鴨母船，依然可在一人高的水田裡插秧、收割，只要不碰上天災，稻穀的產量絕對充足。而心思敏銳的蘭地文人對「雨」，更

〔註74〕 林恒洲，《開蘭史實追蹤》（宜蘭：林恒洲，2002 年），頁 11。
〔註75〕 《清一統志臺灣府·山川》（臺北：臺灣銀行經濟研究室，1960 年），頁 14。
〔註76〕 簡士傑等，〈從蘭陽地區貝類相觀點探討宜蘭環境變遷〉，《宜蘭研究——交通與區域發展》（第七屆學術研討會論文，宜蘭縣縣史館主辦，2006 年 10 月 14～15 日），頁 8。
〔註77〕 陳淑均，《噶瑪蘭廳志·風俗上·氣候》（臺北：文建會，2006 年），頁 281。
〔註78〕 陳淑均，《噶瑪蘭廳志·風俗上·潮信》（臺北：文建會，2006 年），頁 283。
〔註79〕 王世慶，《清代臺灣社會經濟》（臺北：聯經出版社，1994 年），頁 221。
〔註80〕 賴紀穎，《宜蘭地區俗語研究》，淡江大學中文系在職專班，2006 年碩士論文，頁 76。

有細膩的觀察與體會，多變的雨景，興起或悲或喜各種複雜的情緒，「雨」造就蘭地傳統文學的地方書寫特色。

三、實業交通

經濟實業方面，清治時期蘭地為小農經濟生產方式。日治時期開始展現資本主義的經濟雛型，但一方面受限封閉地形，另一方面受到殖民政策的刻意壓榨，累積資產較容易的工商製造業，由殖民母國的人強佔，宜蘭人只能在天然的產業，如農林漁牧上發展，宜蘭人大多從事初級產業，較難提昇經濟競爭力。〔註81〕

日本殖民政府對宜蘭的農業政策，經歷兒玉源太郎、佐久間佐馬太、安東貞美、田健次郎、上山滿之進、小林躋造及長谷川清等總督之管理，整體的發展方向是先建立稻米與製糖方面的實驗所，以改良清代以來品質較差、技術落後的米、糖生產。其次是頒布律令以規範米、糖產銷，並建立農田水利的組織，一者促進農民生產意願；二者利於殖民者對宜蘭地方的掌控。最後，進而建立鐵、公路基本建設，增加農產品運輸之便利，也助長殖民者經濟掠奪之便利。〔註82〕原本零星的地方農業，在殖民者有目的的制度化管理，以及機械化的現代化生產方式下，穩定成長。然成果大多為殖民者搜括殆盡，尤其是太平山林場的開發，殖民者帶有目的性的建設與破壞，雖然帶動地方產業，卻也讓宜蘭人失去珍貴的天然林木資產，損失難以量計。

依日治時期行業人口來看，宜蘭郡主要是商業區，羅東郡最主要的是農業區與工業區，蘇東郡水產人口比例較高，農業人口亦不少，屬於水產和農業區。羅東郡成為蘭陽平原主要工業區與鐵路的鋪設以及太平山林場的開發有相當大的關係。1919年太平山林場鐵路完成礁溪經宜蘭至蘇澳段，於1921年開始修築森林鐵路，以便連結三星與羅東。而原設於員山之貯木場與辦公室遷於羅東街，羅東之工商業乃逐漸發展。1923年通車，1926年兼營一般客貨運輸，又1924年羅東至三星鐵路的修築，更使羅東工商業發達，成為蘭地工業之先驅。〔註83〕交通發達與否，深深影響地方經濟發展。

清治時期，蘭陽平原地形封閉，水運較為發達。蘭地海岸線長，港灣多，

〔註81〕石計生，《宜蘭縣社會經濟發展史》（宜蘭：宜蘭縣政府，2000年），頁6～11。
〔註82〕同上註，頁26～36。
〔註83〕溫振華，〈二十世紀上半葉宜蘭地區的人口流動〉《臺北師範大學歷史學報》第14期，1986年，頁275～277。

但眞正在歷史上著名者僅烏石港、頭圍港、東港及蘇澳港四個港口。道光 4
年（1824），福建巡撫孫爾准上奏請准設置烏石港，成爲大陸和噶瑪蘭間通商
口岸。頭圍港原港址爲烏石港。光緒 9 年（1883）烏石港被美國大型皮船堵
塞，船隻出入改途，七、八年後南邊的大坑罟開嘴形成港口，依舊與基隆、
淡水、福建興化、惠安等港口往來，船隻可行駛至慶元宮前，頭圍港取代烏
石港。春夏交替之際，由中國駛來的商船滿佈烏石港、頭圍港港彎，蘭陽八
景詩之一「石港春帆」即形容此景觀。十九世紀下半葉，因烏石港、頭圍港
逐漸淤塞，及宜蘭河改由東港出海，連接烏石港和宜蘭河的淇武蘭溪因喪失
水源，並日漸乾涸消失，東港取代頭圍（今之頭城）成爲商業區，羅東逐漸
成爲溪南的貿易重鎭。1919 年東港的出口佔宜蘭港口總出口的 44.1%，進口
佔 36.4%，且目前只有東港保有和大陸貿易的紀錄。但同時，蘇澳港的重要性，
亦不可輕忽。當頭圍港、東港逐漸淤塞後，港闊水深的岩岸良港——蘇澳港，
成爲蘭地最重要，也是最主要的港口。1923 年至 1935 年的十餘年間，日本將
蘇澳開闢爲漁港，設立販魚市場，修築防波堤，規劃住宅地，管理漁業行政，
自日本移入兩百零四位漁民，將該地視爲日本遠洋漁業的中繼站。配合宜蘭
線縱貫鐵路的完成，蘇澳港成爲宜蘭最重要的內外銷港口。1936 年後蘇澳港
的貨物可由海陸雙線輸往日本與臺北，海線可直駛日本東京、大阪等港口，
陸路方面可循鐵路經基隆往日本總督府所在地——臺北。〔註 84〕蘇澳港已成
爲宜蘭最重要貨物集散地。

　　陸路方面，清治時期蘭地與北部的交通要道，主要是淡蘭古道。淡蘭古
道路線並非一成不變，清治時期依年代不同，有文山西線、入蘭備道、蛤仔
蘭孔道、三貂嶺道路等不同的路名。〔註 85〕大體而言，蘭陽平原北端與基隆
之間有三貂嶺、隆隆嶺及草嶺山區阻隔，由北入蘭陽平原者，走陸路需經過
此崇山峻嶺，其路線雖時有更迭，實爲淡蘭間主要陸上交通孔道。清末劉銘
傳主政時期，依「淡蘭擬闢便道議」查勘路線，整修原有路徑，自光緒 11 年
（1885）陰曆九月動工，十一月竣工，是爲北宜公路的雛型。北宜公路大正
元年（1912）開工興建，至大正五年（1916）全線完成，由宜蘭東門街經礁
溪庄二結、大坡、白石腳等地，頭圍庄的二圍，坪林庄的九芎林、逮魚堀、

〔註84〕同註 81，頁 52～56。
〔註85〕卓克華，《淡蘭古道與金字碑之研究》，《臺北文獻》直字 109 期，1994 年 9
　　　　月，頁 69～128。

崩子口等地，石碇庄的崩山、雙溪等地，再經深坑庄的土庫、萬順寮、萬盛等地，最後到達臺北市內的富田町、水道町、古亭町至文武町。〔註86〕北部濱海公路光復後次遞開發，現在的雪山隧道開鑿更是傲人的工程建設，大大縮短臺北與宜蘭的距離。

蘭地與東部的交通要道，主要是蘇花公路。蘇花公路是臺灣北部唯一交通貫線，為省道臺 9 線的一段，北起宜蘭縣蘇澳鎮，南至花蓮縣花蓮市，全長 118 公里，大體依海岸線修築，東臨太平洋，西靠中央山脈之北段東斜面，多懸崖峭壁，地勢險峻，山光海色，景觀壯麗。

蘇花公路的開發，源於清同治 13 年（1874），清朝為鞏固邊防，派沈葆楨來臺並展開築路計畫。沈葆楨所修築的三條聯繫臺灣東西兩岸交通的道路，分為北、中、南三段。而北路即為蘇花古道，工程自開鑿到完工費時約兩年，其路徑狹窄且崎嶇，以清水斷崖最危險，不久即荒廢。蘇花古道是宜蘭通往花蓮的重要孔道，清治時期經歷沈葆楨、丁日昌、吳贊誠、岑毓英、劉銘傳、邵友濂等人著手開拓，但屢開屢廢，並未真正發揮「後山走廊」的功能。

日治時期日本人在移民屯墾的壓力下，費盡心力擴修為蘇澳花蓮之間聯絡道路，花了八年的時間，1932 年終於完成和仁至太魯閣的隧道工程並正式通車，當時的石塚英藏總督將之命名為「臨海道路」，這就是現在蘇花公路的前身，當時路寬僅 3.6 公尺，光復後列入省轄道路，改稱「蘇花公路」。〔註87〕目前已可雙向通車，為連接宜蘭縣與花蓮縣的唯一公路，沿途海岸風光迷人，惟常有落石，且砂石車眾多，增加行車的危險。

鐵路方面，主要有四種鐵路軌道：一是宜蘭縣鐵路，大正 6 年（1917）興工修建平原線，大正 13 年（1924）北宜鐵路全線通車。二是森林鐵路，全線在大正 13 年（1924）通車運轉，以運送太平山林木為主，1926 年 5 月 18日起兼營貨運。三是輕便鐵路，日治時期稱為「私設軌道」或「台車」，以人力推動行駛，時速十公里，可載重 200 公斤或乘客四名，發揮統合平原空間的機能。四是糖廠鐵路，為運輸蔗糖而設置的窄軌距（76.2 公分）系統，即是一般所稱的「五分車」。宜蘭自然環境並不適合植蔗製糖，但因日本政府糖

〔註86〕戴寶村，《宜蘭縣交通史》（宜蘭：宜蘭縣政府，2001 年），頁 73。
〔註87〕吳永華，《蘇花古道宜蘭段調查研究報告》（宜蘭：宜蘭縣立文化中心，1994
年），頁 11～66。

業獎勵政策，而促使糖業發展。〔註88〕蘭地的鐵路軌道交通至日治時期始修建完成，大大改善該地的內外交通。

四、人口族群

蘭地原住民分為兩類，一是屬於高山族的泰雅族，因漢化淺且居住在山地，所以清代文獻上多以「生番」、「野番」、「山番」稱之。泰雅族又分為兩族群，一為居住於現今南澳鄉的南澳群，或稱南澳番；另一族群分佈於現在大同鄉的溪頭番，或稱溪頭番。〔註89〕《噶瑪蘭廳志‧規制‧番社‧附考》：「蘭本三十六社平埔番，其種類與頭刺『王』字生番有別。……東勢社番者，在濁水大溪以南，自溪南至蘇澳凡十六社。……西勢社番者，在濁水大溪以南，自溪北至烏石港凡二十社。」〔註90〕自草嶺至蘇澳一百二、三十里的綿長山區，都是頭刺「王」字泰雅族，當時稱為生番的出沒地帶，他們強悍武勇，有獵人頭以示豪雄的風俗，行人多畏之。〔註91〕柯培元〈生番歌〉：

> 風籐纏掛傀儡山，山前山後陰且寒。
> 怪石叢菁巨龜臥，橫根老幹修蛇盤。
> 呦鹿成群覓仙草，捷猿結伴尋甘泉。
> 蕉葉為廬竹為壁，松皮作瓦棕作椽。
> 中有毛人聚赤族，喧作鳥語攀雲端。
> 黔面文身喜跳舞，唐人頭顱漢人奸。
> 或言嬴秦遣徐福，或言零丁洋販船。
> 或言雲南梁王後，或言日本荷蘭傳。
> 不識不知竟太古，以似以續為葛天。
> 薙髮輸餉歸王化，女則學織男耕田。
> 人生大欲先飲食，此輩喜見漢衣冠。
> 我朝輿圖軼千古，梯山杭海暨極邊。
> 天之所生地所載，幾希禽獸誠可嘆。

〔註88〕同註86，頁52～73。
〔註89〕廖風德，《清代之噶瑪蘭》（臺北：正中出版社，1990年），頁52～55。
〔註90〕陳淑均，《噶瑪蘭廳志‧規制‧番社‧附考》（臺北：文建會，2006年），頁107。
〔註91〕柯培元，《噶瑪蘭志略‧番市志》（臺北：文建會，2006年），頁378～379。

　　吁嗟乎！此亦窮黎無告者，聖人仁政懷與安。〔註92〕

深居山中的原住民，是秦朝徐福之後，或是雲南梁王、日本、荷蘭的後代子
孫，身世成謎，顯見漢人對他們的生疏與不瞭解。他們靠山而居，與鹿猿共
享地力，生活所需取之自然，自成世界。喜歡跳舞，會作鳥語，有獵人頭的
習俗，這都是柯培元對噶瑪蘭的觀察。站在漢族的立場，柯氏認爲他們應該
會喜歡漢化的文明薰陶，讓他們遠離茹毛飲血的生活。

　　蘭地另一類原住民是屬於平埔族的噶瑪蘭族，他們漢化深且居住在平
原，所以清代文獻上多以「熟番」、「土番」、「化番」稱之。〔註93〕嘉慶15年
（1810），噶瑪蘭劃入清朝版圖，三十六番社歸化，膏腴盡爲漢民所有。總督
江志伊嘉慶16年（1811）奏議：「噶瑪蘭東、西勢社番，前皆不諳耕作，是以
埔地聽漢人佔墾」〔註94〕，說明漢番間的衝突。柯培元〈熟番歌〉：

> 人畏生番猛如虎，人熟番賤如土。強者畏之弱者欺，毋乃人心太不
> 古。熟番歸化勤躬耕，荒埔將墾唐人爭。唐人爭去餓且死，翻悔不如
> 從前生。傳聞城中賢父母，走向城中崩厥首。啁啾咭格無人通，言
> 不分明畫以手。訴未終，官若聾，竊窺堂上有怒容。堂上怒，呼杖
> 具，杖畢垂頭聽官諭。嗟爾番，爾何言？爾與唐人皆赤子，讓耕讓
> 畔胡弗聞。吁嗟乎！生番殺人漢奸誘，熟番獨被唐人醜，爲父母者
> 慮其後。〔註95〕

此詩以精彩的情節描寫，道出清朝官員對原住民的欺壓。柯培元身爲清朝官
員，能直接批判執政著不能體恤下民的惡行，值得讚賞。噶瑪蘭族以鏢魚打
鹿爲生，不善耕種，漢人以斗酒、尺布等物質，騙得一紙贌字。噶瑪蘭族不
識字，以指頭點墨爲識，所有契約都由漢人完成，贌耕之輩，貪得無厭，眞
假莫辨，〔註96〕最後，噶瑪蘭族逐漸失去生存的土地，人口減少，甚至南遷
花蓮、臺東等地，另謀生路。

　　清政府以消極的態度治理臺灣，噶瑪蘭的情況也一樣，直至乾隆元年

〔註92〕同註 4，頁 452～453。此詩陳淑均《噶瑪蘭廳志》、陳培桂《淡水廳志》、連
　　　橫《臺灣詩乘》亦有收錄，惟自「或言嬴秦遺徐福」以下文句有異。本文採
　　　用該詩作者柯培元所編纂的《噶瑪蘭志略・藝文志》爲依據。

〔註93〕同註 89。

〔註94〕陳淑均，《噶瑪蘭廳志・規制・番社・附考》（臺北：文建會，2006 年），頁
　　　109。

〔註95〕同註 4，頁 453。

〔註96〕柯培元，《噶瑪蘭志略・番市志》（臺北：文建會，2006 年），頁 381。

（1736）黃叔璥《番俗六考》中始有噶瑪蘭三十六社社名的記載〔註 97〕。嘉慶 15 年（1810）清政府將噶瑪蘭收入版圖時，姚瑩《東槎紀略》才有平埔族男女共五千五百餘口的記載〔註 98〕。此時距康熙 22 年（1683）施琅平定臺灣已有一百二十七年的歷史，這段時間噶瑪蘭可說處於無政府的狀態。

噶瑪蘭的開發起先並非由於清政府的主動規劃，而是漢人以「官未闢而民先墾」的方式進行。漢人在蘭地的移動過程可分為四階段，最早從中原或其它外地遷移到閩粵，再由閩粵遷移到臺灣，接著再由臺灣遷徙到宜蘭，最後是宜蘭境內的移動。若依族群比例而分，漳州最多占百分之八十八，其次是粵、泉兩籍移民。〔註 99〕因此，漳州稱得上是蘭陽平原最大宗的移民族群，但漳泉分類械鬥亦時有耳聞。

1796 年吳沙入蘭開發西勢，1809 年漢人佔領羅東，漢人勢力擴及東勢。1810 年噶瑪蘭劃入清朝版圖，西勢成為典型漢人社會，1894 年噶瑪蘭完全開發成為漢人掌控之地。在這段歷史中，噶瑪蘭的人口自 1796 年一千二百人到日治前夕 1893 年十一萬四千人，近百年間增加九十五倍，而平埔族的人口則是自 1810 年的五千五百四十人減少到 1896 年的二千一百四十三人。〔註 100〕蘭地已完全由漢人所掌控。

日治時期，對蘭陽三郡人口數有較明確的記載，1920 年代宜蘭郡約八萬五千人，羅東郡約五萬二千三百人，蘇澳郡約一萬一百人。〔註 101〕至 1940 年代宜蘭市至宜蘭郡中獨立出來，人口數約三萬九千人，宜蘭郡約七萬五千人，羅東郡約九萬三千人，蘇澳郡約二萬六千人。基本上日治時期蘭地的人口成長主要來自死亡率的降低，此緣於日本政府有效的處理衛生、疾病問題。〔註 102〕

至於日治時期蘭陽三郡人口變遷情況，1920 年至 1940 年宜蘭郡人口比例

〔註 97〕黃叔璥，《臺海使槎錄・番俗六考》（臺北：臺灣經濟銀行研究室，1957 年），頁 141。

〔註 98〕姚瑩，《東槎紀略》（臺北：臺灣經濟銀行研究室，1957 年），頁 77～82。

〔註 99〕陳進傳，〈清代宜蘭漢人的移動〉，《臺北文獻》直字第 98 期，1991 年 12 月25 日，頁 147～189。

〔註 100〕龔宜君，《宜蘭縣人口與社會變遷》（宜蘭：宜蘭縣政府，2001 年），頁 42～43。

〔註 101〕《臺灣省通志・人民志・氏族篇》（南投：臺灣省文獻委員會、中華學術院臺灣研究所合編，1971 年），頁 12。

〔註 102〕同註 100，頁 62～64。

一直在降低，相反的羅東郡、蘇澳郡的人口比例則是逐漸增加。尤其是蘇澳郡 1925 至 1930 年間增加率高達 89.3%，是蘭陽各區中人口增加最多者。部份原因來自蘇澳在 1923 年闢建為漁港，成為近海漁業根據地，吸收許多漁業人口，且蘇澳港同時也是島內指定港口，是宜蘭與其它港口交流之要港，﹝註103﹞交通運輸便利，間接帶動工商業的發展，吸引人群的聚集。

依族群分佈情況來看，日治時期蘭地仍是以漢人為主的社會，平埔族人口逐步減少，山區的泰雅族則是保持穩定的人口數，較不受影響。至於日本人移入蘭陽居住的比例不超過百分之五，其從事的行業以公務及自由業為多，其次是商業和工業。他們居住地主要在政府行政組織所在地，其它偏遠地方人數較少。﹝註104﹞清治 1894 年至 1945 年結束日治這段時間，漢人始終是蘭地最主要的族群。

五、行政組織

蘭地在清康熙 23 年（1684），清朝將臺灣劃入版圖之前，為化外之地，西班牙、荷蘭人曾占據此地，進行經濟掠奪及宗教宣傳，明鄭時期勢力未及北部，在蘭地並未設置任何行政機關。

1684 年臺灣劃入清朝版圖，正式進入清治時期，全臺設一府三縣，隸屬福建省。後改承天府為臺灣府，府下設三縣，改天興州為諸羅縣，分萬年州為臺灣縣和鳳山縣，此時蘭地歸諸羅縣所管轄。雍正年間又有變動，據《噶瑪蘭廳志・封域・建置》記載：

> 雍正 2 年，附東螺以北二十二社番，撥入新設彰化縣屬。9 年設淡
> 水廳，又自彰化轉入淡水廳管轄﹝註105﹞

可見清朝對處於臺灣東北隅這塊沃土，尚未重視，不知如何安置，先後歸彰化縣及淡水廳管轄。直至雍正 5 年，升臺灣縣之澎湖為廳，是為一府四縣二廳時期，蘭地仍未入治。

後經楊廷理、謝金鑾、賽沖阿、梁上國、阿林保、方維甸等人持續上奏，陳其利弊，迨至嘉慶 14 年（1809）四月收入版圖。嘉慶 17 年（1812）八月，終於正式置噶瑪蘭通判、頭圍縣丞及羅東巡檢等職，管轄 12 堡、25 街、97庄、37 社之行政事務，噶瑪蘭廳設於五圍三結街（今宜蘭市）。

﹝註103﹞同上註，頁 68～69。
﹝註104﹞同上註，頁 69～95。
﹝註105﹞陳淑均，《噶瑪蘭廳志・封域・建置》（臺北：文建會，2006 年），頁 80。

同治 13 年（1874）發生牡丹社事件，日本入侵琅嶠（今恆春），欽差大臣沈保禎奉旨來臺辦理海防。光緒元年（1875），清廷詔准沈保禎調整臺灣行政區域以統治與開發之議，將噶瑪蘭廳改設宜蘭縣。蘭地重要性始被重視，此時為臺灣二府八縣二廳時期。

中法戰爭後，清朝深感臺灣實為南洋門戶，命劉銘傳為首任福建臺灣巡撫，劉氏於光緒 13 年（1887）重新調整臺灣行政區域，將全臺分三府、一直隸州、十一縣、三廳，即臺東設直隸州外，臺灣府轄臺灣縣、彰化縣、雲林縣、及埔里社廳；臺南府（舊稱臺灣府）轄安平縣（舊稱臺灣縣）鳳山縣、恆春縣、嘉義縣、澎湖縣；臺北府轄淡水縣、新竹縣、宜蘭縣、及基隆廳。〔註106〕至日本統治前，宜蘭縣皆歸臺北府管轄未曾有變動。

明治 28 年（1895）四月，臺灣澎湖割讓給日本，同年六月十七日，臺灣總督樺山在臺北總督府舉行「始政式」，臺灣正式由日本治理。三天後，日本岩崎少佐率步兵二中隊，偕支廳長河野一郎，乘八重山艦自基隆出發，次日於蘇澳登陸。六月二十二日，入據宜蘭城，民情激憤，抗日行動不斷，然彈盡糧絕，終至無成，宜蘭遂由日人佔領。〔註107〕

日治之初，參酌清代舊制，設三縣一廳，即臺北府改為臺北廳，臺灣府改為臺灣廳，臺南府及臺東直隸州合併改稱臺南縣，另設澎湖島廳，並於縣下各設支廳。宜蘭支廳於明治28年（1895）六月二十三日設立。惟當時全臺各地，抗日義軍峰起，以上行政劃分，徒具形式無實質意義。

明治29年（1896）四月，日本政府施行民政，頒行〈臺灣總督府地方官官制〉，重新公布行政區域，仍設三縣一廳，蘭地仍屬臺北縣宜蘭支廳，管轄區域依舊不變。明治30年（1897）五月，有鑑於三縣一廳，山川隔閡，交通不便，且民情相異，無法有效控制各地抗日行動，逐縮小行政管理區，將原來三縣一廳，改為臺北、新竹、臺中、嘉義、臺南、鳳山等六縣，及宜蘭、臺東、澎湖等三廳，廢除原有支廳，並於縣、廳下設辦務署。宜蘭廳治設於本城堡宜蘭城內，廳下設頭圍（今頭城）、宜蘭、羅東、利澤簡（今五結鄉利澤村）四個辦務署。

大正 9 年（1920）七月二十六日，臺灣總督田健治郎為實行同化政策，致力於地方行政制度的改革，重新調整全臺行政區域，共計分為五州二廳四

〔註106〕林玲玲，《宜蘭縣文職機關之變革》（宜蘭：宜蘭縣政府，1997年），頁8〜34。
〔註107〕林萬榮，《宜蘭史略》（宜蘭：宜蘭縣政府，1980年），頁23。

十七郡三市二百六十三街社十八區。其中臺北州及合併臺北、宜蘭二廳及桃園廳一部分，管轄臺北市，及七星、淡水、基隆、宜蘭、羅東、蘇澳、文山、海山及新莊等九郡。宜蘭郡役所設於宜蘭街，羅東郡役所設於羅東街，蘇澳郡役所設於蘇澳庄。〔註108〕直至昭和15年（1941）改宜蘭街為市，蘭地行政區域劃分未有大變動。

總計日治五十年五個月期間，蘭地歷經宜蘭支廳（1895.6～1897.5），宜蘭廳（1897.5～1920.7），宜蘭、羅東、蘇澳等三郡（1920.7～1941.10），及宜蘭市、宜蘭郡、羅東郡、蘇澳郡（1941.10～1945.8）等四次的行政體系變化。〔註109〕

以上為清治及日治時期蘭地行政劃分沿革概況，其共通點在於，位於臺灣東北部的這塊豐厚沃壤，執政者在管理之初，不明其自成一區的特殊性，皆劃歸其它區域統轄，及至經營一段時間後，始明白與其他地區分開管理的必要。

第二節　蘭陽地區的文教與詩社

開墾的先後可做為生活環境指標，一地的文教及至文學發展，則必須觀察此地知識份子的素質及活躍情況，一般都以該地科舉中試的情形作為衡量標準。

清治臺灣二百多年間，除了冒籍〔註110〕者外，約有二十三名進士，1823年中進士的「開臺進士」〔註111〕鄭用錫，是臺灣的榮耀。若以「進士中第」做為一地文教發展指標，蘭地第一位進士——楊士芳於同治7年（1868）中進士，那麼蘭地文教之興盛較臺灣整體發展晚了45年。

起步雖晚，後起直追，乃大有可為。文教之興盛關係某地精神思想之發展，日治時期深受殖民政策的影響，文教丕變，此節分為「清治時期蘭陽地區文教機構與詩社組織」、「日治時期蘭陽地區教育措施與詩社組織」二小節細述。

〔註108〕同註106，頁58～71。

〔註109〕同註86，頁52。

〔註110〕指非臺灣籍者冒籍來臺考試，以取得臺灣科舉名額。

〔註111〕所謂「開臺進士」指開「臺字號」獲進士者，此緣於乾隆3年諭准，臺灣人赴考，每十名舉人可另編「臺字號」，取進士一人。道光3年已達11人，故錄取一名進士，即鄭用錫。

一、清治時期蘭陽地區文教機構與詩社組織

　　清代教育制度有官學鄉學之分。官學有府、縣儒學、書院、義學（一稱義塾）等，鄉學則包含社學和民學（通稱「書房」）。據《噶瑪蘭廳志·學校》記載：

> 庠序以培養乎人才也，而書院即以成乎庠序，其為功較近而捷焉。
>
> 蘭之廳制一視澎湖，而初猶附試於淡水，則以人文必盛，及建專學，
>
> 非故緩也，蓋有待也。〔註112〕

可見，蘭地最初未曾設立官學設施，而是以書院替代之。清代蘭地最早教育機構，即為仰山書院。道光年間由朝廷直接派員設立的儒學，始終未獲准設置。直到同治 10 年（1871）仍是「准淡設全學，蘭設半學」，而且是「尚未舉行」。等到光緒元年（1875）宜蘭設縣之後，儒學名額改為文童五名，廩、增生各四名，四年一貢。迨光緒 7 年（1881），宜蘭知縣馬桂芳始奉文創建縣儒學，新置廳治，尚付之闕如。因此仰山書院的創立，具有「為噶瑪蘭設廳後第一所書院」、「噶瑪蘭以廳設書院，顯示該地人口少，卻能致力於教育的推廣與普及」、「仰山書院為噶瑪蘭最高學府，並為花東唯一書院」等三項重大意義。〔註113〕

　　根據柯培元《噶瑪蘭志略·學校志·書院》〔註114〕記載，仰山書院取名「仰山」，緣於楊廷理入蘭查辦時，以楊龜山先生為閩學宗倡，而蘭地海中亦有島嶼曰龜山，故取名仰山。書院位置設在廳治西文昌宮左，本為廟地，嘉慶 17 年（1812），楊廷理草創一椽，為最早的仰山書院，其簡陋程度當可想見。至嘉慶 24 年（1819），通判高大鏞想要延師開課，地已圮壞。

　　道光元年（1821），姚瑩改築於後殿左廂房，當時只建一廳一室，不久也崩塌毀壞。道光 5 年（1825），通判呂志恒於東首臨街建一門樓，額曰：「仰山書院」。道光 10 年（1830），通判薩廉乃就原建之址，架築三楹，以為安硯之地。

　　有關書院名稱的問題，以陳淑均《噶瑪蘭廳志·學校·書院》〔註115〕記載較為詳盡。依據陳淑均〈書院·附考·按語〉的敘述，他認為當時蘭地士子對書院取名「仰山」之意就有不同的詮釋，有人認為取自「高山仰

〔註112〕陳淑均，《噶瑪蘭廳志·學校》（臺北：文建會，2006 年），頁 220。
〔註113〕葉高樹，《宜蘭縣學校教育》（宜蘭：宜蘭縣政府，2002 年），頁 12～20。
〔註114〕柯培元，《噶瑪蘭志略·學校志·書院》（臺北：文建會，2006 年），頁 301。
〔註115〕陳淑均，《噶瑪蘭廳志·學校·書院》（臺北：文建會，2006 年），頁 220～233。

止」，有人以爲是「仰蘭地之龜山」，又有「孔子作〈龜山操〉，義取望魯」以及「仰山本巖名」的各種看法。陳淑均舉楊廷理〈蘭城仰山書院新成志喜〉：

> 龜山海上望巍然，追溯高風仰宋賢。
>
> 行媲四知敦矩範，道延一線合眞傳。
>
> 文章運會關今古，理學淵源孰後先。
>
> 留語諸生勤努力，堂前定可兆三鱣。

說明「景仰楊龜山」的看法才是正確的。

陳淑均認爲觀楊氏詩中「四知」、「三鱣」等詞，可知此詩以楊文靖自況，「楊文靖，字中立，將樂人，與游定夫立雪程門，爲二程高弟。其學以身體心驗爲主，一傳羅豫章，再傳李延平，延平再傳子朱子，實爲閩學宗倡，學者稱龜山先生。」可知楊廷理將書院取名「仰山」，實有提倡閩學之意。陳維英 1885 年寫的仰山書院聯文：

> 仰不愧，俯不怍，道中人存心，當求如是；
>
> （「道中人」一作「士君子」。）
>
> 山可移，海可填，天下事有志，何患難成。
>
> （「天下事」一作「大丈夫」。）〔註116〕

蘭地龜山當戶，陳維英懷念宋朝楊龜山爲閩學始祖，興起「高山仰止，仰之彌高」的心情，將書房名爲「仰龜山房」，〈自題書齋聯〉：「槐市明經，蘭廳主講。榕城司教，薇閣侍書。」蘭地教育以閩學爲宗，獲得士子的認同，楊士芳嘗題其擺里進士第大門對聯曰：「一代文章曾傳御覽，八閩理學直朔龜山」〔註117〕，傳承閩學爲蘭地士子的共同目標。

書院院長乃領導學風的靈魂人物，學識及品德兼備者才能勝任。〔註118〕仰山書院最早的院長爲楊典三，字寅齋，爲湖南湘潭人，他足不出署，寬以待諸生，獎賞分明，深受敬重，蘭廳讀書人引爲開山之教師，以祿位奉之，

〔註116〕陳維英，《太古巢聯集》（臺北：龍文出版社，2006 年），頁 7。

〔註117〕見陳志謙手跋，陳長城編著，〈蘭城殘墨餘譚（四）〉，《蘭陽》，第 13 期（臺北：蘭陽雜誌社，1978 年 3 月），頁 115。

〔註118〕據《噶瑪蘭廳志》記載：「《會典》：書院師長，不分本省、鄰省、已仕、未仕，擇經明、行修足爲多士模範者，以禮聘請。丁憂在籍人員，理應杜門守制，不得延請。書院教官，本有課士之責，不得兼充書院師長。謹案：乾隆三十年奉上諭：改書院山長之稱爲院長。」見陳淑均，《噶瑪蘭廳志·學校·主講·附考》（臺北：文建會，2006 年），頁 233。

以誌開蘭文教之始。〔註 119〕楊典三之後，由李維揚（臺灣縣人）林淑均（福建晉江人）等主講仰山書院。道光 20 年（1840），家住蘭廳北門的黃纘緒中式庚子恩科舉人，返籍後任教於仰山書院。〔註 120〕依此，1840 年爲本地文人掌教仰山書院之始，顯示蘭地文風漸臻成熟。其後陸續有黃學海（？）、李春波（咸豐 9 年 1859）、黃鏘（光緒元年（1875））、楊士芳（光緒初年）、張鏡光（光緒初年）、李望洋（光緒 11 年（1885））、黃友璋（光緒 12 年（1886）等蘭地人士主講仰山書院。（見附表四：仰山書院歷任院長一覽表）顯見蘭地文教已穩定發展，能培育出優秀人材，傳承百年樹人的大業。

　　書院承擔教育重責大任，蘭地文學發展也與書院息息相關。蘭地最早的傳統詩社——仰山社，即附設於仰山書院而成立。陳淑均〈署倅烏竹芳序〉：

> 蓋聞五步之澤，必有香草；十室之邑，必有忠信。況噶瑪蘭環山面海，幅員百三十里【原作五十里】，雖地屬新闢，而間氣所鍾，秀靈所聚，將來必有大發其祥者，蓋上天之降才，原不限於遐域也。余以乙酉夏來攝斯土，訪其俗，樸以醇；間其民，直以愨；察其學校之設，則有仰山書院。每於公餘之暇，按月考課，因得與諸生相接。而仰山社附焉，則見多士濟濟，蔚然挺秀，有蒸蒸日進之風，苟稍激而裁抑之，庶泮水芹藻之休，小大從公之盛，無難復見於今茲焉。
>
> 〔註 121〕

仰山社原附屬書院而存在，三個月一次的聚會，可以聯絡學員感情，也可以促進學習的樂趣，實爲提倡文教的具體辦法。

　　仰山書院設立「仰山社」確切時間不明，至少咸豐 2 年（1852）陳淑均撰寫《噶瑪蘭廳志》之前已有「仰山社」的活動，此社活動內容爲讀書人交

〔註 119〕柯培元，《噶瑪蘭志略・宦績治・附賓幕》（臺北：文建會，2006 年），頁 325。
〔註 120〕依據卓克華〈清代舉人黃纘緒生平考〉的考訂，黃纘緒只是代爲管理書院膏火田業，並未主講。其理由爲有三，一者清代書院制度中並無「教授」一職，二者家譜稱黃纘緒「學識尚缺」，三者光緒十八年仰山書院膏伙田執照中稱黃纘緒爲「招瞨職員」。筆者以爲有「管理膏火田業」的事實，並未能否定主講仰山書院之事，兩事不能混爲一談，光緒 18 年（1892）的職務名稱與道光 20 年（1840）有時間上的差距，職務變動可能性很大。再者，「學識尚缺」者亦有精進的機會，黃纘緒能中舉人已有一定自修的能力。三者，「教授」可解釋爲專有職稱，也可作爲「教導傳授」動詞用法。基於上述考量，筆者仍接受黃纘緒主講仰山書院的說法。卓克華之說詳見氏著〈清代舉人黃纘緒生平考〉收於《臺灣文獻》第 50 卷第 1 期（1999 年 3 月），頁 325～351。
〔註 121〕同註 115，頁 234。

流文藝：

> 蘭無所謂義學，並社不得爲學。惟蘭士百數十人中自相訂盟，捐有
> 薄置。每歲四仲月，即在仰山書院内一會，文酒盡日。完篇，擇其
> 品優學裕者，請定甲乙，七名以内，贈筆硃墨有差，名曰「仰山社」。

〔註 122〕

可見當時仰山社的活動經費爲社員自行捐贈，社員們聚在一起切磋文藝，評
品甲乙，薄施獎勵，從積極的意義來看，此舉可促進學習興趣。而蘭地人士
頗知愛惜名器，自重身家教育，歷試場屋，無一捉力之誚，就算是隨隊童子，
都是家世清白者。〔註 123〕依此學習氛圍推斷，蘭地仰山社對本地文學的推展
應有正面的幫助及意義。

二、日治時期蘭陽地區教育措施與詩社組織

　　1985 年，日本政府以強勢的武力鎮壓接收臺灣，臺灣社會領導階層〔註 124〕
結構產生相當的變動，或領導武裝抵抗，或内渡大陸，或消極退隱，或順服新
政權等，不一而足。而此時各種殖民社會政策對選擇留臺的居民有很大的影響，
本節以對文學發展最具影響力的教育措施與詩社組織說明之。

（一）教育措施

　　日本治臺之後初等普通教育機關，有日語學校之附屬學校及日語傳習
所。前者設於總督府所在地，兼爲研究初等普通教育之所；後者分佈於全島
各地，成爲日治時期臺灣最早的初等普通教育機關。至於在臺之日本人子弟
教育與臺灣本島人子弟教育，自臺灣總督府施教之時起，至第二次世界大戰
中期，均採差別政策。〔註 125〕「小學校」爲日人子弟初等教育機構，「公學校」
爲臺人子弟初等教育機構，另有「番人公學校」爲原住民子弟初等教育機構。

〔註 122〕同上註，頁 233。
〔註 123〕柯培元，《噶瑪蘭志略・風俗志・士習》（臺北：文建會，2006 年），頁 366
　　　　〜367。
〔註 124〕本文採用吳文星對「社會領導階層」的定義：「係指『地方性領導領導階層』
　　　　或『次級領導階層』，具體而言，這些人係指擁有科舉功名的士紳，以及沒有
　　　　科舉功名的富商、地主和儒士等，在日據時期則是指政治、經濟、教育及文
　　　　化等方面地位較重要或表現傑出者。」詳見吳文星，《日據時期臺灣社會領導
　　　　階層之研究》（臺北：正中書局，1992 年），頁 5。
〔註 125〕林品桐譯著，《臺灣總督府公文類纂教育史料彙編與研究（明治 29 年 7 月至
　　　　明治 34 年 12 月）》（南投：臺灣省文獻委員會，2001 年），頁 6〜7。

總督府並頒布〈公學校令〉、〈臺灣教育令〉作爲施政原則，並時有修正，希望以教育的方式達到同化的目的。

蘭地自日治初期，即爲政府大患，因交通不便，航行不盛，且盜亂頻仍，明治 28 年（1895）發生學務部人員罹難事件，故該地國語傳習所招生情況不盡理想，根據明治 31 年（1898）三月底之前的調查，僅五十三位畢業生。原住民教育因文化差異更大，行日語教育更加困難，蘭地一直未設立蕃人公學校，而是以蕃童教育所取代之，且施行成效不彰。

明治 31 年（1898）十月一日〈公學校令〉正式施行，蘭地現有的三所國語傳習所：宜蘭國語傳習所及其頭圍、羅東分教場，分別改制設立：宜蘭公學校、頭圍公學校、羅東公學校。並配合書房開學時間、農曆春節可缺席、午休時間可回家用膳，以及加設《三字經》、《四書》、《孝經》及臺灣句讀與數字等課程，以鼓勵臺灣子弟入公學校就讀，然就讀的人數偏低，大正 2 年（1913）僅 9.17 百分比。昭和 16 年（1941）以後，蘭地各公學校及小學校皆改稱國民學校。

至於中等教育方面，蘭地六年制初等教育機構以上，相當於今日初級中學程度的教育設施，皆附屬於小、公學校高等科內。昭和 13 年（1938），宜蘭境內始成立臺北州立蘭陽高等女學校。昭和 17 年（1942）成立臺北州立宜蘭陽中學校。昭和 19 年（1944），成立羅東農業實踐女學校。大正 15 年（1926）成立臺北州立宜蘭農林學校。〔註 126〕以上爲日本治臺蘭地教育措施概況。

日本政策推行同化教育不遺餘力，宜蘭方面，在學校設備不足的情況下，民宅、官衙、寺廟等地都是校舍未建立前曾借用的上課場所，其中又以寺廟的借用情況最值得關注。鄉鎮原有的寺廟除了提供一般民眾作爲信仰場所外，也成爲一地文教發展場域。如，明治 28 年（1895），宜蘭支廳以天后宮（今日宜蘭昭后宮）爲校舍，成立明治語學校，教師有平島勢吉郎、穎川源十郎、田中三熊、赤塚弘、莊贊勳、陳登第等人。由於缺乏通譯人員，只好仰仗蘭地士紳莊贊勳招募學生。〔註 127〕又如，大正元年（1912）宜蘭公學校員山分校創校（後改稱員山公學校、員山國中）之初並無教室，當時借用員山鄉內員山王公廟（今碧仙宮）做爲替代教室。〔註 128〕再如，礁溪公學校創

〔註 126〕葉高樹，《宜蘭縣學校教育》（宜蘭：宜蘭縣政府，2002 年），頁 76～108。
〔註 127〕同上書，頁 74～76。
〔註 128〕張文義，《員山百年人物》（宜蘭：宜蘭縣員山鄉公所，2004 年），頁 187。

立之初，假協天廟上課。〔註 129〕

　　日本政府借用廟地，作為公學校上課教室；蘭地士紳則借用廟地，作為傳承漢文化的場所。上文提及的莊贊勳幫教授日語的明治語學校招募學生，假天后宮上課，另一面，莊氏也為提倡漢學而奮鬥，同樣借用天后宮作為授課地點，據《臺灣日日新報》大正 11 年（1922）五月九日第六版「蘭陽特訊」記載：

> 振興漢學　蘭人呂桂芬、莊贊勳、林吳庚、連城青、蘇璧聯等，念及世風不古，斯文掃地，凡公黌畢業者流，不知道德，罔識倫常，爰是倡興漢學。假天后宮後進大悲閣內，設一振文社，聘請碩儒張恆如廣文，林星樞明經，為教授。每日午後七時起，九時半止。現在就學者，計有六十名，其課程係歷史、古文、漢詩、尺牘、修身等，豫定學期六箇月。經於去一日午後七時，舉行開學云。

蘭地士紳對後代子孫的品德教育感到憂心，深恐年輕學子受公學校教育，接受新式思想教育後，不知固有的道德倫常，故成立「振文社」，借天后廟大悲閣作為教育場所，每天晚上七點至九點，請來仰山吟社張鏡光（字恆如）林拱辰（字星樞）講授歷史、古文、漢詩、尺牘、修身等課程，以廣文明經，啟發學子。依報上記載當時學生有六十名，足見參與之熱烈。莊贊勳一方面幫統治者成立的日語學校招生，一方面也為了傳承漢學而費心，這絕非兩面人的做法，而是將日語視為與執政者溝通的外來語，故並未放棄漢文、漢字的學習。處於異族統治下，有志者仍努力學習傳統文化，其用心良苦值得體諒。

（二）詩社組織

　　日治初期教育的推展，不僅場所不足，師資等經費亦不足，為普及新式教育，故與書房業合作，書房師生成為國語傳習所首先招收的對象，書房遂成為新式教育輔助機構。宜蘭書房業的發展大致可分為三個時期：第一期為日本領臺後至明治 31 年（1898）間，即國語傳習所存在的新舊交替期，書房數目由48 降至 31 間，每書房學生平均數偏低，明治 30 年（1897）初約有 17 人。

　　第二期為明治 31 年（1898）至明治 35 年（1902）止，此時期為書房業與公學校之間的競爭時期。明治 35 年（1902），書房數目攀升至最高點，有85 間之多，此為書房業的黃金時代，每書房學生平均數約 25～31 人。

〔註 129〕林正芳，《日據時期宜蘭地區初等教育之研究》，中國文化大學史學研究所，1992 年碩士論文，頁 61。

　　第三期爲明治 36 年（1903）以後，此時期公學校穩定成長，書房業開始走下坡，終於不敵公學校，漸趨沒落。明治 42 年（1909）減少到 20 所，教師資格爲廩生 1、生員 2、童生 17，學生數爲 514 名，皆爲偏遠而無法到公學校上課的子弟。〔註 130〕

　　書房雖趨沒落，但日治時期這段時間蘭地書房卻未曾消失，且受明治 31 年（1898）頒布〈關於書房義塾規程〉影響，許多書房都是私人設立，不願接受統治者對教科書、上課時間、入學年齡、教學管理等規範，並未辦理登記申報，統治者有時亦鞭長莫及，漢文教育的傳承工作，仍默默進行著。

　　以蘭地傳統文學發展來看，詩社的發展與書房關係密切，清治時期宜蘭仰山吟社前身仰山社，即是附設於仰山書院而成立的詩社組織。日治時期漢文傳承由書房接續，書房培育知識分子，詩社聚集同好鼓勵創作，其運作有賴知識分子的加入，書房與詩社兩者相互影響。例如，張鏡光（1853～1930）開設省心齋書房，並成立吟香社。又如，張振茂（1893～？）1921 年創立光文社，1926 年創設庄立、壯二、育英書房，1934 年任仰山吟社副社長。筆者此節將以頭圍（今日宜蘭縣頭城鎮）登瀛吟社與「就正軒」書房的互動爲例，細述蘭地書房與詩社相互依存的關係。

　　提到頭圍（今日宜蘭縣頭城鎮）登瀛吟社的創立，不得不提到「喚醒堂」及「就正軒」，三者關係密切，它們皆以今日「宜蘭縣頭城鎮纘祥路 39 號」作爲主要活動場所。「喚醒堂」爲地方上宗教信仰的場所，依附此場所具有私學意義的「就正軒」書房得以設立，進而使傳承漢文化的「登瀛吟社」得以成立，聚集有志於習漢字、創漢詩、讀漢文的人士，達到傳播漢文化的目的。

　　據《頭城鎮志》記載喚醒堂之設立源於莊碧芳經營佛祖擔，經商之餘，樂善好施，曾於光緒 21 年（1901）五月與吳炳珠、吳祥輝等創設喚醒堂，擔任堂主，藉宗教信仰勸人爲善。〔註 131〕喚醒堂以「濟世化人爲宗旨，己悟悟人作修爲。」取名「喚醒」其意爲「喚世知恩兼報本，醒人悟道識源根。」以《渡世慈帆》〔註 132〕、《小學千家詩》〔註 133〕爲宣講內容。民國 74 年（1985）

〔註 130〕林正芳，《宜蘭市志・教育篇》（宜蘭：宜蘭市公所，2005 年），頁 75～76。
〔註 131〕莊英章、吳文星，《頭城鎮志》（頭城：頭城鎮公所，1986 年），頁 424。
〔註 132〕《渡世慈帆》一書最早版本爲木刻封面，由林旺根收藏。
〔註 133〕《小學千家詩》此書內容爲教導幼童之作，以勸善、處世爲主，例如童訓、戒爭屋、勸勤業、醒世、戒賭、知足歌之詩作。筆者蒐集版本書前有同治十二年羅英敬之序。

由呂營陳擔任喚醒堂主，他先後隨吳祥輝、杜仰山研習漢學多年。

再者，說明「就正軒」之設立。據《頭城鎮志》記載，就正軒為盧廷翰〔註134〕之夫人陳氏定娘在日治時代時創設，詳細時間並不清楚。盧廷翰光緒 32 年（1906）去世，陳氏獨撐家計，與孤孫盧纘祥相依為命，將盧廷翰遺留之八百元紋銀購地六十四甲，招佃耕種，與佃農共體時艱，頗得敬重。陳氏重視子孫教育，不希望盧纘祥受日人教育，特設就正軒書房，延聘宿儒吳祥輝、葉文樞、萬惠生等教授漢學經典詩文。林萬榮（1915～2005）曾寫下「就正軒書齋聯」說明就正軒「就正」二字之意：

> 就有道以教人，猶憶滿牆桃李。
>
> 正無邪而立德，尚存一代文章。

就正軒屬私學性質，其精神著眼於教學童以正道，端正品德，學習漢字的書寫、漢文的寫作。一般而言，私學教材中著重傳遞品德、倫理觀念，學堂中的規矩、儀式，教師的身教，以及同儕的榜樣等重要性。

私學不必考試，又無入學時間、學生程度、名額等限制，於是採「因材施教」的授課方式，堪稱「有教無類」。〔註135〕據莊連珠（1914～）老太太的說法，當時常駐就正軒書房教書的教師為吳祥輝，上課時男女生分處兩地，男生有自己的課桌椅，人數約二、三十人，女生以神明前面的方桌為書桌，人數約七、八人。葉文樞上課地點在盧纘祥家中，有興趣的男生亦可前往，但莊連珠本身並未去過。

就正軒上課的時間為每日上午八時到中午十二時，下午二時至六時，每日共八小時。上課課本男女有別，又依學童實際需要有差異。據莊老太太目前家中藏書及林旺根的口述來看，《幼學瓊林》上海廣益書局（見附圖一）《初學三字經》、《千家詩》、《四書白話句解》、《四書集註》上海共和書局為主要授課的課本。

〔註134〕盧廷翰，本名阿嬰，後易名廷翰，生於同治年間，原籍漳州府龍溪縣，祖父時始渡臺。清朝時為宜蘭屈指可數的豪富之一，擁有田園三百餘甲，在烏石港經營水郊，今頭城鎮十三行即其所有。光緒三十二（1906）年病逝，享年四十歲。子二人皆早殤，螟蛉孫盧纘祥頗能克紹箕裘，丕振家聲。見註131，頁 417。

〔註135〕黃哲永，〈明清臺灣傳統文學作家「童蒙教育」的養成教材〉，《明清時期的臺灣傳統文學論文集》（東海大學中國文學系編輯，臺北：文津出版社，2002年），頁 38。

　　莊連珠因家中從事雜貨商的工作，故老師亦教她《商業新尺牘》。她學漢詩先學會《聲律啓蒙》、《女子四書讀本》（見附圖一）《香草箋》（見附圖二），再學錦章圖書局印行的《隨園女弟子詩》。她的先生林錫虎爲就正軒學員，也是登瀛吟社社員，除基本課之外，亦讀《清詩評註讀本》（上海文明書局）《詩經》、《古唐詩合解》（上海廣益書局）《錢註杜詩》（上海廣益書局）《唐詩鼓吹評註卷》等書，算是進階書籍。

　　「喚醒堂」與「就正軒」活動地點相同，其關係應是書房與鸞堂的結合。清人治臺的二百一十三年間，全臺大小書院多達五十所以上，但性質與內容卻不盡相同，大致可分爲高等教育的正規書院與基礎教育的非正規書院二大類型，前者均爲官方所設，師資優良，設備完善，組織健全，財力雄厚；後者較複雜可細分爲文昌祠、義學、社學、特殊教育等數種。〔註136〕事實上，在臺灣歷代各志中，義學、社學、義塾等詞，一直沒有很清楚的區別，日治初，日人將清末社學與其它訓童蒙的學校合併改稱爲書房。〔註137〕就正軒爲吳祥輝所設，應屬訓童蒙的書房，上課地點就在喚醒堂。喚醒堂，以文昌帝君爲主神，不祀孔子，但授課的內容仍偏向儒學教化。登瀛吟社爲大正10年（1921），由陳書、吳祥輝等人創立，社規第三條「本社事務所置於頭圍街」（見附錄一），指的即是喚醒堂堂址。就正軒學員有能力作詩者，皆有可能加入登瀛吟社成爲社員，莊連珠老太太即爲一例。

　　誠如前文所言，喚醒堂爲民間信仰祭祀之所，日治時期「就正軒」、登瀛吟社的活動，皆以喚醒堂爲主要場所。「就正軒」當時稱爲書房，實際具有民學的性質，民學即是私學，又稱學堂、書館，各地名稱不一，但意義皆同。一般民學的設立可分爲三種情形：一是讀書人自行開設，二是鄰鄉合請老師，三是士紳殷戶獨立力請老師。就正軒屬於第一與第三種情形的混合，地主盧陳阿定曾贊助吳祥輝「就正軒」的運作，持續教授漢字、漢詩。後盧纘祥又聘竹塹碩儒葉文樞前來授課，惟上課地點在盧宅。

　　一般而言民學有二個目的：一、培養基本讀書及識字能力，二、供學生他日應考的準備。就正軒所處年代，已無他日應考之需要，因而以「培養基

<hr />

〔註136〕林文龍，《臺灣的書院與科舉》（臺北：常民文化出版社，1999年），頁17～24。葉憲峻，《清代臺灣教育之建置與發展》，中國文化大學史學研究所，2003年博士論文，頁161～165。
〔註137〕《重修臺灣省通志文教志・學校教育篇》（南投：臺灣省文獻委員會，1997年），頁83～88。

本讀書及識字能力」為主要述求，而且只要願意學漢字，具備束脩，即可上課。例如莊連珠念完公學校，北上就讀臺北第三高女，一學期之後，為盡孝道，避免父母因是否讓她離家在外讀書一事發生口角，才回到頭圍。後經父親鼓勵始至就正軒上課習漢文。又如出生於頭圍街的新文學家李榮春，他十六歲（1929）公學校畢業後才至喚醒堂學漢字。〔註138〕可見日治時期的書房教育發揮了傳承漢文的價值。就正軒學生學會作詩，除了課堂練習，又可加入登瀛吟社參加擊鉢吟詩，互相切磋琢磨，借以參與同好的活動。例如，林錫虎、簡林財發等人。

　　日治時期臺灣傳統詩社創立達於高峰，大正 10 年至昭和 12 年（1921～1937）共計成立 159 個詩社，佔該年代 225 個詩社中的三分之二強，其原因以黃美娥分析最為清楚，黃氏從內外因素細論日治時期臺灣詩社林立的情況，從內在因素來看：「沈溺詩歌以自遣」、「維繫漢文於一線」、「風雅唱和切蹉詩文」、「抬高身份博取美名」、「溝通聲息敦睦情誼」以上五項都是人們樂於參與詩社的主因，另外亦有：「父親的要求」、「工作關係」等其它因素加入詩社成為社員。從外在因素來看：「日人的推波助瀾」、「社會環境的安定」、「報紙雜誌的傳播」等三項都是影響臺灣詩社林立的因素。〔註139〕

　　若由書房與詩社的關係來觀察，書房日趨沒落之時，詩社逐漸成長，兩者傳承漢文化的目的相同，只不過是形式有異。日本治臺之時有鑑於臺灣人抗日活動頻繁，歷時亦久（1895～1915），在教育文化方面遂採取「以華治華」的政策。田健次郎提出「內地延長主義」以治臺，他打算運作舊文人力量以抵制新文學的衝擊，他舉辦一次盛大的「全島詩人大會」，其效果雖不彰，卻為治臺提供一條可行的方向。其繼任者內田嘉吉總督也舉辦詩人大會，滿足文人需要受重視的心理，臺灣傳統詩人逐漸認同日本政府的作法〔註140〕。而舉辦各種形式的傳統詩文雅會，也與日本本身的漢文化有銜接之處，成為日本政府籠絡臺灣傳統文人的方式之一。

〔註138〕李榮春，《李榮春的文學世界》，（臺中：晨星出版社，2002 年），頁 242。李榮春年表記 1929 年入私塾學漢文，筆者向李榮春姪子李鏡明求證，得知此處私塾即是以喚醒堂為教書場所的就正軒。

〔註139〕黃美娥，〈日治時代臺灣詩社林立的社會考察〉，《臺灣風物》，第 47 卷第 3 期（1997.09），頁 63～83。

〔註140〕連雅堂，〈臺灣詩社大會記〉，《臺灣詩薈》第四期（臺北：臺北市文獻會，1977 年重刊），頁 267。

　　雖然日本政府鼓勵詩人參加聚會，可是對臺灣傳統文人仍然心存戒心，結社聚會時創作題材，只能局限在應酬、詠物之作，再配合學校日語教育，漢文的傳習已逐漸失去管道，能寫作漢詩的新生代愈來愈少，優秀的作品也愈來愈稀少。

第三節　蘭陽地區的族規與家風

　　蘭地成為以漢人為主的社會，漸由拓墾進入文治，重視文教，書院設有敬字亭（或曰惜字亭）代表人對「文字」的敬意，甚至因此將「文字」與「孔子」畫上等號。清末住在員山庄的陳朝西（1986～1935）教導長子陳耀祖習漢字，因此陳耀祖對文章書籍很珍惜，空閒時便提著字紙簍沿路撿拾字紙，集中燒毀，以免遭人踐踏。鄉人問他撿拾字紙的原因，他回答說：「字紙代表孔子公，若不撿，讓人踩到，豈不是對孔子公不敬。」〔註141〕心思單純的讀書人對於先賢的崇敬由此可見。

　　養成珍惜字紙習慣，或是營造讀書風氣，皆有助於該地文教發展。蘭地文人熱衷孔廟興建，宜蘭孔子廟始建於同治4年（1864）。為舉人黃纘緒、拔貢黃學海、拔貢李逢時、士紳林國翰等人發起興建，初建「泮池」、「櫺門」，但適逢大陸地區內亂，物價飛漲，直到同治7年（1867），新科進士楊士芳返鄉，才召集蘭地士紳興建。廟地設於衙署左畔，於同治8年（1868）八月十五日興工，由知縣丁承禧「定分金」，仰山書院院長陳維英繪製圖版，仿臺灣府學文廟格式興建。楊士芳題明倫堂楹聯「夫子賢於堯舜遠，至誠可與天地參」，知縣馬桂芳題「文行忠信」，〔註142〕勉學子精誠勤篤，品行為重。

　　由蘭地漢人的族規家風，我們更能看出此地的文教氛圍。中國社會喜同族聚集而居，家族人口繁衍到相當程度時，親屬增加，族人眾多，關係複雜，人與人相處產生的衝突也增加，因而需要制訂規範，以供全族共同遵守。蘭地較臺灣西部平原開發晚，世代不夠綿長，難以孕育財大勢大的豪門巨族，但亦不乏士紳望族，以及雄據一方的大家族。這些家族世代流傳下來的訓示，以漢文記載，或詳或略，或敘舊事，或陳警句，用以凝聚家族認同意識，使

〔註141〕同註128，頁84。
〔註142〕陳長城，〈介紹宜蘭孔子廟〉，《蘭陽》，第12期（臺北：蘭陽雜誌社，1977年12月），頁53～62。

後世子孫有共同遵守的目標。蘭地僻處臺灣東北角，民間私人的開發早於政府的拓墾，家族規約對一般民眾的影響更甚於政府的種種規範。

　　家族規約的類別很多，有些只是著名的引文，皇帝的訓諭，刑法節錄，或是家族祖先的格言，也包含祀堂管理、共同財產的調整、宗族活動記載等實際活動的記錄。〔註143〕約略而言，舉凡祖訓、家法、訓言、聯對都是家族規約，可用「族規」二字簡稱之。從族規的內容，我們可以看出此家族欲以養成的家風，進而瞭解此地的文教氛圍。

　　所謂「家風」指家族世代相傳的生活理念，象徵家族精神。陳進傳〈宜蘭漢人族規初探〉將「家風」視為族規類別〔註144〕，其後寫的〈宜蘭漢人家族文學初探〉一文歸納宜蘭族譜所載內容，認為不忘本、盡孝道、重勤儉、須讀書是蘭地共同的傳世家風〔註145〕。筆者以為「家風」其意為家族精神指標，而實際運作則落實到各種明文寫定的家族規約，「家風」與「族規」雖有相通之處，但不宜視為族規類別。家規內容繁多，包含家族的一切生活，今整理家規內容，總結為下列四點說明蘭地家風特色：

一、追遠睦族

　　慎終追遠，敦親睦族是傳統儒家思想的重要精神，家族規約中不乏勸告後輩子孫，勿忘先祖篳路藍縷的辛勞，如連碧榕《黃姓家譜》：

> 劉氏祖妣居芝蘭，乾隆間，家遭泉人之難，子然一身。乃同族親遷避宜蘭，家于北門口，勤儉聊生，乞族親為己子，撫育成人。孫枝挺秀，宗祀賴以有傳，皆祖妣一人之力也。……嗚呼！凡為之子孫者，每當掃墓忌辰時，可不倍加敬慕以報此莫大之功於萬一哉。〔註146〕

祖墓的祭掃是懷念先祖的具體表現，《鍾氏族譜》：

> 墳堂者，祖安魂之所也，無論忌辰、清明，春秋二祭與供歲事者，盡其根本追遠之誠，不然人無祖宗，自何而來？且豺狼尚知哺本，

〔註143〕劉玉惠箋著，孫隆基譯，〈中國族規的分析：儒家理論的實行〉，《儒家思想的實踐》（臺北：商務印書館，1980年），頁71。

〔註144〕陳進傳，〈宜蘭漢人族規初探〉，《臺北文獻》直字110期，民國83年12月，頁107～143。

〔註145〕陳進傳，〈宜蘭漢人家族文學初探〉，《臺灣古典文學與文獻研討會論文集》（臺北：文津出版社，1999年），頁164。

〔註146〕連碧榕，《黃姓家譜》，（未著撰年），頁16～17。

況於人乎？〔註147〕

不忘根源，心有所懼，則知戒愼，明恩報，子孫不敢爲非作歹，深恐有辱祖先教誨，社會安定有賴於此。家族生活安定，又能發揮推己及人之心，顧及弱勢族人，家族自然興旺。

陳氏〈立家禮儀輯要〉：

> 族人疏遠者，以祠堂視，則均是子孫，固無親疏矣。其有所失者，
> 當周給之，不能婚姻喪祭者，亦當周給之，不可視爲路人，使之顚
> 連。〔註148〕

同宗之族有相親相助之義，婚喪喜慶互相扶持，其禮不可少。

又如，宜蘭李氏敦本堂「永懷祖澤」、「宗德宗功」匾額，「敦蔭門庭蘭柱椿萱涵世澤，本崇煙祀春秋俎豆薦生靈」、「堂勢尊嚴昭奕代祖功宗德，孫支蕃衍承萬年春祀秋嘗」聯對，以及宜蘭黃氏建和堂「建業垂繼緒江夏是宗，和衷奉祀蘭孫咸仰」、「建樹宗功繩祖武，和綿世德翼孫謀」、「建業垂基克蒙先澤，和衷濟美還賴後昆」聯對。〔註149〕皆以精簡的詩詞字句，傳達永懷先澤，澤被後代的理念。

二、忠孝興家

宜蘭家族自創祖訓較少，援引大陸遠祖的現成祖訓居多，例如《太傅陳樸直公族譜》〔註150〕和《陳氏族譜》〔註151〕祖訓均爲：「明明我祖，漢史流芳，訓及子孫，悉本義方……歲歲登堂，同底於善，勉哉勿忘。」宜蘭家族自創祖訓有西堡張家十七世祖秀才張鏡光所立「家和萬事興」〔註152〕，雖僅五字，非長篇巨論，但已道盡張家對子孫的要求。

蘭地家族規約大多傳達以忠孝興家的想法，如《張氏族譜》：「忠厚留有餘地步，和平養無限天機。」〔註153〕而《康氏家譜》記載：

> 青龍公於道光年間，曾一度返回祖籍福建龍溪，探視暨祭修祖墓，

〔註147〕鍾茂樹，《鍾氏族譜——月朗公派下家譜》，（未著撰年），頁42～43。

〔註148〕陳喬岳，《擺厘陳氏族譜》（宜蘭：1936年2月），頁44。

〔註149〕陳進傳，〈宜蘭漢人族規初探〉，《臺北文獻》直字110期，民國83年12月，頁122、125。

〔註150〕陳永瑞，《太傅陳樸直公族譜》（宜蘭：編者自印，1984年），頁3。

〔註151〕陳玉崑，《陳氏族譜》，（未著撰年），頁6。

〔註152〕張國禎，《西堡張家族譜》（宜蘭：1981年），頁13。

〔註153〕張方鏗，《張氏族譜》（宜蘭：1980年），頁128。

因祖墓均靠溪邊，當青龍公臨返臺灣時，購船一隻，贈與某船伕，

嘱其經常幫當地族親顧墓，其敬宗孝道，足堪爲後代之典範。〔註154〕

以祖先盡孝的實例，鼓勵子孫追隨此優良典範。而《擺厘陳氏族譜》規定在
每月初一、十五日要告誡子弟守忠盡孝：

每月朔望教訓子弟立於祠堂，喝道云凡爲人子者孝其親，爲親者必

愛其子孫，爲妻者必敬其夫，爲兄者必愛其弟，爲弟者必恭其兄；

毋循私以廢大義，毋怠惰以荒厥事，毋縱奢以干天刑，毋聽婦言以

間和氣，毋爲橫非以擾門庭，毋耽麴蘖以亂厥性。有一於此，既殞

爾德又殞爾身，戒之，戒之，實係格言，爾宜服膺。〔註155〕

家族規約對家族成員具有規範作用，每月聽訓兩次，時時提醒，增加印象。
在國法效力不彰之時，明文規定的家規是穩定社會的重要力量。

「忠孝」二字，前者爲國，後者爲家，儒家教化中「移孝作忠」、「求忠
臣於孝子之門」的概念，最能顯現「忠孝」之間轉化的關係，林氏家廟追遠
堂石柱聯「忠孝傳家九龍衍派源流長，勳名報國雙柱留芳世德長」，大門聯爲
「忠孝有聲天地老，古今無數子孫賢。」〔註156〕時時提醒子孫忠孝興家的理
念。

三、勤儉持家

家族之人若知勤儉惜物，日積月累，猶能由貧致富。《霞山周氏族譜》記
載周氏先祖——周頂遷居員山大鬮開墾荒地，克勤克儉，晚年「富甲蘭陽，
但平素身穿舊衫破裘，常被佃人誤認爲乞丐，但他毫不在乎，所以被譽爲周
頂不知富，其勤儉致富，堪爲我們後代子孫之楷模也。」〔註157〕周家因勤儉
家風，終致擁有良田七百多公頃，年收租谷達一萬五千多石租。

《鍾氏族譜》祖訓以勤儉、無謟、無驕三項美德訓勉子孫，「勤儉」一則：

勤乃立身之本，儉乃處世之方。蓋勤，則能變其質；儉，能足其財。

古云：男務於耕，女務於織，量其所入，酌其所出，此勤儉所當爲

也。〔註158〕

〔註154〕《康氏家譜》（未著撰年、撰者），頁 16。

〔註155〕陳喬岳，《擺厘陳氏族譜》（宜蘭，1936 年 2 月），頁 44～45。

〔註156〕同註 149，頁 125。

〔註157〕《霞山周氏族譜》，（未著撰年、撰者），頁 3。

〔註158〕鍾茂樹，《鍾氏族譜——月朗公派下家譜》（未著撰年），頁 9。

鼓勵子孫謹守勤儉美德，作爲立身處世的準則。

宜蘭梅林陳氏有類似家法的「勸條」，不論子孫從事士農工商何種行業，皆有所勸勉，其第二條：「勸子孫，爲農者」要「多者積倉廂。」又第四條：「勸子孫，爲商者」應「儉以節財之流。」〔註159〕都是提倡勤儉的精神。

蘭地亦有因祖先勤勞，而特意改變家族習俗，使自家子孫勿忘其訓示的實例。《康氏家譜》：「凡我族親，每逢農曆元旦早餐時，仍遵宗規，以餐魚紀念爲榮，特予附敍共勉之。」〔註160〕康氏家族因祖先四海公渡海來臺時，初居金包里增子寮（現臺北縣金山鄉），以捕魚爲業，兼營墾耕。據傳某年農曆除夕夜，四海公仍然率傭工數名出海捕魚，勤勉工作，結果屢次滿載而歸，家道由富而裕。四海公喜悅之餘，遂將翌日元旦早餐茹素的習慣，改爲以魚佐餐，用以慶祝祥瑞，同時訓勉子孫「勤儉務正業」〔註161〕。而《鄭氏家譜》詳細記載先祖因「儉勤家有餘積」〔註162〕後因貪賭而敗家，家譜上將族人沉迷賭博之事據實直陳，讓後世子孫引以爲鑑。

四、耕讀傳家

清朝以科舉取士，唯有參加科考才有晉升上層社會的機會，不論務農或從商致富，其社會地位難以提昇。因此，耕讀傳家，以光耀門楣，提升家族威望與勢力，成爲改變家族境遇的重要管道。宜蘭梅林陳氏家法類似家法的「勸條」第一條：「勸子孫，爲士者，安心經史，著意磋磨，以圖遠大，上者登科第，顯祖榮宗，爲者遊黌序，保一身無慮，不則亦爲名儒貴介，未有不欽者。」又第六條：「勸子孫，家頗殷富，堪以待師者，則擇館所，隆師友，教養子弟，成就異時遠大，勿棄子侄放不肖也。」〔註163〕將子孫的教育事業

〔註159〕陳永瑞、陳文隆編，《臺灣陳氏宗譜》（宜蘭：1992年6月），頁371。

〔註160〕《康氏家譜》，（未著撰年、撰者），頁15。

〔註161〕同上註。

〔註162〕《鄭氏家譜》記載「夫婦儉勤家有餘積，囊橐充裕，久爲惡輩所垂涎，設下圈套誘我始祖入局擲骰賭財。爲利所蔽，財魔縈縈，迷途莫返，愈墜愈深，不特現成者歸於烏有，將宿積者罄無晉餘。及祖妣偵知，善言諫勸，醒悟收韁。……惡徒不服，哄稱欲行搬搶。祖妣不爲所屈，矢志堅持，手握白刃，誓與同歸。惡徒知事機已洩，……沒趣而歸，幸得保全財物。若至有內助，魚肉幾被侵噬矣。從茲我始祖病陳前非，不近賭場，而能成家立業，終爲純樸完人，皆賢祖妣匡佐之功也。今當修譜之初，等將往事據實直陳，辭勿慊於俚俗，文之工拙所不計也，蓋欲後世知所觀感而興，並可作前車之鑑云爾。」詳見林榮春，《鄭家族譜》（宜蘭：1901年1月），頁3。

〔註163〕同註159。

視爲光宗耀祖的百年大業。

　　《宜蘭張氏族譜》治學遺規，以張載自立圖學，志氣不群的美德勸勉族
人，並錄其語錄，以垂訓後世。〔註 164〕《鍾氏族譜》：「耕讀當勤：常爲子孫
計，不耕則讀，不讀則耕，此二者，人道之大要，蓋勤耕可以食身，勤讀可
以榮身，耕讀猶子孫所當勤爲也。」〔註 165〕頂埔林宅聯曰：「治家無別策課兒
惟讀數行讀，華堂瑞藹宏開富有舊家風。」陳氏鑑湖堂陳廩生朝楨撰題曰：「念
祖先克勤克儉，爲子孫宜讀宜耕。」游氏立雪堂聯曰：「立志攻書榜上題名日，
雪門問孝庠前忍凍時」〔註 166〕，都傳達祖先希望子孫耕作之餘不忘勤讀書的
希望。

　　《松源蕭氏族譜》明定後代子孫就學的時程及內容：

> 凡子孫而能言能行之時，即教之以安詳恭敬。至七歲以上，使之出
> 就明師讀文公小學務要解明白，使其知孝弟忠信、禮義廉恥等事。
> 其稟性聰明者，加讀四書五經，古文左史無不習讀，此志遠大者所
> 當然也。不則一書用之不盡，要必得之于心，體之于身，無爲句誦
> 詞章之學可也。〔註 167〕

讀書知禮，小以修身持家，大以中舉任官，故鼓勵子孫勤學。開蘭第一位進
士楊士芳即以「半耕半讀」的方式完成舉業。楊父原不讓楊士芳讀書，因爲
「家貧少一人耕作，從中又要加費，何能堪此？」隔數日，楊士芳再請示父
親：「願乞耕種之暇方就讀，半耕半讀可乎？」楊父終允之。〔註 168〕楊士芳的
事蹟，鼓舞農家子弟。

　　宜蘭擺厘陳家「祖上務農之餘，非常重視子弟教育，禮聘名師於登瀛書
院教授子弟讀書習武。……日治時期，族親更不餘遺力護送子弟返回祖國大
陸求學，若嵐峰公早年即至上海讀書，後任黃埔軍校教官，官至陸軍中將，
監察委員。」〔註 169〕宜蘭有句「無陳不開科」俗語，即說明宜蘭擺厘陳家是
蘭地累計取得功名最多的家族。土地拓墾之初，以武力爲尚，陳宣梓與陳宣
石倆堂兄弟，基於生存環境自我防衛的需要，以「學習武藝」作爲家學傳統，

〔註 164〕張建邦，《宜蘭張氏族譜》（臺北：1981 年 8 月），第三冊卷六，頁 185～189。
〔註 165〕鍾茂樹，《鍾氏族譜──月朗公派下家譜》，（未著撰年），頁 9。
〔註 166〕同註 149，頁 129。
〔註 167〕蕭金合等，《松源蕭氏族譜》，（未著撰年），頁 11。
〔註 168〕《弘農楊氏族譜》（宜蘭：1980 年 10 月），頁 3。（未著撰者）
〔註 169〕同註 159，頁 385。

但在墾殖事業穩定之後，即成立登瀛書院，督導子弟習文練武，一定時間後，即具備參加科考的基礎能力，共計有一人中式武舉人，四人入選貢生，一人武廩生，七人考取武秀才，其餘捐監在學，承覃恩誥而受封郎官、夫人者，共有二十餘人之譜，〔註170〕宜蘭擺厘陳家是耕讀傳家最佳典範。

清嘉慶以後的宜蘭史，可稱得上是一部以宜蘭漢人爲主體的移民史。宜蘭漢人家族發展時間短，沒有特別的豪戶，但熱心地方公益，他們從外地遷入蘭地後，因形勢隔絕，限制家族向外發展的機會，屢經激烈的變遷大部份都因爲時遭各種災害的威脅，同一家族常散佈在蘭地不同地區。〔註171〕此時家規中對仗工整，辭藻華美，精簡易記的詩詞常成爲歷代子孫詔同的唯一憑證，親戚手足迫於生存的壓力，各奔東西，星散分離。家族子孫離開故鄉，「年深外境猶吾境，日久他鄉則故鄉」〔註172〕，他們將永無聚首之日，永無重歸土之期，未來，只要記得家訓、族訓，就是同一家族的人。言簡意賅，便於記誦的家族訓示，承載血緣親情的訊息，也傳達世代相承的共同理念，鞏固家族認同意識。

小　結

開墾蘭地以民間的力量爲先，吳沙成功入墾蘭陽，開啓官民合作的模式。漢族克服原住民的威脅，在雨水豐沛的臺灣東北角建立宜漁宜農的生活環境，家族規約凝聚族人意識，讓家族穩固成長。經歷清治及日治兩時期，蘭地自然及人文環境有很大的轉變，傳統文人的處境及想法也有所改變。

清代臺灣傳統文人寒窗苦讀的目標是爲了「一舉成名天下知」，不論是進士、舉人、秀才或貢生，求得功名是一生努力的志業。鼎革之後，生活目標頓失，日本政府的懷柔政策確實讓他們感到安心。他們也希望在漢詩的傳習中承載漢學或者是儒學的教導，身負如此偉大的任務，也就能放心的實行，

〔註170〕陳進傳、朱家嶠，《宜蘭擺厘陳家發展史》（南投：臺灣省文獻館，2005 年），頁 1、191～192。

〔註171〕陳進傳，《宜蘭傳統漢人家族之研究》（宜蘭：宜蘭縣立文化中心，1995 年），頁 356～358。

〔註172〕引自黃守梗〈黃家詩〉：「駿馬登程往異鄉，任從勝地立綱常。年深外境猶吾境，日久他鄉則故鄉。朝夕莫忘親命語，晨昏當薦祖茶香。彼蒼但願宏垂庇，三七男兒總熾昌。」詳見黃守梗〈黃家詩〉，《蘭陽》，第 7 期（臺北：蘭陽雜誌社，1976 年 9 月），頁 102。

只不過隨著時間推移，如此幽微之意已愈來愈隱微，甚至讓人不得不懷疑此宏偉志向是否存在？

　　今日看來，日治時期詩吟社林立的現象優劣互見。其優點在於鼓勵創作、傳習漢文化、連絡文人感情。其缺點在於多為吟風遊戲之作、得失心太重、舞弊事件叢生。儘管如此，漢詩精簡的語言至今仍受到青睞，格律的限制被視為對漢字熟悉度的指標，要能夠在符合格律下又寫出好作品，確屬不易。前人雖已積沙成塔、一山高過一山的造詣橫在面前，但是時代氛圍不同，所論之事各異，漢詩寫作朝向「淺、顯、典」發展，對於慣用白話文的現代人來說，看起來像是矯揉造作，空洞的假象之作，但是對日治時代傳統文人而言，他們一心致力於漢學的傳承，最後居然以最為遊戲的詩作流傳下來，其艱難、諷刺之處又如何能解？我們看到歌頌日本政府的作品，也看到他們歌頌國民政府的作品，這些人真的一點品格都沒有嗎？對平民老百姓，甚至只是當個一地之縣令者而言，政權的轉換豈是他們能左右的。他們怎不守節以終呢？慷慨就義他們做不到，因為一家老小、一城百姓之生活如何輕言放棄。不同於積極的反抗，他們是消極的抵制，看來很窩囊，卻也是一種方式。「留得青山在，不怕沒柴燒」，漢字、漢文化的傳承就在這一脈，但我們不能否認也有假漢學之名行詐騙之術者，沽名釣譽絕非我們贊成的，文學作品與作者品格之間的複雜關係，值得我們仔細思量。

第三章　蘭陽地區鸞書研究

　　鸞書是宗教信仰——扶鸞活動的產物。扶鸞又稱扶箕（乩）飛鸞，是一種神人交通的宗教儀式。一般而言，儀式的進行方式，首先由正鸞生「請鸞」，使仙佛神靈附於人身，進而推動筆或桃枝於沙盤中寫字，再經由唱鸞生逐字報出，錄鸞生逐字寫下，成為一篇鸞文，鸞文累積成一定數量即可集結成書。[註1] 鸞書，可歸類為「集體創作」，其主事者為深受儒家文化影響的讀書人，因而具有傳承儒家文化的濃厚氣息。

　　鸞書，又稱奇書、善書。蔡懋棠以為臺灣善書有新舊型之分，舊型指明末清初以來民間流傳的善書在臺灣重新翻印與流通，新型指臺灣各宗教結社扶鸞「奉旨著造」的鸞書。[註2] 鄭喜夫認為「善書」一詞有最廣義、廣義、狹義三個層次，最廣義的善書指一切對閱讀者有助益之圖文，廣義的善書包含有宗教色彩和無宗教色彩的有益圖文，狹義的善書則專指有宗教色彩的有益圖文。[註3] 宋光宇則以「古典善書」與「現代善書」區分臺灣善書，並且認為善書有廣狹義二義，廣義的善書指任何具有勸善的宗教書籍，由民眾集資刊印，置於公共場所供大眾自由取閱，狹義的善書指鸞堂在「作善書」的儀式下，將飛鸞撰作的文稿集結成書。[註4] 鄭志明則認為區分善書的廣義與狹義，只會增添討論上的困難。[註5] 本文論述對象皆為扶鸞而成的書籍，屬

〔註1〕王見川，《臺灣的齋教與鸞堂派》（臺北：南天出版社，1996年），頁199。

〔註2〕蔡懋棠，〈臺灣現行善書（續）〉，《臺灣風物》，26卷4期，1976年12月，頁101。

〔註3〕鄭喜夫，〈清代臺灣善書初探〉，《臺灣文獻》，33卷2期，1982年，頁7。

〔註4〕宋光宇，〈關於善書的研究及其展望〉，《臺北文獻》直字111期（1995年3月），頁25。

〔註5〕鄭志明，《臺灣民間宗教現象》（臺北：臺灣宗教文化工作室，1996年），頁381。

於狹義的善書，故文中皆以「鸞書」稱之，不使用「善書」一詞。

目前專門從文學角度研究鸞書的著作不多。王見川以為在新近鸞書不斷增加的情況下，貿然推論鸞書文學形式是極其危險的，這是鄭志明提出的鸞書文學研究並未引起學者共鳴的重要原因。〔註6〕近年來臺灣各大學開設之民間文學研究所已注意到鸞書的研究，以宜蘭地區為例，有林永龍《民間文化蘭陽風教發展之研究》〔註7〕及王莉雯《宜蘭碧霞宮扶鸞宣講之研究》〔註8〕二篇碩士論文。林永龍的論文綜合探討鸞書、文化、戲曲等方面對蘭陽風教的影響，鸞書方面著重其教化意義的比較，認為《龍鳳圖全集》以士人品行及為政之道的教化為重心，《治世金針》表彰忠孝節義，《渡世慈帆》則是世俗的勸誡。王莉雯的論文針對碧霞宮《治世金針》、《敦倫經》兩本鸞書有專章討論，除教化意義的探討外，並注意到鸞書活潑多樣的文學形式，及仙佛序文、寶誥、咒語、行述詩歌訓文等固定的敘事體裁，但論述的觀點仍未有較新的突破。

筆者以為可以從「文學傳播」的角度重新思考此問題，重新詮釋鸞書文學特色與價值。鸞書的作品樣貌隨著時代、區域有不同變化，即使是新近鸞書不斷增加，亦不能同期論之。例如，1976 年至 1986 年間，臺灣中部地區盛行遊記類鸞書，並以臺中市最盛。〔註9〕同樣是宣講勸善，因果報應的鸞書，包含古詩、古文、對話、遊記等各種不同的書寫樣貌，雖不易做整體研究，可從個別區域及時期開始為之。

第一節　物隨境遷：扶鸞結社因何起

一、臺灣宗教發展概述

十六世紀葡萄牙航海家首次發現臺灣時，以「美麗島」（Hha Formosa）命名之，歐洲人從此知道它的存在。十七世紀初葉西方勢力進入臺灣以前，臺

〔註 6〕 王見川，《臺灣的齋教與鸞堂派》（臺北：南天出版社，1996 年），頁 207。
〔註 7〕 林永龍，《民間文化蘭陽風教發展之研究》，花蓮師範學院民間文學研究所，2005 年碩士論文。
〔註 8〕 王莉雯，《宜蘭碧霞宮扶鸞宣講之研究》，花蓮教育大學民間文學研究所，2006 年碩士論文。
〔註 9〕 鄭志明，〈遊記類鸞書所顯示之宗教新趨勢〉，《中央研究院民族學研究所集刊》第 61 期（民國 75 年春季），頁 105～128。

灣原住民「泰雅族、賽夏族、布農族、鄒族、卑南族、阿美族、魯凱族、排
灣族、雅美族」等九個部族，各自擁有自然崇拜、祖靈崇拜、圖騰崇拜、動
植物崇拜等原始宗教信仰。平埔族，因漢化已深，要考查其文化相當困難，
已知平埔族有完備的「生命禮俗」與「年中禮俗」，「巫術」信仰相當發達，
他們設立許多公廨做為崇拜神靈的場所，也有許多的宗教禁忌，以避免沖犯
各類神鬼靈魂。至於十七世紀世紀以前來臺的漢人，有亡命之徒，也有冒險
家，他們帶來故鄉的民間信仰，例如海龍王崇拜、上帝公崇拜、媽祖崇拜、
大道公崇拜、土地公崇拜等。

　　西元 1624 年，荷蘭人佔領台南安平一帶，以臺灣南部為主要活動場域。
荷蘭人為了教化當時臺灣土著民族，於 1627 年請求「荷蘭改革宗教會」派遣
該教宗宣教師甘廸鳩斯牧師（Geo-rgius Candidius）在新港六社傳教，在前後
三十五年的教化工作中有二十八位宣教師相繼來臺，但隨著鄭成功佔領臺
灣，「荷蘭改革宗教會」終歸沒落。1626 年西班牙人佔領臺灣北部，建立淡水
要塞，亦在三貂角與基隆建立據點，比荷蘭人更積極的傳教，但並不十分成
功。〔註10〕蘭地也屬於西班牙人傳教的範圍，1641 年西班牙在臺灣北部的勢
力被荷蘭人取代，西班牙人在臺佈教成績也隨之煙消雲散。以上為漢人大規
模入墾之前，臺灣的宗教活動。

　　至於臺灣漢人的民間信仰，董芳苑認為由於族群的移動與政權的變遷，
歷經四個的變化。一、分類信仰階段，閩、粵移民依各族群祖籍地的不同，
信仰對象也有很大的差異。二、信仰一致化階段，政界人士或地方仕紳出面
領導，開始打破鄉土色彩及語言的隔閡，促使民間祀神漸趨融合。三、信仰
動搖階段，日治時期強制實行皇民化運動，禁止各種臺灣民間信仰的祭祀與
活動，廟宇、神像遭到毀壞，故稱動搖階段。四、信仰復興階段，臺灣光復
後，信仰獲得自由，各種臺灣民間信仰迅速興起，故為復興階段。〔註11〕蘭
地鸞書發展處於「信仰一致化階段」與「信仰動搖階段」之間的宗教活動。

　　謝宗榮在董芳苑研究基礎上，將臺灣神祇信仰的發展細分為開拓期、發
展期、融合期、動搖期、復興期等五個階段。從荷據至明鄭王朝，屬於漢人
社會移民之初，移民數量少，社會結構尚未形成，聚落也尚未發展形成，可
視為宗教信仰開拓期。此時移民者首先必須面對橫渡臺灣海峽的風險，故神

〔註10〕董芳苑，《探討臺灣民間信仰》（臺北：常民文化事業，1996 年），頁 112～133。
〔註11〕董芳苑，《臺灣民間宗教信仰》（臺北：長青文化事業，1984 年），頁 153～154。

祇信仰以具有庇佑航行安全者爲主，如天上聖母、水仙尊王、玄天上帝等。基於墾殖的需要，福德正神、神農大帝等具有庇佑農業生產功能的神祇，也具有重要地位。另外面對水土不服，導致疾病的流行，醫藥之神如保生大帝、藥王，以及逐疫之神諸府王爺，都是民眾祭祀的對象。

發展期爲清廷統治臺灣至清代中葉這段時間。此時臺灣漢人社會結構完整，各籍移民大致依據地緣關係形成聚落，在彼此沒有明顯血緣關係下，自然的以神祇信仰的「神緣」取代血緣關係，而成爲凝聚族群的主要力量，如潮、汕客家人信奉三山國王，泉州安溪人信奉清水祖師，泉州南安人信奉廣澤尊王，泉州三邑人信奉觀音佛祖，泉州同安人信奉保生大帝、霞海城隍，漳州人信奉開漳聖王等。由於族群對土地資源的競爭劇烈，再加上信仰及生活習慣的差異，彼此間常有「分類械鬥」的情勢發生。

融合期爲清中葉至日治初期，由於各種農、礦實業的發展，臺灣漢人社會在經濟上逐漸達到富裕的情形。來臺定居人士增加，對臺灣本地的認同也提高，爲了讓社會穩定成長，如何遏阻分類械鬥發生成爲首要之務，於是官方與地方士紳便出面呼籲族群和諧相處，使得族群間有逐漸融合之處。此時期官方與地方士紳透過傳統信仰的通俗化，企圖打破以家鄉神祇信仰爲中心的模式，並以祀典神祇廟宇的建立及祭祀，來達到統合宗教信仰的目標。清中葉大量的官祀廟宇，如文廟（孔廟）武廟（關帝廟）城隍廟、天后宮、先農壇、風雲雷雨壇、神祇壇、社稷壇、文昌壇等，用以取代地緣廟宇，此舉對於信仰通俗化及消弭族群間的衝突有明顯作用。另外，如收埋集體死亡無主枯骨的大眾爺、紀念各地鄉賢、節婦烈女等本地性神祇信仰的出現，也有助於消弭族群嫌隙。

日本政府對臺灣宗教信仰採取偽裝信仰自由以及籠絡的方式，最終仍是想要徹底改變臺灣宗教信仰，消除臺灣人原本的文化認同。日本政府頒行「寺廟整理原則」，使得原有臺灣宗教信仰被冠上迷信的帽子，許多廟宇被迫依附在日本佛教之下，或因廟宇被日本政府接收，導致信仰祭祀荒廢，此時爲臺灣神祇信仰動搖期。復興期，則指光復後，臺灣社會漸趨穩定富裕，信仰自由，各種宗教信仰紛紛設立。〔註12〕董芳苑、謝宗榮等人之研究雖未清楚標明各階段的開始及結束時間，但有助於我們瞭解臺灣宗教發展的大體情況。

日本政府對臺灣民間宗教的態度可細分爲三階段，日治初期（1895～

〔註12〕謝宗榮，《臺灣傳統宗教文化》（臺北：晨星出版社，2003年），頁39～50。

1911）僞裝信仰自由，以安定民心，臺灣一般風俗習慣及寺廟信仰在歷任總督府綏撫政策下，基本上因「尊重民意」的心態得以保存。

日治中期（1912～1925）爲籠絡臺灣宗教信仰階段，藉著參加敬神宗教活動縮短統治者與人民的距離，並透過宗教活動的友好行爲，誘導臺灣民眾注意力集中在固有宗教信仰中，以淡化抗日意識。此時，各寺廟的迎神祭典、建醮等活動，不但未遭總督府取締禁止，反而被鼓勵支持，大肆鋪張浪費。但總督府爲順利推行臺灣人教化政策，經常推薦日人僧侶擔任寺廟住持或堂主，名爲宗教交流，實爲監控臺灣人宗教活動。

日治後期（1925～1945）爲逐步消滅寺廟階段。1930 年總督府通令各州廳加強取締未申請的寺廟以弭濫設之弊。1934 年將神社置於地方教育中心，促使各家庭奉神行。1936 年七月二十五日更召開「民風振興協議會」，會中決定多項工作綱要，有關臺灣宗教、習俗等問題，期從破除迷信、改善陋習等方面進行整頓。此時全臺已展開寺廟整頓工作，固有寺廟被迫關閉，或改爲日本佛教的說教所，各種神明會、祖公會等祭祀團體被強制解散，但因爲總督府未訂定明確實行方針，致使各地方長官各行其事，直到 1941 年才明確具體方案，此時戰爭已對日本不利，無能實施。〔註 13〕日本政府對臺灣宗教信仰的迫害，宣告結束。

二、蘭地扶鸞結社的興起

蘭地有規模的開墾始於嘉慶初年，漢人宗教發展也始於嘉慶年間。開墾過程充滿艱辛與無助，天災人禍往往不是一般人所能預料得到，有時只能求助於鬼神保佑，希望神靈能禦大災、捍大患，爲人民帶來平安的生活。根據《噶瑪蘭志略・祠典志》〔註 14〕及《噶瑪蘭廳志・祀典》〔註 15〕記載，蘭地寺廟如下表所列：

寺廟名稱	祭　祀　時　間	奉行時間
關帝廟	春秋仲月上戊及五月十二日誕辰	嘉慶十四年
文昌壇	春秋仲月上戊及三月二十三日誕辰	嘉慶十四年

〔註13〕陳玲蓉，《日據時期神道統制下的臺灣宗教政策》（臺北：自立晚報，1992 年），頁 85～97。
〔註14〕柯培元，《噶瑪蘭志略・祠廟志》（臺北：文建會，2006 年），頁 297～299。
〔註15〕陳淑均，《噶瑪蘭廳志・祀典》（臺北：文建會，2006 年），頁 176～195。

天后宮	春秋仲月上戊及三月二十三日誕辰	嘉慶十七年
社稷壇	春秋仲月上戊	嘉慶十七年
城隍廟	春秋仲月	嘉慶十八年
神祇壇	春秋仲月	嘉慶十七年
風雲雷雨壇	春秋仲月	嘉慶十八年
先農壇	春秋仲月上丁	嘉慶二十三年

　　一般而言，寺廟創建時間會早於奉行祭祀的時間，例如天后宮由居民合建於嘉慶 13 年（1808）〔註16〕，奉行祭祀的時間為嘉慶 17 年（1812），關帝廟創建於嘉慶 13 年（1808）〔註17〕，奉行祭祀的時間為嘉慶 14 年（1809），此為方志史料有登錄之寺廟活動，可見蘭地宗教活動活絡於嘉慶年間，此時未見「扶鸞結社」這一類的宗教信仰。

　　「扶鸞結社」指的是以扶乩飛鸞做為神人通溝媒介的團體。蘭地「扶鸞結社」發展的時間點為清末日治初期，此時臺灣正值多事之秋，戰爭及割臺事件，讓臺灣社會浮動不安，格外需要藉助宗教力量安撫人心。及至割臺已成定案，遊宦臺灣的清政府官員，能逃回大陸的已整裝返鄉，留在臺灣的也無實力護臺。出生蘭地的士紳眼見世局動亂，家族族人、一般百姓生活不安，如何安撫人心才是首要之務。宗教力量及本身詩文創作能力的結合，滿足個人及時代環境的需求。日本統治初期對臺灣宗教信仰採取偽裝信仰自由、籠絡臺灣宗教信仰的方針，並未嚴格禁止臺灣各種傳統活動，提供有利「扶鸞結社」發展的環境，而鸞堂的戒鴉片活動，更促使該信仰迅速發展，將扶鸞戒煙的方法傳到全臺各地。〔註18〕頭圍喚醒堂系統的成立雖非因戒煙而起，但亦感染此風潮，並熱烈推動。〔註19〕

　　「扶鸞結社」這類團體有各種不同的稱呼，如鸞堂、鸞門、聖堂、聖門、儒門，或稱儒宗神教、儒宗聖教、儒宗鸞教，是以儒為宗以神為教，奉祀崇

〔註16〕「天后廟：俗呼『媽祖宮』，在廳治南街，東向。嘉慶十三年，居民合建。中塑神像，左祀觀音菩薩，右安置萬壽龍亭。兩翼廊直達外戶，皆護以木柵。」同上書，頁 195。

〔註17〕「關帝廟：在廳治西、文昌宮前殿，南向。嘉慶十三年，居民原祀在米市街。二十三年，文昌廟落成之日，通判高大鏞移奉同在前殿。」同上註。

〔註18〕王世慶，〈日據初期臺灣之降筆會與戒煙運動〉，《臺灣文獻》，第 37 卷第 4 期（1985 年 12 月），頁 125。

〔註19〕李世偉，《日據時代臺灣儒教結社與活動》（臺北：文津出版社，1999 年），頁 100。

拜恩主公的扶乩鸞堂，亦有學者稱為「恩主公崇拜叢」或儒道教。〔註 20〕日本警察的調查報告則稱其為「降筆會」，因為日本憲法中人民有信仰自由，政府不得干涉、迫害人民之宗教活動，故稱「降筆會」，將鸞堂視為巫術活動，以達成消滅的目的。

　　鸞堂屬於那一類型的宗教呢？目前學界分析臺灣漢人宗教時，大部分採用 C.K.Yang 提出的「制度化宗教」與「普化的宗教」的分類方式。「制度化宗教」包含三要素：獨立的教義系統、獨立的崇拜形式和獨立的組織，而「普化的宗教」則是指宗教信仰與儀式，混合於生活習俗之中。就中國情況而言，「制度化宗教」以佛教、道教、秘密（民間）教派為代表，而「普化的宗教」則近似民間信仰。〔註 21〕王見川、李世偉皆認為清末鸞堂由大陸傳入臺灣，是處於「制度化宗教」和「普化的宗教」之間的宗教信仰。〔註 22〕關於臺灣何時開始扶鸞活動，學者們至今仍無定論，一般相信應是閩、粵移民從大陸傳來，林文龍根據《鳳山縣採訪冊》、《鳳山縣志》推斷臺灣早在康熙、道光年間已有扶鸞的活動，但此兩筆可貴的資料未能證明當時的扶鸞性質是文人之間的遊戲或是宗教性的活動。〔註 23〕蘭地清末日治初期發展的鸞堂則為有明確教義和組織的宗教性活動。

　　從人類學角度來看，人類的溝通行為和巫術行為，都是藉外在符號與象徵來表達的儀式行為。扶鸞即是人神溝通下的符號與與象徵，扶鸞過程須心存敬意，不可魯莽輕率，是一種神聖的儀式。經由扶鸞的儀式，藉著文字的宣導，以達到「復振傳統倫理道德」、「提昇內在性命的修持」實質目的。〔註 24〕

　　獨特的辨認、全盤的付託、普遍的傳揚，是信仰的三個標誌，而宗教的四個條件是：教義、儀式、規範、合理表達。〔註 25〕依此而論，信仰與宗教間的差異，在於儀式和規範。個人對生命有獨特體會，願意將所有情感都付託在此真理上，並且與他人分享自己的體會，這就是信仰。蘭地的知識分子

〔註 20〕鄭志明，〈臺灣民間鸞堂儒宗神教的宗教體系初探〉，《臺灣民間宗教論集》（臺北：臺灣學生書局，1984 年），頁 93。

〔註 21〕C. K. Yang，Religion in Chinese Society （University of California Press，1970，臺北：南天出版社，1978 年重刊），頁 294～295。

〔註 22〕同註 1，頁 199。及註 19，頁 142。

〔註 23〕同註 19，頁 89～90。

〔註 24〕同註 9，頁 107。

〔註 25〕傅佩榮，《文化的視野》（臺北：立緒文化事業，1997 年），頁 175～189。

以儒家信仰爲其生活理念，鸞堂以儒家思想爲主但摻雜佛道的思想，本質上是不相容的，但參與鸞堂者並不在乎此差異，儒佛道思想相安無事，其因在於鸞堂的宗教儀式及規範，提供宣達儒家思想的管道。鸞堂除了平時的祭祀活動，扶鸞儀式提供神人交融的可能，扶鸞而得的教義，條列式規範成爲信徒心靈依靠及行爲準則，個人的信仰經此轉化，成爲具有普及眾人性質的宗教。

根據學者研究臺灣鸞堂活動應是由閩南傳入澎湖，再傳入本島，並且可能形成南北不同宗的情況，北宗有可能源自宜蘭新民堂。〔註 26〕事實上，有關臺灣宗教性鸞堂活動的淵源也是一個相當複雜的問題，有一元論、二元論，及多元論三種說法。一元論以王世慶爲代表，主張鸞堂由大陸傳到澎湖，再傳入宜蘭。二元論以鄭志明爲代表，認爲臺灣鸞堂可分爲南北兩宗，南宗始於澎湖一新社，北宗是文人乩壇與民間教團的混合，始於宜蘭新民堂。多元論以宋光宇、王見川、王志宇等人爲代表，認爲臺灣北中南各地各有不同的系統的鸞堂組識。目前多元論的說法已逐漸取得學者們的共識。〔註 27〕綜觀各種鸞堂起源說，不論一元論、二元論或多元論，蘭地的鸞堂都佔有重要的地位，位於宜蘭城郊珍仔滿力庄（今宜蘭市進士里）的鑑民堂於光緒 16 年（1890）扶鸞所著鸞書《化蘭全書》（又稱《蘭書善錄》），今日雖不復見，卻是目前所知最早的鸞書〔註 28〕。

蘭地的開發比西部晚，所知的鸞書創作卻是最早的，不論蘭地的鸞堂活動是否居於臺灣鸞堂活動的先驅地位，就蘭地整體文教發展來看，鸞書的創作確實是值得注意的方向。且鸞書的創作群以科舉取士的讀書人爲主，使我們不得不注意到善寫詩文的士人如何將他們的才華展現在鸞書的創作。

第二節　交流會通：士紳文人聚鸞堂

知識不普及的時代，文學是知識分子擁有的資產，一般民眾的口傳文學仍仰賴文人「筆記成文」才能以「文字」流傳下來。知識分子與一般民眾之間有何文學上的交集呢？貴族文化與平民文化之間應該是有所交集的

〔註 26〕王見川，〈清末日據初期臺灣的「鸞堂」──兼論「儒宗神教」的形成〉，《臺北文獻》直字 112 期（1995 年 6 月），頁 49～51。
〔註 27〕同註 19，頁 90～91。
〔註 28〕同上書，頁 127。

〔註 29〕。從鸞書的寫作背景來看，知識分子使用傳統詩文承載「教化」的使命，儘管這樣的詩文「文學美感」不夠強，但是在知識不普及的時代卻有其重要性，它有著「文以載道」的功用，「扶鸞」活動只是外在的形式，脫去迷信的外衣，我們可看到文人希望以詩文傳達教化的理想。例如《渡世慈帆‧心修部》有一篇〈養性文〉開頭即云「今夫性也者賦於天，習係乎人，習善則善，同心向善。習惡則惡，同歸作惡」〔註 30〕，字裡行間我們找不到迷信的字句，只有教化人心的殷殷期盼。

　　信仰的力量足以讓無知民眾信服朝廷法令，有助於教化的進行。清朝陳其元《庸閒齋筆記》記載「假乩語止變」的事例，「扶鸞本干禁例，然亦可佐政治不及，所謂神道設教也。」〔註 31〕陳其元以自己治理青浦新涇鎮之劉猛將廟廟會情事為例，他認為廟左之橋已損壞，廟會聚集大量人潮，恐有落橋溺斃之事，故下令禁止集會，豈知鄉民洶洶不聽，而欲滋事。陳其元原本要親自下鄉視察，後來下屬又告知事已平定，其因在於「有董事陸某扶乩，假猛將語止之而定」。〔註 32〕由此可知，宗教雖具某種迷信成份，然用於適當之處，其效顯著。

　　「神道設教」的理念，經由儒家人文色彩的修飾，偏重在「設教」的社會教化與文化傳遞，肯定人文精神的崇高價值，鸞堂為其具體實踐的成果。〔註 33〕根據林漢章的研究北部鸞堂大多與喚醒堂有關。〔註 34〕臺灣早期的鸞堂（又稱枝堂）是由書房（又稱民學、學堂、書館）演變而來。書房老師更直接參與鸞堂的事務，主持鸞書的著作，並依此進行宣講教化、慈善救濟的經世濟民工作。鸞書地位如同四書五經，鸞堂則成為宣揚儒家思想的場所。〔註 35〕例如《渡世慈帆》書中自稱：「似堯舜之典謨」〔註 36〕，文內所收有

〔註 29〕 龔鵬程：「高次元傳統與低次元傳統之間是互相滲透，互相影響的，如果民間適應不良，定會迫使高次元傳統再反省再修正，而高次元理念如果透過中間文化傳播者的引進，也會迫使民間思想和行為隨之變遷。」詳見《臺灣民間宗教論集‧序》，（臺北：臺灣學生書局，1984 年），頁 8。
〔註 30〕 《渡世慈帆‧心修部》（頭圍：喚醒堂，1983 年重刊）卷二三，頁 161。
〔註 31〕 （清） 陳其元，《庸閒齋筆記》卷十一「假乩語止變」條（北京：中華書局，1989 年），頁 279。
〔註 32〕 同上註。
〔註 33〕 鄭志明，《中國意識與宗教》（臺北：臺灣學生書局，1993 年），頁 177、224。
〔註 34〕 林漢章，〈清代臺灣的善書事業〉，《臺灣史研究暨史料發掘研討會論文集》（臺北：臺灣史績研究中心，1987 年），頁 141～150。
〔註 35〕 宋光宇、李世偉，〈臺灣的書院及其善書著作活動——從清代到現在〉，《第一

詩、書、易、禮、中庸、大學、論語之意，〔註37〕因此鸞堂、鸞書是知識分
子科舉無望後，馳騁理想的安身立命之處。

　　鸞堂活動以儒生爲主導，因而有濃厚的儒家教化思想，再加上假託「鬼神」
的力量，是儒家通俗化、宗教化的表現〔註38〕。筆者從文學傳播的角度來理解
鸞書，認爲鸞書的教化作用勝於文學藝術性，換句話說，清末日治初期的儒家
知識分子選擇以傳統詩文作爲表達創作者（集體創作）「文以載道」的理想，雖
然假託「鬼神」結合人神之力，以傳達教化民心之用，但是我們不能簡單以「迷
信」論之。一般人也相信「參與扶鸞活動可增加文字學習、詩文熟識與運用的
能力，以及待人接物的道理」〔註39〕，且鸞書中詩文並茂的文章，無形中讓接
觸此書的民眾對傳統詩文有一些基礎的接觸〔註40〕，可謂一舉數得。

　　清末日治初期蘭地鸞堂及創作鸞書，如下表所列：

堂　　名	年代（西元年）	主要人物	鸞書著作、年代及現況
宜蘭集鸞堂	1885（活躍年代）	堂主：楊士芳	？
宜蘭鑑民堂	1888 至 1889（創建年代）	堂主：陳掄元 正鸞：李德馨、陳燦元	1、《化蘭全書》（又稱《蘭書善錄》），1890 年。佚。 2、《奇夢新篇》，1891 年。佚。 3、《龍鳳圖全集》，1905 年。存。
宜蘭醒世堂	1890（活躍年代）	堂主：柯錫疇	《善錄金篇》，1891 年。存。
宜蘭新民堂	1890（創建年代）	堂主：李望洋、蔣國榮	《警世盤銘》，1891 年。佚。
宜蘭未信齋	1891（活躍年代）	堂主：林以佃	《喝醒文》，1891 年。存。
羅東勸世堂	1894（創建年代）	竹林人士游安鈕、楊金枝等人	？
羅東勉民堂	1894（創建年代）		《復初編全集》四卷（又名《復初編》），1901 年。全書已佚，只存序文。

　　　屆臺灣儒學研究國際學術研討會論文集》，臺南：國立成功大學中國文學系主
　　　編，1997 年 6 月，頁 61。
〔註36〕《渡世慈帆・正部》（頭圍：喚醒堂，1983 年重刊）　卷一，頁 57。
〔註37〕同上書，頁 45～48。
〔註38〕詳見註 26 及李世偉，〈日據時期鸞堂的儒家教化〉，《臺北文獻》直字 124 期
　　　（1998 年 6 月），頁 59～79，二文之論述。
〔註39〕陳進傳、朱家嶠著，《宜蘭擺厘陳家發展史》（南投：國史館臺灣文獻館，2005
　　　年），頁 233。
〔註40〕創作者本身並無此想法，此爲筆者從文學傳播角度推論的結果。

頭圍喚醒堂	1895（創建年代）	堂主：莊國香 正鸞：吳炳珠	1、《渡世慈帆》八卷，1896 年。存。 2、《警世金篇》（日治初期）。佚。 3、《援溺慈帆》（日治初期）。佚。 4、《錄善奇篇》四卷，1922 年。存。
宜蘭碧霞宮	1896（創建年代）	總董：陳祖疇 正鸞：李宗璜、 　　　陳登弟	1、《治世金針》四卷（又名《重視三才》），1896 年。存。 2、《正一妙法敦倫經》，1907 年。存。
頭圍慶安堂	1901（創建年代）	正鸞：莊添煤	《夢覺奇編》五卷，1908 年。二至五卷已佚，只存卷一。

　　上表根據李世偉《日據時代臺灣儒教結社與活動》〔註41〕一書附錄二「日據時期臺灣的鸞堂創建一覽表」，以及王見川〈略論清末日據初期宜蘭的鸞堂〉二文，再加上筆者訪談調查結果而得。

　　《警世盤銘》今存宜蘭縣事蕭贊廷及李望洋所寫的二篇序文，收錄於淡水行忠堂《醒世全書‧亢部》〔註42〕。由序文可知該書共有十卷，由光緒庚寅年（1890）至辛卯年（1891），歷經一年始成書。

　　羅東勉民堂所寫的鸞書《復初編全書》，筆者於 2006 年十一月二十二日訪問廟祝廖士謀，他告知已未留任何資料，只留有扶鸞的工具。目前僅存《復初編全書》序文，亦收錄於淡水行忠堂《醒世全書‧亢部》〔註43〕。

　　宜蘭最早的鸞堂——集鸞堂，由開蘭第一位進士楊士芳創立，活躍於 1885 年，然未見有任何鸞書流傳。宜蘭新民堂，由蘭地唯一至大陸任官，且有詩文集傳世的李望洋於 1890 年創建，惜其 1891 年出版的《警世盤銘》已亡佚。由此二例即可窺知，鸞堂的創立與本地文人關係密切。其餘各鸞堂若無完整鸞書流傳下來，或創立者生平事蹟未詳，則難以窺知該堂鸞書寫作與本地文人的關係，故以下選擇有鸞書流傳下來的鸞堂，依上表順序介紹各鸞堂與蘭地本地文人的互動。

一、宜蘭鑑民堂

　　宜蘭鑑民堂創建 1888 年至 1889 年間。該堂鸞書共有三本，一是 1890 年出版的《化蘭全書》，又稱《蘭書善錄》，已亡佚，惟知開蘭進士楊士芳曾參

〔註41〕同註 19。
〔註42〕《醒世全書‧亢部》（臺北：淡水行忠堂，1984 年）第二冊，頁 74～77。
〔註43〕同上書，頁 114～117。

與校正〔註44〕。二是 1891 年出版的《奇夢新篇》，亦已亡佚。三是 1905 年出版的《龍鳳圖全集》，今日尚存影本，該書記載鑑民堂鸞下執事名單：堂主陳掄元，總理陳朝儀、抄正陳朝楨、正鸞李德馨與陳燦元、副鸞陳慶邦與陳達東、幫副鸞陳朝邦、傳喧陳啓邦、抄錄陳朝光與陳籌、辦理堂務陳朝鏘，以及理事陳佐邦、張天恩、陳烱邦、陳開元等人。宜蘭鑑民堂為擺厘陳家鸞堂，設於該家族登瀛書院內，陳家鼓勵子弟習文練武，故其子弟皆能粗識文墨，家族之人結合宗教信仰共同完成鸞書——《龍鳳圖全集》。

二、宜蘭醒世堂

醒世堂的興起源於住在宜蘭坎興街的柯錫疇為治母病，扶乩靈驗而來，創建時間不詳，但最晚自光緒 16 年（1890）四月即扶鸞濟世，〔註45〕。該堂的創始者有柯錫疇、胡鴻洲、藍瞻淇等人，開蘭進士楊士芳，舉人李望洋，李及西皆曾到堂請訓。〔註46〕該堂 1891 年出版《善錄金篇》，此時李望洋在醒世堂當校正生，參與該書的校正工作〔註47〕，書前例言即是李望洋所撰〔註48〕。

所有參與《善錄金篇》繕寫工作者，包括統理善錄李及西，全辦善錄蘇朝輔，兼校善錄林春光，參校善錄李望洋，參校善錄楊士芳，監辦善錄陳占梅，監辦善錄陳儒林，監理善錄呂桂芬，監訂兼校善錄柯錫疇，監訂兼校善錄胡鴻洲。〔註49〕已知李及西是宜蘭富豪，頗通義理，詞藻不乏，清治時期因賑濟飢荒，加陞同知銜，日治時期授佩紳章，登宜蘭廳參事。〔註50〕蘇朝輔為蘭陽修竹軒主人〔註51〕，楊士芳開蘭進士，李望洋舉人，呂桂芬廩生。

〔註44〕《善錄金篇·草字部》，（宜蘭：醒世堂，1891 年）卷七，頁 57。

〔註45〕《善錄金篇·金字部》（宜蘭：醒世堂，1891 年）卷七，頁 44。

〔註46〕同上書，頁 45。及《善錄金篇·竹字部》，（宜蘭：醒世堂，1891 年）卷三，頁 42。

〔註47〕《隴西李氏譜家傳附》，頁 16。

〔註48〕同註 45，頁 43。

〔註49〕《善錄金篇·木字部》（宜蘭：醒世堂，1891 年）卷八，頁 2。

〔註50〕李及西，宜蘭富豪，秉性剛毅，明敏果斷，凡謀事無不立辦。自幼讀書，頗通義理，詞藻不乏，清治時期因賑濟陝西、山西的飢荒，因功議敘加陞同知銜。光緒 4 年（1878）賞給三代正五品封典。承命協助清賦事務。日治時期授佩紳章，登宜蘭廳參事。家門隆盛，非他人所能及。1904 年 9 月以病卒，享年 75 歲。事蹟詳見《臺灣列紳傳》（臺北：臺灣總督府，1916 年），頁 86。

〔註51〕同註 45，頁 47。

陳儒林曾任書記授六品功賞，日治時期授佩紳章。〔註 52〕陳占梅爲生員張鏡光恩師。他們都是宜蘭廳有名的士紳文人。

三、宜蘭未信齋

未信齋是書房改建的鸞堂，由舉人林以佃設於宜蘭坎興街，供人問事。光緒 17 年（1891）著有《喝醒文》，堂中正鸞生林以時、陳希疇、朱訓年，副鸞生陳祖范、陳獻廷、王炳南，總校生林以佃、李紹宗、陳惟馨，幫校生許有孚、林昌祺，正錄生黃啓華、陳廷藩、陳及元、林青喬，幫錄生黃秋華、胡傅虞、李紹年、黃宗彬，司事生張應坤、林以波、陳純精等人。〔註 53〕扶鸞活動分工細密且隆重誠意，絕不能馬虎，所謂「心誠則靈」，也唯有如此才能使人信服。其中林以佃爲舉人，李紹宗是恩貢生，林拱辰、林昌祺是廩生，林以時是生員，〔註54〕他們都是宜蘭廳有功名的士紳。

四、頭圍喚醒堂

《渡世慈帆》記載，喚醒堂是吳祥輝於光緒 21 年（1895）夏天成立，源於當時正逢政權交替之際，「地方擾亂，指述無人，瘟疫流行，良醫缺少」，遂將自己的就正軒書齋改設成鸞堂，「欲教孝教忠，望人以行義禮智，廉節恭儉，使世無蹈邪僻，而作奸犯科者」〔註55〕，以寓「喚斯民之醒悟」之意。〔註 56〕但是，據《頭城鎮志》記載喚醒堂之設立源於莊碧芳經營佛祖擔，經商之餘，樂善好施，曾於光緒 21 年（1895）五月與吳炳珠、吳祥輝等創設喚醒堂，擔任堂主，藉宗教信仰勸人爲善。〔註57〕可見喚醒堂並非吳祥輝一人創立，但是吳氏爲「就正軒」〔註58〕的講學教師，受到地方人士一定的尊

〔註 52〕陳儒林，宜蘭一奇才，生爲賈人子，卻不喜從商，天資佳，好讀書，但屢應
　　　　考試不第，靜修以待時。光緒 13 年（1887）任用宜蘭清賦局書記，二年後接
　　　　辦淡水縣清賦總局書記，全臺清賦報訖，獎授六品功賞。日治時期授佩紳章，
　　　　1903 年 12 月 13 日以病卒，享年 36 歲。事蹟詳見《臺灣列紳傳》（臺北：臺
　　　　灣總督府，1916 年），頁 83。
〔註 53〕《喝醒文》（宜蘭：未信齋，1891 年），頁 10～11。
〔註 54〕以上資料取自下列二書：《臺灣列紳傳》（臺北：臺灣總督府，1916 年），頁
　　　　65、77、79。盧世標，《宜蘭縣志·人物志·人物圖表篇》（宜蘭：宜蘭文獻
　　　　委員會，1970 年重刊），頁 25～30。
〔註 55〕《渡世慈帆·正部》（宜蘭頭圍：喚醒堂，1983 年重刊）卷一，頁 126。
〔註 56〕同上註，頁 122。
〔註 57〕莊英章、吳文星編著，《頭城鎮志》（宜蘭：頭城鎮公所，1986 年），頁 424。
〔註 58〕就正軒爲頭圍地主盧廷翰之夫人陳氏定娘在日治時期創設，延聘宿儒吳祥

重，勸善爲文之際，提供講學之地作爲活動場所。喚醒堂以「濟世化人爲宗旨，己悟悟人作修爲。」取名「喚醒」其意爲「喚世知恩兼報本，醒人悟道識源根。」

喚醒堂扶鸞活動有哪些人參與？據《渡世慈帆・禮部》記載，堂主莊國香之下設有正董、副董，分別由潘永鏘、陳志德擔任。特理正鸞吳炳珠，特理副鸞吳祥輝，特理抄錄林炯南，傳鸞章生陳國珍、攝理左鸞林選南、攝理右鸞吳紹庭、攝理抄錄潘永鈞、請誦傳宣林鵬程、恭迎禮送吳挺青、司香茶生莊添熀等人。〔註59〕《渡世慈帆》「集體創作」群，除上述諸人外，開蘭進士楊士芳爲《渡世慈帆》寫「書引」及「堂例」，碩儒吳祥輝寫「敘」，皆爲本地文人參與鸞書創作的實例。

大正 11 年（1922）辛酉多，正鸞盧纘祥、莊芳池，副鸞簡林財發，校正吳祥輝，傳宣兼抄錄黃振芳，司朱墨兼右鸞陳生枝等人，〔註60〕於 1922 年扶鸞完成《錄善奇篇》，他們都是日治時期頭城唯一傳統詩社──登瀛吟社的一員。

五、宜蘭碧霞宮

宜蘭碧霞宮又名岳武穆王廟，緣於乙未割臺後，宜蘭士紳乃藉建廟作爲團結聚會之所，由開蘭進士楊士芳與陳祖疇等五十二位神明會門生發起，先於 1895 年結會，翌年三月八日在宜蘭坎興街創立碧霞宮鸞堂，崇祀岳武穆王。〔註61〕更正確的說，碧霞宮是由陳祖疇等人創建的坎興鸞堂，與楊士芳等人籌組的勸善局兩大系統組合而成。〔註62〕勸善局成員大部分爲蘭地士紳文人，如呂桂芬、莊贊勳。〔註63〕

輝、葉文樞、萬惠生等教授漢學經典詩文。詳見本文第二章第二節。

〔註59〕《渡世慈帆・禮部》（宜蘭頭圍：喚醒堂，1983 年重刊）卷八，頁 74～75。

〔註60〕《錄善奇篇・心部》（宜蘭頭圍：喚醒堂，1994 年重刊）卷一，頁 24～28。

〔註61〕《宜蘭縣文武二聖祭祀專輯》（宜蘭：碧霞宮，2005 年），頁 30。

〔註62〕關於宜蘭碧霞宮建廟緣起，學者有詳細討論，可參考以下文章：王見川〈李望洋與新民堂──兼論宜蘭早期的鸞堂〉，《宜蘭文獻雜誌》（宜蘭：宜蘭縣立文化中心，1995 年五月），頁 1～14；林靜怡〈再探道教寺廟宜蘭碧霞宮建廟緣起〉，《宜蘭文獻雜誌》（宜蘭：宜蘭縣立文化中心，1997 年五月），頁 59～74；王見川〈關於碧霞宮──兼答林靜怡質疑〉《宜蘭文獻雜誌》（宜蘭：宜蘭縣立文化中心，1997 年五月），頁 75～94；卓克華《從寺廟發現歷史──臺灣寺廟文獻之解讀與意涵》（臺北：揚智文化事業，2003 年），頁 277。

〔註63〕《臺灣列紳傳》（臺北：臺灣總督府，1916 年），頁 65、71。

　　該宮著鸞書，扶鸞濟世，參與《治世金針》扶鸞工作有該堂總董兼禮誦陳祖疇，總校正事兼抄錄陳惟馨，抄錄生兼副董蔣國榮，正鸞生兼傳宣李琮璜〔註64〕、陳登第，副鸞生兼禮誦吳天章，副鸞生兼司墨胡宗虞，備用正鸞生兼接駕張榮藩、李宗基。〔註65〕其中校正事兼抄錄陳惟馨先與未信齋林以佃等人完成《喝醒文》，再與堂兄陳祖疇等人完成《治世金針》。〔註66〕而正鸞生李琮璜，在宜蘭街開設天乙堂藥局，爲仰山吟社社員，曾任該社顧問。其餘《治世金針》「集體創作群」生平多不可考，但另據 1903 年〈宜蘭碧霞宮前後鸞講生結會名錄〉〔註67〕，可知宜蘭廳廩生呂桂芬及仰山吟社顧問莊贊勳都曾任該堂校正，生員林以時是司香者，仰山吟社社員李康寧曾任左鸞，仰山吟社社長陳金波曾任校正一職，足見宜蘭碧霞宮與蘭地士紳文人之互動密切。

六、頭圍慶安堂

　　頭圍慶安堂建於 1901 年，及至 1913 年才由林心婦、莊國香等人集資立廟。〔註68〕依該堂鸞書《夢覺奇編》記載，該堂總校生吳澄秋也是喚醒堂總校生，正鸞生兼參校生爲莊添煤〔註69〕，副鸞兼迎送生是蔡其英，副鸞生是林應魁〔註70〕，副鸞生兼傳宣是吳克昌，副鸞生抄錄兼訂正是林元和，總訂

〔註64〕《治世金針》原載「李宗璜」，經筆者查閱〈碧霞宮功德堂歷代先輩芳名錄〉記載「李宗璜」字號爲「璧選」，而「璧選」就是「李琮璜」的字號，故知「李宗璜」即「李琮璜」。

〔註65〕《治世金針・宮字部》（宜蘭：碧霞宮，1972 年重刊）卷一，頁 5～6。

〔註66〕陳惟馨，〈本堂自敘〉，《治世金針・宮字部》（宜蘭：碧霞宮，1972 年重刊）卷一，頁 14。

〔註67〕〈宜蘭碧霞宮前後鸞講生結會名錄〉（宜蘭：碧霞宮），頁 1、31。

〔註68〕莊英章、吳文星，《頭城鎮志・宗教志》（宜蘭：頭城鎮公所，1986 年），頁384。

〔註69〕莊添煤，字玉鎖。同治 4 年（1865）十二月十五日生於頭圍街。幼習漢學，兼研岐黃。於頭圍街開設仁壽藥房，仁心仁術，鄉里稱爲「玉鎖師」，經營莊自得中藥舖，濟世救人。1921 年一月二十五日去世。詳見莊英章、吳文星，《頭城鎮志・人物志》（宜蘭：頭城鎮公所，1986 年），頁 433。

〔註70〕林應魁，字占梅，號恬密。咸豐 11 年（1861）十二月三十日生於礁溪鄉莊柴圍（今白鵝村），父慶成開設義塾，氏幼承庭訓，學習四書五經。嗣轉外婆家塾師精修漢學，並研習岐黃之術，造詣良深。1921 年四月五日去世。嗣子林才添爲地方中間人物，日治時期登瀛社社員，光復後曾任宜蘭縣長、頭城鎮長等職。詳見莊英章、吳文星，《頭城鎮志・人物志》（宜蘭：頭城鎮公所，1986 年），頁 432。

正兼抄錄生是林元三。以上諸人生平事蹟大多不詳，但已知正鸞生莊添煤及副鸞生林應魁都幼習漢學，通四書五經，精研岐黃之術，具有識字及寫作的能力。

臺灣士紳文人與鸞堂的運作、鸞書的創作關係密切。臺灣許多鸞堂亦脫胎自書房，例如淡水行忠堂源自明倫閣，基隆正心堂源自杜滾臣書齋，苗栗修省堂源自雲書院，〔註71〕宜蘭鑑民堂源於登瀛書院，頭圍喚醒堂則與就正軒書房相關。鸞堂與書房關係密不可分，書房教師也會積極參與鸞堂的事務，例如創設求可齋書房的呂桂芬，和創設當明軒書房的李及西，〔註72〕他們都是宜蘭醒世堂的一員。

鄭志明將民間鸞堂的歷史淵源歸納爲三個，一是清代的宣講制度，二是明清文人箕壇，三是明代以來的民間教團。〔註73〕清代的宣講制度，最早始於清順治9年（1652），頒行六諭，令地方官每月朔、望宣誦。順治16年（1659），議准地方官設立鄉約，申明六諭，開導愚氓，令五城各設公所，選擇善講人員講解開諭，以廣教化之功。康熙九年禮部見當時世風日下，人心不古，狙詐之術盛行，牢獄之訟興靡，因而頒行「化民成俗十六條」。〔註74〕據《諸羅縣志》記載，康熙18年（1679）每頒行鄉約全書，規定每月朔望，官員偕同士紳齊集明倫堂，軍民一同聽講。〔註75〕雍正2年（1724）有御製「聖諭廣訓」萬言，將十六條上諭擴充爲萬言。〔註76〕乾隆、嘉靖年間曾一再降旨，令各省有司將聖諭廣訓剀切宣示，以化民成俗。於是宣講工作成爲地方官職責，每月初一、十五在明倫堂開講，如果地屬偏遠，就委由當地紳士負責。〔註77〕而後漸有文人士紳自立宣講，最初是一種社團集會，與神壇結合後，

〔註71〕 宋光宇、李世偉，〈臺灣書房、書院及其善書著作活動——從清代到現在〉（臺南：第一屆臺灣儒學研究國際學術研討會，1997年4月），頁55～86。

〔註72〕 林正芳，《宜蘭市志‧教育篇》（宜蘭：宜蘭市公所，2005年），頁17。

〔註73〕 同註20，頁93～98。

〔註74〕 陳淑均，《噶瑪蘭廳志‧風教‧宣講聖諭》（臺北：文建會，2006年），頁198～200。

〔註75〕 周鍾瑄，《諸羅縣志‧學校志‧學宮‧條約》（臺北：臺灣經濟銀行研究室，1962年），頁72～75。

〔註76〕 劉良碧，《重修福建臺灣府志‧聖謨》（臺北：臺灣經濟銀行研究室，1961年），頁1～2。

〔註77〕 魯梅鼎，《重修臺灣縣志‧禮儀‧公式》：「鄉約：每月朔、望日，知縣傳集紳衿耆衿耆庶於學明倫堂，設龍褥香案，奉律諭。……其僻遠里社，知縣未能遍至，則紳士董之。」（臺北：成文出版社，1983年），頁550。

推廣了「聖諭廣訓」的內容。〔註 78〕就蘭地情況來說，宣講制度自清代延續
至日治時期，宜蘭碧霞宮勸善局自 1895 年由楊士芳創設宣講聖諭，至 1931
年仍有宣講活動。〔註 79〕又《錄善奇篇》記載該堂主講張安仁，副主講吳挺
枝，宣講生盧纘祥、吳朝陽、黃振芳、林西庚、蔡清渠等人。〔註 80〕當統治
者無力或無心維持地方上的安寧時，宗教信仰中的因果說、報應論，讓宣講
的權威依然存在，依舊具有效力。鸞堂文化在此情況下產生，宣講者服膺鸞
書的記載，致力宣講以成就功德，而聽講的人們為求善報，聽從宣講內容的
可能性也就愈高。

　　文人箕壇，最流行的時期是明清科舉時代。文人們常在祠觀預備課藝、切
磋文章，設在寺廟的箕壇也就成為文人消遣、表現文才之地。例如同治 9 年
（1870），龍溪林廣運將北山壇有箕詩刊行，名《北山詩存》，蒐羅極富，多唱
和之作，書後附「含山語錄」皆為諸仙勸格言。〔註 81〕這樣的箕仙詩冊及勸善
格，成為扶乩的鸞書樣本。〔註 82〕蘭地扶乩的鸞書始於光緒年間，並且以本地
士紳為主，並無遊宦人士，筆者認為鸞書儘管以儒家教化作為最高旨意，但創
寫之初，地方色彩一定相當濃厚，因為各地士紳文人在扶鸞必會針對當地之需
求而為之，當各鸞堂分香出去，流傳廣佈，互相參考抄錄的鸞書已使地方色彩
削減或混雜，本文並未討論分堂鸞書。例如頭圍喚醒堂共計有宣化堂分化而成
的感化堂、贊化堂、正心堂、克明堂，以及行忠堂分化而成的智成堂、勸濟堂、
普修宮、覺修宮等分香結盟的鸞堂，但本文只以頭圍喚醒堂 1896 年成書的《渡
世慈帆》，及 1922 年成書的《錄善奇篇》為研究對象。

　　明代以來的民間教團，為雜糅儒釋道思想而創立的教派，是多元性的信
仰結構，本質上為依附於儒釋道而流佈於下層社會。就生態環境而言，除城
鎮外，主要依附農村聚落，屬於一般性的農餘宗教活動，其宗旨在勸人持齋
誦經，導人行善，憐老惜貧，扶助孤苦，極具社會教化與互助的功能。這類
民間教團也常借扶鸞來為宗教說法，代天宣化，扶鸞成為民教團神人溝通的
唯一法器。民間教團與地方文人所成的箕壇相互重疊，彼此互通有無，相互

〔註 78〕同註 20，頁 95。
〔註 79〕《臺灣日日新報》日文版昭和 6 年 6 月 13 日漢文部分「宜蘭碧霞宮勸善局紀
　　　　念祭典」條。
〔註 80〕同註 60，頁 29～30。
〔註 81〕許地山，《扶箕迷信底研究》（臺北：臺灣商務印書館，1940 年），頁 32。
〔註 82〕同註 20，頁 96。

影響，逐漸形成以扶鸞善書，宣揚道德，傳真神意以教化人心爲重心的儒宗
神教。〔註 83〕民間宗教影響文人箕壇，因果報應，修善成仙的說法，成了鼓
勵修身行善的動機，楊士芳〈晚年偶吟〉〔註 84〕：

> 年幾八十復何求，寡過無能暗自羞。
>
> 親友邀吾行善事，前愆可補免生愁。

楊士芳享年七十有八，此詩云「年幾八十」可見楊氏寫這首詩時，已深刻感
受到生命消逝及世事無常。詩人回顧自己的一生，雖無大錯但也自愧無成就
一番功業，造福人群。「親友邀吾行善事」，楊士芳在宜蘭創建集鸞堂、碧霞
宮，在頭城爲《渡世慈帆》寫書引、例言，可謂「行善事」最佳註腳，詩人
致力傳聖人之意，一則行善事，二則免自身以往過錯，即隱含因果報應的思
想在其中。

李望洋（1829～1903）至甘肅任官，得民愛戴，曾獲當地士庶合獻五襲
「萬人衣」，其中一襲爲李宗龍珍藏，且據李宗龍口述：

> 李氏（望洋）於渭源知縣任內，以兩塊龍銀雕塑天尊，供奉於後堂，
>
> 每週開堂問案裁奪前必至後堂問神請示，此即所謂「飛鸞問政」。
>
> 〔註 85〕

李望洋光緒 11 年（1885）返鄉時，將道德天尊攜回宜蘭，原供奉於「刺史第」，
因神蹟靈驗，民眾膜拜者眾，以家居不便，乃於刺史第旁搭草寮供奉。後因
西門溪氾濫，枕頭山茄苳樹漂流，乃撿拾以建「新民堂」。乙未後，李望洋與
楊士芳、李及西等發起創建碧霞宮。〔註 86〕李望洋本身對鬼神信仰虔誠，進
而以「飛鸞問政」的特殊方式治理人民，他回到宜蘭後仍保持虔誠信仰，由
新民堂所著鸞書《警世盤銘》中可看出，其職位爲「校正兼總理」，並捐款資
助。〔註 87〕民間宗教對蘭地文人的影響，由此可見。

〔註83〕 同上註，頁 97～98。
〔註84〕 楊士芳〈晚年偶吟〉見盧世標，《宜蘭縣志‧藝文志‧文學篇》（宜蘭：宜蘭
　　　　文獻委員會重刊，1970 年），頁 65。此詩另見賴子清，《臺灣詩醇》（臺北：
　　　　龍文出版社，2006 年），頁 852，詩題爲〈除夕書感〉，且第四句「前愆可改
　　　　免憂愁」與引文相異。
〔註85〕 高志彬，〈李望洋研究的課題與文獻〉，《宜蘭文獻雜誌》第 12 期（1994.11），
　　　　頁 6。
〔註86〕 同上註，頁 8。
〔註87〕 《醒世全書‧亢部》（淡水行忠堂，光緒 29 年輯，1984 年刊印） 第一冊，頁
　　　　76～77。

　　蘭地鸞堂、鸞書的盛行，除了上述宣講制度、文人箕壇、民間教團淵源外，與蘭地封閉的農業發展環境也有關係。封閉的農業環境需要管理人民的力量，地處偏遠，帝力於我何有哉？地方上有識之士，就需要找出一種可以治理民眾、安定人心的方法，民間宗教信仰已深入人心，藉宗教力量導人向善，最能獲得效果。在此，我們不能完全將鸞首或地方有識之士視爲操縱民間信仰的卑劣之人，因爲他們本身就信服此民間信仰，並且相信宗教的力量能導人向善。

第三節　各堂爭鳴：內容旨趣道詳盡

　　早期鸞文可成南北兩大宗，以澎湖各地鸞堂爲核心，擴散至臺南、高雄、屏東等地鸞堂爲南宗鸞文，其內容以講述因果報應的的民間故事爲主，北宗鸞文多爲闡述倫理秩序的道德文章，以及傳達神意救世渡刼的宗教理論等。〔註88〕蘭地鸞書屬北宗鸞文系統，以下依序說明蘭地各鸞堂鸞書的內容旨趣。

一、醒世堂《善錄金篇》

　　《善錄金篇》，1891年出刊，書中包含醒世堂、施善堂、新民堂、鑒民堂諸堂的鸞文〔註89〕，可見蘭地當時鸞堂很多，不止於今日史書上有記載的醒世堂、新民堂而已。《善錄金篇》全書分爲「金石絲竹匏土草木」八卷，其中「金石絲木」四部另稱《夢覺奇新》內載濟世問症判案有證驗者。

　　因有感於「悲世道衰微，無從可易」〔註90〕故著《善錄金篇》爲閱讀者指點迷津，並勸諭閱讀者此書以通俗爲尙，勿因文字淺近而忽略之。該書「無體不備，無義不賅」〔註91〕，詳加收錄，金言玉語，故曰「善錄金篇」，以「醒世施善」〔註92〕爲主旨。

　　《善錄金篇》內容包括詩、文、論、歌、諭、賦、行述，對鸞堂諸生的訓示爲此書特色，如〈訓陳子占梅詩〉：「占魁才豈本天然，實在人爲立行堅。

〔註88〕鄭志明，〈臺灣現階段民間鸞書的文學形式〉，《漢學研究》，第8期1期（1990年6月），頁703。

〔註89〕同註45，頁42。

〔註90〕《善錄金篇·金字部·凡例》（宜蘭：醒世堂，1891年）卷一，頁25。

〔註91〕《善錄金篇·金字部·序》（宜蘭：醒世堂，1891年）卷一，頁41。

〔註92〕《善錄金篇·金字部·小引》，（宜蘭：醒世堂，1891年）卷一，頁46。

若論生平良可慨，而今懺悔未能延」又云：「查生係窮書之士，不愧儒門，豈料入泮後多染俗緣，無心蕊榜，今幸效勞慇懃，不能無功，再加勇力，其庶乎，勉之，望之」〔註93〕，鼓勵陳占梅謹守儒家安貧樂道的理念，當能有所成。

二、未信齋《喝醒文》

　　未信齋諸生原本以讀書繁忙為由不願意在每月朔望扶鸞著書，光緒16年（1890）七月十五日未信齋扶鸞問事時，得〈陸夫子命印者降訓詞〉〔註94〕一篇，文內告知未信齋諸生：上天賜「三代榮名不朽，子孫昌盛」不能鼓勵你們扶鸞著書，你們或許認為「神仙之說難憑，報應之事亦僞」，「故榮名不足動其心，昌嗣不足搖其志」，事實上天道或隱或現，不能諸事求神而廢人事，此時正當「倫紀不修，世風日壞」之際，你們怎能貪戀功名而推諉善事。文中並以「爾之所學，吾知之矣。功不過章句之誦讀，僅在八比之文，曾於倫常日用間有得毫末乎。倫常內無所得其不學也，孰甚於吾今教爾以著書」的說法鼓勵未信齋諸生扶鸞著書。最後《喝醒文》於1891年成書，可見未信齋諸生接受扶鸞著書的理由，在於將所學發揮在人倫日用以協助教化。

　　未信齋諸生所學為何？儒家思想而已。因此《喝醒文》主旨「實與大學之誠意、正心、修身、齊家、治國、平天下若合符節」〔註95〕，取名「喝醒」其意為「喝人之不知醒」，以「平易近人之詞」闡揚「精一危微之旨」，讓孩童受教，壯者奉行，即使不能成為聖人，也能成為賢者善士。未信齋主人林以佃〈喝醒文序〉〔註96〕更指出此書不同於釋氏持齋放生誦經念佛的文教，「忠恕」二字足以概括此書。

　　《喝醒文》「言詞雖簡，義蘊深長」〔註97〕，又恐引用典故頗多隱僻者，造成讀者解讀上的困擾，由「神聖指明出處，照錄於各篇後」〔註98〕，鸞文後有註釋是《喝醒文》最大的特色，蘭地其它鸞書較少此情況。全書內容包

〔註93〕同註44，頁51。
〔註94〕《喝醒文・陸夫子命印者降訓詞》（宜蘭：未信齋，1891年），頁4～5，本文此段引文皆出自此處不再詳註。
〔註95〕《喝醒文・陸夫子降序》（宜蘭：未信齋，1891年），頁3，本文此段引文皆出自此處不再詳註。
〔註96〕《喝醒文・序》（宜蘭：未信齋，1891年），頁6～7。
〔註97〕《喝醒文・例言》（宜蘭：未信齋，1891年），頁8。
〔註98〕同上註，頁9。

括詩、歌、行述、訓世說、感應篇及〈戒庸醫文〉一篇，其中以詩、歌爲最主要的寫作形式。

三、喚醒堂《渡世慈帆》及《錄善奇篇》

喚醒堂《渡世慈帆》即是爲了教化民眾而產生的鸞書，根據此書「重印緣起」說明，此書始造於光緒 21 年（1895），歷經一年的時間，至丙申年冬天成書，恰逢乙未割臺與日本統治，兩政權交替的第一年。當時臺灣各地戰火不斷，蘭地又遇到災疫侵襲，人心惶惶不可終日，急需穩定民心的力量。參與本書者皆爲蘭陽俊彥，有進士楊士芳、秀才陳子經、碩儒吳祥輝、儒醫陳志德等人，此書內容有真人真事的判證、開方濟世的判症、訓示勸善的詩，另有警世、修身養性的論、文、賦、歌、曲卅餘篇。此書由大陸刻坊刻印再運回臺灣頭圍，版存漳州城內南臺廟街多藝齋刻坊。民國 32（1943）鸞示封鸞，喚醒堂停止一切對外活動。民國 72 年（1893）年由喚醒堂堂主呂營陳尋求臺灣各地人士共九十人捐助，重印千部，然今日流傳下來者亦寥寥可數。

《渡世慈帆》全集分成「正心修身克己復禮」八字部，共五冊，「心修」部爲一冊，「身克」部爲一冊，「己復」部爲一冊，「正」部、「禮」部各自爲一冊，內容包括詩、詞、歌、賦、論、誡等鸞文。

正部，包含各方神明之旨、誥、禮、咒、序等內容。其意大體傳達「孔聖之下駕，一堂盡意，可達」〔註99〕，「孔聖之下凡，使聞其教者，自覺警目驚心，庶幾不遠矣，世免終沈於孽海」〔註100〕的期盼。宜蘭進士楊士芳爲此書寫「引」，認爲善惡之作存乎一心，「至聖先師及群賢而臨鸞，或作詩文以訓之，或作歌賦以懲之，其中無意不周，無詞不備」，具有開示迷津之用，能「超回苦海，濟以慈帆」〔註101〕。頭圍碩儒吳祥輝爲此書寫「敘」〔註102〕，說明著書動機及書齋改爲鸞堂的經過。喚醒堂例言十則，由楊士芳負責撰寫，大體上以勸人相信此書、廣爲宣講爲主要內容。「正心修身克己復禮」八部內容繁多，正部具有總綱性質，其餘各部闡述儒家倫理道德，以及傳達神意救世渡劫的宗教理論。

《渡世慈帆》成書之後，喚醒堂陸續著有《警世金篇》、《援溺慈帆》二

〔註99〕同註 36，頁 87。
〔註100〕同上註，頁 92。
〔註101〕同上註，頁 119～124。
〔註102〕同上註，頁 125～126。

本鸞書，可惜保存不善已亡佚。大正 10 年（1921）辛酉冬，堂主陳德海，正鸞盧纘祥、莊芳池、校正吳祥輝，堂務莊老嬰、陳自新，鸞務潘永鏘、張安仁等，倡議發行馨券，重整堂規，互襄鸞務，中興宣講，並於 1922 年扶鸞完成《錄善奇篇》。此書分「心正身修」四部，內載建堂經緯、神佛降造詩詞、辯解論文等內容。喚醒堂《渡世慈帆》、《錄善奇篇》皆有三字為韻的勸世「三字經」，以簡短易誦的文句，傳揚教化理念。

四、碧霞宮《治世金針》

碧霞宮鸞書有二：《治世金針》及《正一妙法敦倫經》，後者內容以「法、咒、讚、偈、禮」為主與一般詩詞鸞文不同，當為誦念之經文，故本文未細述此書。

碧霞宮自 1896 年四月望後開堂問症求事，七月下旬以二十天之功，扶鸞完成《治世金針》。〔註 103〕其創作緣由，一則感嘆「教化日趨日下，世道愈墜愈深，誰能作中流之砥柱，以挽既倒之狂瀾」〔註 104〕，故著書以匡正世俗。二則認為受碧霞宮被化救濟者頗多，「然而受恩僅及一邑一鄉，何如造書以教天下萬世」〔註 105〕，故著書以廣為流傳。

《治世金針》又名《重視三才》，其意為「時處逆境，故從人而地，從地而天，亦處逆境而化，使斯民去逆效順也。」〔註 106〕何謂「逆境」？指「處世橫議，楊朱墨翟之輩，遍滿風塵，放僻邪侈，無不為已，然而天下壞亂極，莫此邦為尤甚」〔註 107〕的情況。也就是此時處於「末刼齊臨，大災疊降，境之逆莫過於是，風俗詭詐，世道澆漓，人之逆莫過於是」的「境逆人逆」〔註 108〕狀態，故著鸞書「自人及地，由地及天，備金針玉律之條，作針炙斯民之具，逆以化之，庶幾撥亂反正，可追唐虞三代之休也。」〔註 109〕全書主旨在於「行述地獄，以忠孝節義為先，功過善編，亦以忠孝節義為首」〔註 110〕，忠孝節義為儒家思想所重者，此書序文闡述「我周文武成康」至「孔

〔註 103〕《治世金針·宮字部》（宜蘭：碧霞宮，1972 年重刊）卷一，頁 14。
〔註 104〕同上書，頁 11。
〔註 105〕同上註。
〔註 106〕同上註，頁 13。
〔註 107〕同上註。
〔註 108〕同上註，頁 15。
〔註 109〕同上註。
〔註 110〕同上註。

聖又興，集群聖之大成」〔註111〕的儒家千秋道統，進而說明《治世金針》承此道統而來，作為重視天地人三才的治世針砭。

《治世金針》全書分「宮、商、角、徵、羽」五字部，共五卷，校正生陳惟馨認為《治世金針》「言淺意深」，可「奉為金丹藥石，以針刺病根」。〔註112〕全書內容以詩、歌、文為主，另有話、賦、行述、諭、讚、偈等鸞文。

《治世金針》卷四徵字部記載條列式的功過格為此書重要特色，如「濟世經邦而造蒼生萬世之福者二千功」〔註113〕、「誣人為盜，陷人為姦，一百二十過」〔註114〕，清楚的數字概念，將善惡行為數量化，為人提供一套可供遵循的他律道德規範〔註115〕。蘭地其它鸞書僅有判功過的鸞文，如《渡世慈帆》〈閻羅天子包詩〉在行文中提到「招人施棺立七功，又喚醒扶鸞立二德」〔註116〕等分數化的功過計算法則，但無條列式功過格的寫法。

五、頭圍慶安堂《夢覺奇編》

《夢覺奇編》依「仁義禮智信」分部，共五卷。1901開始輯錄，歷經莊香國及其子莊添煤兩代的努力，才於 1908 年順利出版。〔註117〕現今二至五卷已佚，僅存卷一。此書主旨在於「欲導斯民於覺路」，故取名「夢覺奇編」。〔註118〕全書內容依其目錄可知有詩、歌、文、話、行述、諭、論、曲、三字經等，鸞賦則集中在卷三禮部。

六、鑑民堂《龍鳳圖全集》

鑑民堂鸞書今日僅存 1905 年成書的《龍鳳圖全集》影本，該書裝訂處影印時略有缺漏，經筆者與鑑民堂負責人陳文隆查證其始末原委，得知原刊本已難以尋獲。

1904 年歲末鑑民堂重修，於隔年完成《龍鳳圖全集》，著書時間僅一個月，

〔註111〕同上註，頁 12。
〔註112〕同註 108。
〔註113〕《治世金針・徵部》（宜蘭：碧霞宮，1972 年重刊）卷四，頁 2。
〔註114〕同上書，頁 55。
〔註115〕鄭志明，《中國善書與宗教》（臺北：臺灣學生書局，1988 年），頁 70。
〔註116〕《渡世慈帆・禮部》（宜蘭頭圍：喚醒堂，1983 年重刊）卷八，頁 70。
〔註117〕《夢覺奇編・仁部・序》（宜蘭頭圍：慶安堂，1901 年）卷一，頁 26。
〔註118〕《夢覺奇編・仁部・本堂例言》（宜蘭頭圍：慶安堂，1901 年）卷一，頁 27。

〔註119〕可見鑑民堂堂生積極的態度。全書闡明治亂之理在「人」，而不在「天」，並非天降災使戎夷入侵，平生禍亂，乃是民自啓亂，如民先自愛，國家自然昌平，天災熄矣，其理如同「子若孝，父則慈，子逆父撻」。〔註120〕

　　根據《龍鳳圖全集・記》〔註121〕的說法，鑑民堂是蘭地生齒最繁之家，能隆昌尚在，久居綿延的原因在於齊家善教，可做爲全民的表率。該堂以前有「化蘭奇夢」（指《化蘭全書》、《奇夢新篇》二書），今有「龍鳳負圖」（指《龍鳳圖全集》），是好善優於天下的表現。《龍鳳圖全集・記》並以「君子務本，本立而道生，惟精惟一，允執厥中，權輕重，知長短，老者安之，少者懷之，君子周而不比，自然一家興仁是也」，充滿儒家教化觀的句子勸導族人。足見該書以宣揚儒家思想爲最高宗旨，內容包括詩、歌、文、訓、辯、諭、論、行述等，其中以詩、文、論三類的鸞文爲多。

第四節　繁複多樣：寫作特色細品評

　　宜蘭擺厘陳家後頭厝第八大房陳燦元，曾爲鑑民堂正鸞生，因其本身精通漢醫知識，可替民眾扶鸞問神求藥。〔註122〕可見扶鸞詩雖然有神鬼色彩，但是和主鸞者的文學素養、知識背景有一定的關係，我們不能將鸞書單純視爲宗教的思想產物，故本論文將鸞書視爲傳統文學的活動及表現方式，因而另立專章加以討論。

　　清末日治初期宜蘭士紳文人的知識與創作水準，也許比不上中原累積悠久的文化，甚至是臺灣西部傳統文人也有一段距離，但他們注意到教化民眾的另一條可行之路，並且將創作詩文的能力展現在庶民生活之中。依此情況，若將鸞書的詩文拿來和秦漢古文、唐詩、宋詞相比較，肯定是瞠乎其後，也無疑是放在不同的基準點上進行不平等的比較。因此筆者將關注的視角放在宜蘭傳統文人如何將本身所擁有傳統詩文創作能力，融入庶民的宗教文化，以完成傳統文人心中「文以載道」的教化使命，其運用過程中，傳統詩句、古文產生什麼樣變化？藉以觀察蘭地傳統詩文的創作變化，爲蘭地傳統文學研究開啓另一扇窗。

〔註119〕《龍鳳圖全集》（宜蘭：鑑民堂，1905年），頁17。
〔註120〕同上書，頁11。
〔註121〕同上註，頁14～16，本段引文皆出自此處不再詳註。
〔註122〕同註39，頁233。

　　面對清末日治初期蘭地鸞書，本文以「文學傳播」的角度思考鸞書的文學特色。何謂「傳播」？狹義而言，它是一種輸送及接收訊息的過程，主要是把訊息編碼後，經過傳輸及解碼的程序，達到接收者之處。從傳播過程來說，傳播者所傳出的資料必須是完整與明確，它必須把這些資料所構成的音訊，充分地、正確地製成可以傳送的符碼或訊號，再正確地送出訊號，使訊號傳到接受者，接受者收到符碼或訊號再正確地還原為傳播者原來訊息。此時，接受者必須有能力處理還原後的訊號，才能產生傳播目的，讓雙方達到「共享」、「共知」、「共見」與「共感」的交流。〔註123〕本文所指的傳播即是傳遞思想訊息的過程中，以何種書寫形式呈現此思想。

　　鸞書的書寫形式為傳統詩詞古文，若細論這些詩詞古文的用詞及格律，雖與一般通行詩詞古文的樣貌有所差異，但以「文學」作品論之，應無疑意。筆者以為鸞書是介於雅正文學和通俗文學之間的創作。

　　傳播過程複雜而多樣，為避免模糊焦點，本文取最簡單的直線發展，扣緊主題，說明之：

來　源 ──→ 製　碼 ──→ 訊　號 ──→ 譯　碼 ──→ 目的地

儒家教化──→扶　鸞 ──→ 鸞　書 ──→ 信　徒 ──→達成教化

【鸞書與傳播之關係圖】

　　依狹義傳播定義，當兩人在對話時，製碼的功能由語言機能和發生可能姿勢的肌肉等來進行，譯碼則由聽覺和視覺執行。在大眾傳播方面，製碼則是傳送訊息者必須做的技術轉換，也就是依據人們制定的程序和瞭解閱聽眾的經驗，系統化地選用辭彙、圖片和格式。〔註124〕從文學傳播方面來談，作者在製碼階段扮演「傳送訊息者必須做的技術轉換」的角色，有權決定選用何種「辭彙、圖片和格式」。而鸞書與傳播的關係如上圖所示，傳統文人將儒家教化的理想，經由「扶鸞」活動完成「製碼」的工作，此時的作者並非單一個人，是多數人的集體創作，最後完成「鸞書」作為傳遞訊息的「訊號」，再由「信徒」解讀鸞書內容進行「譯碼」的工作，鸞書內容順利傳達給信徒，以完成儒家教化的傳遞過程。時至今日，筆者討論範圍放在「來源」、「製碼」與「訊號」，前三個階段的過程，特別是已完成的訊號──鸞書的階段。至於

〔註123〕李茂政，《傳播學》（臺北：時報文化事業，1981年）。
〔註124〕楊志弘、莫季雍譯，《傳播模式》（臺北：正中書局，1992年），頁6。

信徒的「譯碼」情況及信徒對教化的接受度等問題，因無法對當時信徒進行閱讀結果調查，只能割愛。

傳播工具的性能會對語文結構造成影響，例如新聞寫作「正寶塔式」的格式，報紙連載小說有「每千字分布一個高潮」的不成文規定，以及評論文字「方塊化」等現象，〔註125〕廣播注意字音結構，電視注重視覺畫面，這些都是傳播工具的性能對語文結構的影響。

以現今臺灣發行的報紙為例，1988年報禁解除後，與文學相關的副刊反而因為成本過高受到停刊的噩耗，但面對讀者閱讀副刊的需求，轉而改變傳統狹義副刊的調性，另行開闢較符合大眾趣味的「第二」副刊。例如中國時報在副刊「家庭版」外另設「浮世繪」；自由時報在「自由副刊」外另立「花編」；聯合報「繽紛」版都是「第二」副刊。報紙正刊提供新聞和政經議題，相對的，「第一」副刊為讀者提供軟性資訊，「第二」副刊則以提供大眾讀者更喜愛、容易吸收消化、具有趣味性的軟性資訊或創作。從文學內容及形式來看，「第一」副刊偏向嚴肅文學創作、高深文化議題和論述，「第二」副刊以趣味性、大眾性、世俗性和可讀性四者為特性。〔註126〕可見，閱讀者的品味對文學傳播的內容與形式，佔有決定性的關鍵角色。

如果將時間拉到清末日治初期的階段，傳統文人既以扶鸞著書作為傳播工具，其語文結構必然會受影響，顯而易見的是鸞書中加入神佛名號成為必要。鸞書的書寫形式為傳統詩詞古文，其用詞及格律，較不嚴謹，且與一般通行詩詞古文的樣貌亦有所差異，但以「傳統文學」作品論之，應無疑意。鸞書為一群致力於教化民心的人士，託「鬼神」之力，行「文以載道」的事實，既然文學教化之功與宗教扶鸞活動相結合，鸞書詩文形式上不可避免要加上神佛名號。若除去神佛名號其內容則以扶鸞者想要傳達的思想為主，此為文章的主要內涵。此處需要特別說明的是，所謂扶鸞者並非單指一人，扶鸞過程中正鸞生、副鸞生、錄乩、校正生、解釋鸞文等人都是扶鸞者。

已失去「高中功名光耀門楣」動力的傳統文人，他們擁有創作詩文的能力，感於時局動盪不安，興起經世濟民之志，實行儒家教化是他們的理想，經由神人共感的集體創作（扶鸞）儀式，讓民眾更願意接受儒家教化，讓稍

〔註125〕王鼎鈞，《文藝與傳播》（臺北：三民書局，1980年），頁165。
〔註126〕林淇瀁，〈繽紛花編浮世繪：報紙「第二副刊」的文學傳播取徑觀察〉，《文訊雜誌》第190期（2001年8月1日），頁46～49。

懂文墨者皆可明其意，完全不識字的民眾就由宣講鸞書內容以達教化目的。

　　鸞書文學形式，依鄭志明研究 1976 年至 1986 年間，臺灣中部地區盛行遊記類鸞書，並以臺中市最盛。〔註 127〕鄭氏並且分析 1979 年到 1989 年的臺灣鸞書可分爲古文式鸞書、語體式鸞書、對話式鸞書三大類。古文式鸞書包含詩詞、古文、詩話等類別，語體式鸞書指白話句型、散文的加入，對話式鸞書則指以對話式的章回遊記小說取代傳統式鸞書的情況。以傳統文學的語言格式撰述的鸞書，才是正宗。〔註 128〕本文討論蘭地 1945 年之前的鸞書，以詩詞、古文爲主，並無語體式、對話式鸞書。鍾雲鶯認爲鸞書共通特色是「詩」的形式，不注重格律，以七言爲主，愈接近現代的扶鸞詩愈口話化。〔註 129〕可見扶鸞詩雖然有迷信的外衣，但是和主鸞者的文學素養以及民眾閱讀能力有一定的關係，各時期、各區域有不同特色，我們不能將鸞書單純視爲宗教的迷信而已。以下針對宜蘭各鸞書之「神佛示諭」、「勸世詩歌」、「詩文並作」、「賦體鸞文」、「因果行述」、「『離神』之作」等方面綜合論述蘭地鸞書的寫作特色。

一、神佛示諭

　　清末日治初期的鸞堂爲達到教化人心，導人向善的目的，此時臺灣宗教信仰已屬於融合階段末期，民眾對各種漢人宗教神明的接受度很高，儒釋道及各種民間信仰的神明都可能是降鸞的神明，上至玄天大帝，下至司印、執笏童子，其它如孔門諸聖賢、蘇東坡、范仲淹、李密、藺相如都有可能降鸞告諭。臺灣民眾對各種宗教信仰的高接受度，讓各宗教間彼此相安無事，還能互助行善。尤其是建廟一事，大眾有錢出錢，有力出力，發揮眾志成城的力量。例如大正 14 年（1925）由陳培根、黃贊鈞邀集同志舉行「聖廟（孔廟）磋商會」，後經辜顯榮贊同，正式成立「臺北聖廟建設籌備處」，除了臺北士紳的贊助外，籌備處也鼓勵民眾參與建廟盛事，曾經捐款者有商家（陳茂通、高地龍、益芳號之周鄭氏、東勝隆號詹陳氏）詩社成員（高山文社社長倪炳

〔註 127〕同註 9，頁 105～128。
〔註 128〕同註 88，頁 701～718。另見鄭志明，《中國文學與宗教》（臺北：臺灣學生書局，1992 年），頁 190～214。鄭志明，《臺灣扶乩與鸞書現象：善書研究的回顧》（嘉義：南華管理學院，1998 年），頁 326～356。
〔註 129〕鍾雲鶯，〈臺灣扶鸞詩初探——一種民間創作的考察〉，《臺北文獻》直字 128 期（1999 年 6 月），頁 67～86。

煌、天籟吟社社長林述三），亦有基督教徒（李添盛、李延齡）等人，[註130]不同的信仰者都參與孔廟的建設。

鸞堂以奉祀關聖帝君、孚佑帝君、司命眞君的三恩主信仰為主，或加奉文昌帝君、玄天上帝為五恩主，亦有加奉先天落靈王天君、岳武穆王為五恩主者。其發展乃以結合相同信仰為目標，而將信仰類似的廟堂加以整合，因此鸞堂的主神各有不同。[註131] 如果比較蘭地各鸞書中的神佛名號，也會發現各有偏重。

分析本文附表三「蘭地鸞書神佛名號使用比較表」，可歸納出以下幾點：

一、蘭地鸞書普遍都有使用道教、佛教及民間信仰的神明名號，例如《善錄金篇》、《渡世慈帆》、《治世金針》、《龍鳳圖全集》、《錄善奇篇》等。喚醒堂扶鸞而出的《渡世慈帆》、《錄善奇篇》二書對道教的神明名號更是偏愛。《喝醒文》排斥佛家思想[註132]，故未使用佛教神佛名號。

二、有儒家神教之稱的鸞堂文化，鸞書中使用儒家人物作為神明名號者，亦有差異。《喝醒文》僅朱夫子一人為儒家人物，《渡世慈帆》從至聖先師孔夫子，以至復聖顏夫子、宗聖曾子、述聖子思、閔子騫、冉有、仲弓、子貢、季路、宰我、子夏、子張、公冶長、紫陽朱子，一系列儒家人物都有用到，但是《錄善奇篇》只有復聖顏夫子降鸞。碧霞宮《治世金針》則完全沒有使用到儒家人物作為神明名號。鑑民堂《龍鳳圖全集》少了子張、公冶長的名號，增加公西赤、樊遲、子游的名號，並且全部加上「夫子」尊稱。

三、《喝醒文》及《龍鳳圖全集》較少使用鸞堂司職神名號，《喝醒文》書中使用巢氏眞人、鬼谷先生、關先生、明方先儒等名號較多，《龍鳳圖全集》書中使用倉頡、穀梁、藺相如、李靖、張子房等人名號較多，筆者推測這二本鸞書文人扶鸞性質較為濃厚，故鸞堂信仰較不明顯。

四、《渡世慈帆》、《治世金針》及《錄善奇篇》都有鸞堂司職神名號。尤其是《錄善奇篇》，此書只用儒家復聖顏夫子作為神明名號，卻大量增加鸞堂司職神名號，可見 1922 年時鸞堂信仰系統已具規模。

五、排除鸞書中使用神仙世界不可知的神佛名號之外，以古聖先賢為神

[註130] 同註 19，頁 303～304。
[註131] 王志宇，《臺灣的恩主公信仰：儒宗神教與飛鸞勸化》（臺北：文津出版社，1997 年），頁 85～87。
[註132] 〈仰山院武帝自敘行述〉：「放生戒殺，禮神念經，佛家所慣蹈也，余鄙之。」同註 53，頁 48。

明名號中，最特殊者首推李白、蘇東坡、李密、范仲淹、陳占梅，及理學家
朱熹、周濂溪、程伊川、程明道等人物。

　　李白、杜甫、蘇東坡等人都有接觸道教的經驗。李白幼年成長的蜀中是
道教興盛之地，其生活的時代正是唐代道教發展的極盛時，這對他傾心於道
教的心態都起了相當的作用。其所交往人士中不乏信奉道教者，如司馬承禎、
吳筠、北海高天師等人。李白對道教的熱情也感染杜甫，兩人曾一同求仙訪
道。〔註133〕蘇軾一生與道教也很有關係，眉山、峨眉、成都、青城一帶是道
教聖地，眉山道士張易簡即為東坡啓蒙教師，蘇軾28歲時還決心去終南上清
太平宮讀《道藏》。〔註134〕李白、杜甫、蘇東坡與道教關係如此密切，加上他
們文學上的偉大成就為大眾所熟知，雜揉儒佛道的鸞堂信仰將這些重量級人
物列為神明，降鸞勸諭世人，實有其理。

　　《龍鳳圖全集》有李密、范仲淹二人名號，筆者以為和陳家重武保家的
家風有關。附設於陳家登瀛書院的鑑湖堂，應較重視文人與國家的關係，李
密、范仲淹都是中國歷史上忠君愛國的臣子，亦是有名的文學家，此二人事
蹟及作品應為登瀛書院師生耳熟能詳，故《龍鳳圖全集》使用李密、范仲淹
名號，蘭地其它鸞書則未見使用。

　　《渡世慈帆》有陳占梅降鸞神明名號，應當與陳占梅在私塾授課，桃李
滿「蘭地」有關。李望洋的女婿張鏡光即為陳占梅學生，張鏡光詩文才華受
楊士芳賞識，曾推薦張鏡光擔任仰山書院講席。

　　蘭地鸞書使用理學家人物名號，應當與蘭地閩學思想有關。楊廷理〈蘭
城仰山書院新成志喜詩〉：「龜山海上望巍然，追溯高風仰宋賢；行媲四知敦
矩範，道延一線合眞傳。文章運會關今古，理學淵源孰後先？留語諸生勤努
力，堂前定可兆三鱣」的詩後按語：

> 楊文靖時，字中立，將樂人，與游定夫立雪程門，為二程高弟。其
> 學以身體心驗為主，一傳羅豫章，再傳李延平，延平傳子朱子，實
> 為閩學宗倡，學者稱龜山先生。而楊守取以錫書院，蓋即隱以之自
> 況。觀詩中四知、三鱣兼及楊伯起事可知。乃蘭士中或謂是取高山
> 仰止，或謂是仰蘭地之龜山，又或謂孔子作龜山操、義取望魯，或
> 謂仰山本巖名。不知仰山香巖（見「傳燈錄」）乃高僧號，豈岩名耶？

〔註133〕孫昌武，《道教與唐代文學》（北京：人民文學出版社，2001年），頁205～217。
〔註134〕鍾來因，《蘇軾與道家道教》（臺北：臺灣學生書局，1900年），頁17～39。

　　諸説皆未玩及此詩，因附錄之，俾勉承道南之緒云）。〔註135〕

楊龜山，本名楊文靖，學者稱龜山先生，爲理學家程伊川、程明道高足，倡
導閩學。楊廷理認爲「仰山」二字即爲景仰楊龜山之意，蘭地亦爲閩學傳播
地。依此而論，鸞堂降鸞神明名號使用到朱熹、周濂溪、程伊川、程明道等
人物名，實與蘭地文人思想背景有關。

　　鄭志明分析 1979 年到 1989 年臺灣鸞書有南、北二宗。北宗鸞文可分成
純粹詩詞與詩文並列兩種，但報上名號的鑲字詩大爲減少；南宗鸞文依然可
分成純粹詩詞與詩文並列兩種，其中單純降詩詞過路仙佛，首先要報上名
號，將名號鑲在字句上。〔註 136〕蘭地鸞書使用神佛名號時，因各鸞堂形成
背景不同，神佛名號各有偏重，但極大部分都是將降鸞神佛名號列在詩文
前，抬頭書寫，很少將名號鑲在詩句首字以冠首詩的形式出現，屬於北宗鸞
文的系統。

二、勸世詩歌

　　「勸世詩歌」包含「勸世鸞詩」和「勸世鸞歌」兩類。就內容而言，兩
者皆宣揚儒家聖道的勸世教化思想；就形式而言，「勸世詩」大部分爲七言，
如同絕句和律詩有四句或八句之別，但對格律、對偶的要求較爲寬鬆，是鸞
書中最主要的創作形式。「勸世歌」則字數、句數都不受限制，但亦有明定「四
言歌」、「五言歌」者。以下依「勸世鸞詩」和「勸世鸞歌」二類分述之。

（一）勸世鸞詩

　　近似絕句律詩，但格律限制寬鬆的七言詩是蘭地鸞詩最常見的創作形
式，通常是一位降鸞神明一次一首詩，如《治世金針》〈監壇衛武帝詩〉：

　　　深知大義爾諸生，矢志修爲望大成。

　　　濟濟一堂行善路，他時並駕共登瀛。〔註137〕

此詩以共登文教繁榮之境，鼓勵諸生行善事。只降鸞一首詩，若有未盡之意
則以「又」或「其」的方式再寫一首，如《喝醒文》〈諸葛武侯詩〉：

　　　可恨愚人不讀書，竟將術數共譏予。

　　　何時偏説能除去，顯得眞修在草廬。

〔註135〕陳淑均，《噶瑪蘭廳志・書院・附考》（臺北：文建會，2006 年），頁 221～222。
〔註136〕同註 88，頁 702～703。
〔註137〕同註 103，頁 48。

又詩

　可恥可恥眞可恥，街談巷議多辱予。

　辱予何事爾知乎，多把邪術來誚吾。

又詩

　管樂奇才自比同，恩深下顧臥龍宮。

　壯心未已鴻功奏，大業難安小局終。

　正統巍巍歸帝冑，炎權赫赫恨奸雄。

　蒼天肯鑒孤衷素，赤壁當時四面紅。

　十倍漫誇清漢宇，三分早定處隆中。

　可憐龐子身先逝，懋我無能六出空。〔註138〕

諸葛武侯自述身世，說明人言可畏，一首詩不足以道盡，所以接連三首詩以
盡意。另如《錄善奇篇》〈開漳聖王陳詩〉：

　騰雲直下九重天，咫尺河山在眼前。

　昔日金篇垂警世，今朝錄善藉薪傳。

　邦畿永固芳名播，帝德宏施惠澤全。

　我亦有緣臨到此，欣欣會子樂團圓。

其二

　開壇濟世已經年，漳土人民德戴天。

　聖主褒封非敢望，王謨早著表忠堅。

其三

　我本河南一傑忠，飛鵝洞裡逞英雄。

　開漳萬世餘功在，到此揮鸞樂靡窮。

其四

　世風波靡日淪亡，郅治年來竟不彰。

　朋心爲奸欺善者，狐群結黨壓純良。

　橫兇劫戶違王化，擄掠傷人背聖章。

　出沒盡埋山谷裡，有時授首滅鷹揚。〔註139〕

第一首詩寫降鸞著書聖道得以薪火相傳，還有與諸生共會之樂，第二、三首
詩自述身世，及忠貞的心意。第四首則感嘆世風日下，結黨欺善者多，以警

〔註138〕同註53，頁15。

〔註139〕《錄善奇篇·身部》（宜蘭頭圍：喚醒堂，1994年重刊），頁153。

惕世人。

　　勸世鸞詩大部分以四句或八句為多，如上述所引諸詩皆如此，又如《渡世慈帆》〈李太白詩〉：

　　　　子等專誠我感恩，揮毫到此作詩言。

　　　　虛心自得同攜手，盡意無驕妙義根。〔註140〕

　　　　宇內人稱媲美名，寰區欣羨冠群英。

　　　　詩書造就功勳浩，姓字長留盛德廣。

　　　　此刻開堂提世醒，他時造竣振家亨。

　　　　神仙救苦相依助，聖佛慈悲集大成。〔註141〕

　　　　日深月墜兩浮沉，東起西歸一轉尋。

　　　　玉兔殊名原不別，金烏異號共相琛。

　　　　江湖海峙參河水，峻嶺巖峰會谷音。

　　　　畜類禽身知運動，人能體道覺明心。〔註142〕

同一神佛降鸞次數不一，每次展現的鸞詩體例也不盡相同，有時四句，有時八句，但也有長達十二句，如上述《喝醒文》〈諸葛武侯詩〉第三首，或十六句的情況，如《龍鳳圖全集》〈九天司命真君詩〉：

　　　　火燦鸞臺萬點光，依然明月鎮斯堂。

　　　　長聲四海書詩韻，遠拾三林蘭桂芳。

　　　　玉筍浮堦增福壽，金漿會飲保安康。

　　　　龍顏展笑新銀海，鳳輦重遊舊碧峰。

　　　　苦口煩言施藥石，甘心矢性愈膏盲。

　　　　家儀刻要親兄弟，國政時知稟父王。

　　　　男子當行尊傅友，婦人必曉敬姑翁。

　　　　風和滿室生餘慶，萬物豐盈頌彼蒼。〔註143〕

鑑民堂為家族鸞堂，以長達十六句的長詩，強調家和萬事興的觀念，其中以兄友弟恭，及婦人敬事公婆的行為特別受到重視。

　　就整體創作形式而言，蘭地勸世鸞詩對押韻、平仄、格律並沒有嚴格的

〔註140〕《渡世慈帆・心修部》（宜蘭頭圍：喚醒堂，1896 年重刊）卷二三，頁 111。
〔註141〕同上書，頁 150。
〔註142〕《渡世慈帆・禮部》（宜蘭頭圍：喚醒堂，1896 年重刊）卷八，頁 107。
〔註143〕同註 119，頁 55。

限制，或明定的標準，較少出現將神佛名號放於詩首第一句的冠首詩，或第一首詩最後一字與第一首詩第一字相同「頂真」詩組的寫作方式。這些修辭上的技巧，蘭地勸世鸞詩甚少爲之，蓋此時鸞生漢學功基仍厚，運詞無礙，主要寫作方向在於以淺顯字句傳達勸世爲善的教化理念，無刻意展現修辭變化之必要。

（二）勸世鸞歌

　　蘭地鸞書的勸世鸞歌大部分對字數、句數沒有一定的限制，如本節下段所引的《渡世慈帆》〈李太白歌〉。但偶有限定每句字數的「四言歌」或「五言歌」出現，如《喝醒文》〈王將軍戒朋友四言歌〉〔註144〕以四言詩歌闡述君子之交與小人之交的差異，交友貴仁德，莫因口角衝突而破壞友誼；應當相互敬重，勿因出身卑微而鄙視之；也不要因爲金錢而發生齟齬，要如掘井般用心經營，自然能建立真誠的友誼。另一首〈明鬼神大義五言歌〉〔註145〕全文皆五言，闡明鬼神之道隱而未顯，士農工商等人應據理存心以去惑，惑去則心始靈，故「商賈奉關公，儒士祀賢聖」。

　　與勸世鸞詩相較，勸世鸞歌顯得較爲活潑有趣，如《渡世慈帆》〈李太白歌〉：

> 哈哈哈，諸生抱不平，有過之人各自醒，獎賞各爭先，貶語心便驚，欲洗身上白，三溪水亦難清，何如此兮，致惹　恩主恕嗔生。我老無知，汝少才能，要雪污語，必學李長庚，好如明玉，必劾娥女英。吁吁吁，怎樣癡痴，心內事何人知？問出真情，如何畏？我不知，我不知閒談事寫真機，李太白不知詩，唱歌曲戲神無妨事兮，莫得心懷疑。笑笑笑，真不肖，請酌的酒兮我甚要，招夜遊兮亦最妙，一妻一妾兮我恥邀，喜酒醉兮唱歌條，快樂夜夜，遨遊終宵，新堂光彩兮，天君相邀。聽霓裳兮吹玉簫，簫簫簫，●●菜兮樂逍遙，樂逍遙。〔註146〕

這首勸世鸞歌，較俚俗有趣味，「哈、吁、笑、簫」等字的疊字運用手法，與「兮」配合運用，感覺上有李太白「人生得意須盡歡」的快樂活潑氣氛，但飲酒作樂之時不忘宣講教化，故有「一妻一妾兮我恥邀」的詞句，此爲創作

〔註144〕同註53，頁20。
〔註145〕同註53，頁23。
〔註146〕「●」代表模糊難辨之字。同註36，頁211～212。

者假借李太白之口道出教育民眾之實。另有一首：

> 幸甚兮，諸君，可喜兮。深醇，修天爵兮，定人倫，成美舉兮，笑
> 紛紛。造善路兮，著詩文。蘊奧兮，累功勳。盡心行事兮，名芳永
> 存。仲秋二氣，日夜平分。德愈高，福滿門，門門最妙敦純兮，我
> 吟歌，我後會兮。如切如蹉，琢王勿●憚。登山不怕高，有意遊玩
> 景。路途問如何？哈哈哈，眞奇遇兮，會良緣。三千行滿兮，可成
> 仙，無念慮兮，勵志堅。水清雪白，孝悌爲先。聖賢立教兮，莫亂
> 心田。佛家道骨兮，俗事不纏，始終如一兮，罔法勿前。諸君能濟
> 世兮，行步便升天。苦衷悲憫切方便理仍然。莫嫌俚語，率莫半箋。
> 聽余相勸兮，後日同享佳筵。上蓬萊兮，花果鮮妍。妍妍子看見，
> 喜不眠。急急來兮，莫遲延，莫遲延。〔註147〕

和上一首歌相較，此首顯然文理較不通暢，句讀也不妥當，但不忘勸人「孝
悌爲先」，並且以利誘之，修行期滿可享佳筵。

　　在此我們可以觀察出扶鸞集體創作出來的作品，雖然同樣是宣達教化，
作品卻有優劣之分，並非全部雷同。個人創作時，是否文思湧湧，有無靈感
寫出好作品是很重要的一件事，只是個人寫作在未發表之前都可一改再改，
直到滿意爲止，就算發表也可以有新舊版本的差異。集體創作時，就沒有這
樣的自由，除了神佛未顯靈無法感應，不能進行扶鸞活動外，一旦開始扶鸞，
就必須完成，亦無回頭修改字句之理，更無推翻以前鸞文的可能。因爲如果
可以更改前文，即褻瀆高高在上的神明，也降低鸞文的可信度，校正生潤飾
鸞文也僅能就扶鸞而出的字句上下功夫。扶鸞作品此優劣相雜的情況可視鸞
文局限，也是傳統文人利用扶鸞進行集體創作時不能避免的限制。

三、詩文並作

　　「詩文並作」指同一降鸞神明同一次扶鸞出來的鸞文有「詩」，也有「文」，
兩者互相搭配，且「詩」「文」的組合形式自由多變，與單獨出現「勸世鸞詩」
或「勸世鸞歌」情況相異。此處所言的「詩」指鸞文中創作形式與律詩絕句
相類似的傳統詩，「文」指稱的意義較廣，包含鸞文中的「話、文、諭、論、
記、歌、賦、行述」等創作形式。蘭地鸞文中常出現「詩後有話」、「詩後有

〔註147〕《渡世慈帆・心修部》（宜蘭頭圍：喚醒堂，1896 年重刊）卷二三，頁 112
　　～113。「●」代表模糊難辨之字。

諭」、「文前有詩」、「論前有詩」、「記前有詩」、「歌前有詩」、「賦前後有詩」、「行述前後有詩」的組合模式，故筆者統稱爲「詩文並作」類。

　　「詩後有話」的情況，如《喝醒文》〈明張太師詩〉：

> 世人辱我是何情，臺上喧呼出我名。更指權奸來比擬，含寃千載恨
> 難平。
>
> 話　今午吾往南天拜節，見臺上優人裝吾之妻子，名曰搜寶，臺下
> 呼吾爲奸臣，吾英氣未亡，深爲憤恨，吾爲爾言之，戲盧也，凡有
> 關聖賢之事，皆不可爲戲，獲咎不小者，今人也，爾切戒之。〔註148〕

此處先以一首七言四句詩道出明張太師被比爲奸邪，平白受寃的不滿。但從詩中無法得知爲何有此不滿，因此加上「話」說明原來是戲臺上優人將他比爲奸臣，並藉此說明聖賢之事不可兒戲。

　　「詩後有諭」的情況，如《治世金針》〈雷部李主帥詩〉：

> 同遊下界覺凡情，法律森嚴各自明。
> 末劫重施天降罰，瘟災一至世咸驚。
> 風塵擾亂人心變，穢德升聞習俗爭。
> 元帥慈悲開教化，雲梯之上引諸生。
>
> 諭　諸生等皆讀聖賢之書，深知大義，時當末劫臨頭，正宜訓志修
> 爲，廣佈善行，以冀挽回於萬一。不然，運行至此，鹿死誰手未可
> 逆料。但爲人不外忠孝節義，大德不虧，縱有不測，亦是天數該然，
> 雖沒如生，若夫奸淫背逆之徒，縱偷生百年亦猶是沒世不稱，雖生
> 猶死。生等將此二端細想，必然得於心而從其行，庶幾德日修而日
> 進，善日積而日多，乃不負吾等之訓誨焉耳。〔註149〕

〈雷部李主帥詩〉只點出雷部李主帥欲開教化啓示諸生，但簡短的詩句無法道盡，故緊接著以「諭」闡釋他想要表達的道理，主要是希望諸生謹守忠孝節義，日日修德積善，將生死置之度外。

　　「文前有詩」的情況，如《渡世慈帆・身克部》〈李白戒驕文〉，文前先有詩：

> 吾今欲作戒驕文，恃富凌貧切莫敦。
> 勢力矜才休用盡，溫和守己任勞勤。

〔註148〕同註53，頁28。
〔註149〕同註103，頁45～46。

欺人自信他無敵，惡貫臨身孰可分，

禍福昭彰毫不錯，誇多取患善堪欣。〔註150〕

詩後的〈戒驕文〉從君王至民眾的角度細論「驕」之弊，慷慨陳詞，原文如下：

> 且夫驕之害也，指難勝屈矣。驕雖一弊，而搆禍者多矣。上則驕君，
> 事無相妥，必爲無道。心恃驕矜，則忠言諫不入。稍有拂其意者，
> 則無罪而殺士，有忠良將相，必解印歸田，恐妨其誅。忠者直也，
> 而驕與直不能同類。既棄忠良，必就奸黨，而妄奏妄惑。蓋驕者理
> 必好褒詞，而惡直語。國既如此，難樂昇平，而生禍患，反爲夷狄
> 之相欺乎。上及帝王，一驕必致如此之患也，何況我等下民，豈驕
> 而不敗乎，上既如此，下就可知。試思下愚之驕者，吾畧陳之，爲
> 父而驕，治家不法，教子無規，往來不和，父子而相棄者，因此之
> 故也。爲子而驕亦大害也，驕兒不孝，驕徒無禮，父師若嚴督則侮
> 慢，忤父欺師。不但此也，驕則心荒，習藝忘記，此等人也，必難
> 受明師之教，亦難與益友深交矣。怠及長大之秋，習驕成性，與妻
> 子不能和氣，家室亦不和乎！譬似五臟多尅，必生疾病，其貽害終
> 身也。所謂國之本在家，驕君而敗國，驕父而敗家，驕子及徒，而
> 悮終身之事務，可不痛哉！余言淺近，但願四民有驕者速改之，無
> 則加勉，無自害焉耳。

若不從迷信角度觀之，實爲文從字順的勸世佳作，它與一般勸誡後世子孫家書，或是勸世古文，實無二致。其異只在於是扶鸞的集體創作，且假李太白神諭以言之，將勸世的用心，藏在迷信的外衣下，希望民眾更能接受此番道理。文中以使用「既棄忠良，必就奸黨」、「驕兒不孝，驕徒無禮」、「驕君而敗國，驕父而敗家」等對句，依上至君王、下至四民的層次，逐一陳述「驕之弊」，再以「譬似五臟多尅，必生疾病，其貽害終身也」做爲比擬，闡明「驕」的下場。從全文可讀出創作者認爲儒家「修身齊家治國平天下」的理想與「驕」字關係密切，上下都能無「驕」，則政和人通，這就是傳統文人最大的期盼。

　　蘭陽鸞書以古文式鸞書爲主，詩作以七言爲主，勸世古文前有詩作爲常態，例如碧霞宮1896年扶鸞而出的鸞書《治世金針》〈勸孝文〉：

〔註150〕《渡世慈帆·身克部》（宜蘭頭圍：喚醒堂，1896年重刊）卷四五，頁100。

監辨高將軍詩

地義天經萬古留，兩間俊義貴深求。

求昊天罔極須圖報，勿負親恩作獄囚。

勸孝文

嘗謂慈烏有報本之仁，鱸魚有養親之義，物尚有孝，何論於人乎？

當夫待母曰穀之時，自食曰鵑之景依依離離，耿耿難開。斯何如？

捨二親之外，而別無至親也。……幸甚幸甚。〔註151〕

先有「監辨高將軍」詩，再寫「勸孝文」，勸人為善、孝親是鸞文中常見的內容。期待明君現世，仁政愛民，則是一般讀書人的祈盼，試看《龍鳳圖全集》所云：

水官大帝　詩

古今敗國自矜驕，主亂荒滛伐本朝。

千里良言誰已告，一沉旨酒膽魂消。

從茲好惡兢兢業，用是身心凜凜昭。

幹蠱羽淵予抱痛，成功終奏舜虞韶。

嘆昏君不仁文

狂瀾倒矣，宇內寒心，虐政行焉，民沉苦海。斯時也，誰為引針之

計，孰作援救之船，將見讒謟面諛日至，奸滛賭盜日生……此吾所

痛恨者，無道昏君，為富不仁，坐享天下之福，……一身亂，一家

亂，天下皆作亂，是以一笑傾城，邦國殄瘁，惜哉。〔註152〕

「嘆昏君不仁」文前先有「水官大帝」詩作。詩作先行有提綱挈領之用，後接古文則適於詳述得失利弊。

「論前有詩」的情況，如《龍鳳圖全集》〈朱熹夫子富貴貧賤論〉〔註153〕，論前先引一首詩：

六經羽翼費思量，繼往開來教萬民。

今日鸞圖興合造，恰如鄒魯振名新。〔註154〕

說明六經與鸞文結合，能振興儒家思想。詩後則是長達三頁的〈富貴貧賤論〉

〔註151〕《善錄金篇・匏字部》（宜蘭：醒世堂，1891）卷五，頁5～8。

〔註152〕同註119，頁26～28。

〔註153〕同註119，頁67～69。

〔註154〕同註119，頁66～67。

闡發富貴貧賤四者應盡之本份。富者應「寬心慈物，周濟孤苦貧民，修路修橋，不驕不吝，廣交善友，重待賢師，設庠序以培人子弟」。所謂貴者應「讀書明理」、「克己清操」，如此一來，雖貧儒亦貴。貧者之所以貧，乃在於前世修為，明白「彼履厚今薄衿」的道理，更應當「行功以補之，定有來年厚福」。賤者「宜奮發恥心，事主必忠，遇非財不取，若能行義，立心不貪，其品已貴，雖賤非賤」。此論文理充詞沛，苟能行之，當有助於社會祥和安定。

「記前有詩」的情況，如《錄善奇篇》〈*東坡先生蘇　遊蘭西記*〉，記前引詩：

> 梅香入夢雨風淒，吟興縈懷把筆題。
>
> 一室棣棠欣並力，滿園桃李喜成蹊。
>
> 前臨秀水瀠洄轉，後列青山挺峷齊。
>
> 今日有緣諸子會，偶因勸化到蘭西。〔註155〕

此詩前四句文人氣息濃厚，第五六句描繪蘭西景色，末兩句始點明西遊的教化目的。〈遊蘭西記〉與前引詩敘述筆法相同，先抒懷，次敘景，末示教。「記」為「詩」之鋪陳，「詩」為「記」之總綱，兩者互為表裡，相得益彰。

前一小節提及勸世鸞歌並無附「詩」，然亦有「歌前有詩」的情況，舉《善錄金篇》〈漢鍾仙翁戒嫖賭歌〉詩前二首鸞詩為例：

> *詩*
>
> 祥雲特下倚天開，定約佳期去復來。
>
> 捷足多時歸碧漢，騰身瞬息到蓬萊，
>
> 前宵相伴同僔會。此夕孤鸞獨我回，
>
> 若不依然還降筆，諸君心志未為灰。
>
> 白仙今夕不重臨，只為諸君苦用心。
>
> 囑託斯言來示悉，他宵世外自閑尋。
>
> 從來賭為烟花設，究竟烟花為賭生。
>
> 賭博能將人命喪，烟花善把富家傾。
>
> 塵無賭博應難事，世絕烟花抱憾聲。
>
> 賭與烟花傷子弟，烟花賭博悞生平。

〔註155〕《錄善奇篇・正部》（宜蘭頭圍：喚醒堂，1994年重刊），頁143。

戒嫖賭歌

　　戒戒人間世界，正心身，成體態……笑呵呵兮，笑呵呵，嫖賭兩途

　　唱作歌。世態無依將此戒。奈如何兮，奈如何。〔註156〕

〈戒嫖賭歌〉針對嫖賭二事舉證相勸，用詞通俗，文前有鸞詩，先說明爲何降筆至此，後言賭博及煙花兩者皆爲誤人誤己之事，千萬不可爲之，「賭博」、「煙花」二詞反覆陳述，時時提醒，有如警鐘。

　　至於「賦前後有詩」及「行述前後有詩」的組合模式詳見下節及下下節。

　　這種「詩文並作」的寫作方式，文人們也常使用。例如朱仕玠於乾隆 28 年（1763）調任臺灣鳳山縣學教諭，居臺時間有一年之久，將在南臺灣所見所聞寫成《小琉球漫誌》。此書共分六類，其中〈泛海紀程〉、〈海東紀勝〉、〈瀛涯漁唱〉、〈海東月令〉四類寫作形式皆爲詩文交錯，可再細分爲「先以文章描述，再以詩歌加強重述之」及「先出之詩，於後加註」兩種形式。「先文後詩」的寫作方式與佛經後加偈語，複述或強調前文重點的形式相類似，不同的地方在於朱仕玠更以詩補充散文的不足，呈現作者幽微的心靈世界。〔註157〕另外 1937 年，埔里徐雲騰寫了四篇古文刊登在《詩報》，每篇古文之後皆附詩一首，以總結篇章。〔註158〕可見「詩文並作」的寫作形式爲文人們所熟悉，而該類的鸞文，「詩」在「文」前或在「文」後的情況都有，「詩」作首數亦不一定，足見鸞文創作形式的紛雜多變，也證明鸞詩在鸞文中佔有很大的比例。

四、賦體鸞文

　　賦體鸞文近年來已逐漸受重視，《全臺賦》收錄多篇的賦體鸞文〔註159〕，顯示該類文章不再局限於民間文學的研究範疇，可與一般文人的賦作相提並論，故本文特立一小節討論之。

　　蘭地鸞書中《喝醒文》及《龍鳳圖全集》都沒有賦體鸞文，碧霞宮《治世金針》僅〈新枝重設蘭陽賦〉〔註160〕一篇，喚醒堂《渡世慈帆》及《錄善

〔註156〕《善錄金篇・匏字部》（宜蘭：醒世堂，1891 年）卷五，頁 5～8。

〔註157〕施懿琳，《從沈光文到賴和——臺灣古典文學的發展與特色》（臺北：春暉出版社，2000 年），頁 128～130。

〔註158〕《詩報》第 159 號（1937 年 8 月 19 日），頁 22～23。

〔註159〕許俊雅、吳福助主編，《全臺賦》（臺南：國家臺灣文學館籌備處，2006 年），頁 358～421。

〔註160〕同註 103，頁 42～43。

奇篇》二本鸞書的賦體鸞文最多，《渡世慈帆》有〈戒官紳賦〉〔註161〕、〈戒刀鎗賦〉〔註162〕、〈分曲直賦〉〔註163〕、〈勸和衷賦〉〔註164〕、〈戒洋煙賦〉〔註165〕、〈戒煙花賦〉〔註166〕、〈遊蘭陽賦〉〔註167〕等七篇，《錄善奇篇》有〈蘭陽賦〉〔註168〕、〈戒荒淫賦〉〔註169〕、〈鸞堂賦〉〔註170〕、〈戒頭人賦〉〔註171〕、〈心正身修賦〉〔註172〕、〈喚醒堂賦〉〔註173〕等六篇。這些賦體鸞文在鸞書中並非單獨存在，通常會和「詩」搭配組合，如《渡世慈帆・克部》〈戒洋煙賦〉：

> 南宮孚佑帝君　詩
>
> 　塵寰最害罔知憂，誤染洋煙作病尤。
>
> 　莫顧身家無顧臉，不能革故那能羞。
>
> 　臨堂欲作南池賦，降筆詳明世道修。
>
> 　青年失錯當除改，老歲存心自免愁。
>
> 戒洋煙賦　以題為韻
>
> 　原夫阿芙蓉之為害也，出自外洋，售於我台。名曰「南池」，毒沿世界……誥誡寰區，願人揣度。良言藥石，感時作賦。
>
> 又詩
>
> 　臨堂作賦戒洋煙，子等深觀立志堅。
>
> 　此物傷人兼敗產，南池莫近免無錢。

〈戒洋煙賦〉前後都有淺顯的鸞詩，總述「洋煙」之害。鸞賦全文多為四句，以簡明的文句，反覆鋪陳鴉片之害，苦勸世人遠離毒物，更以生動的對話表現身染毒癮者，遇到庸醫，求助無方，終至喪命的過程，警惕世人何不反求

〔註161〕同註150，頁40～41。
〔註162〕同上註，頁20～21。
〔註163〕同上註，頁24～25。
〔註164〕同上註，頁26～27。
〔註165〕同上註，頁34～35。
〔註166〕同上註，頁36～37。
〔註167〕同上註，頁38～39。
〔註168〕《錄善奇篇・身部》（宜蘭頭圍：喚醒堂，1994年重刊），頁185～186。
〔註169〕同上書，頁193～195。
〔註170〕《錄善奇篇・修部》（宜蘭頭圍：喚醒堂，1994年重刊），頁217～218。
〔註171〕同上書，頁231～232。
〔註172〕同上註，頁236～237。
〔註173〕同上註，頁240～241。

諸己，自能免禍。賦原爲典雅文學中重要的體類，登鸞降筆的鸞賦卻以淺近通俗爲尙，若與日治時期呈現詼諧趣味的賦作相參，當可考察當時雅俗文學的交流互動。〔註174〕鸞書本以曉諭大眾爲創作理念，書中的字句理當通俗，讓略通文墨者可自行閱讀理解，不識字的民眾則藉由宣講瞭解文義，一樣能達到勸世化俗的效果。頭圍喚醒堂〈戒洋煙賦〉讓我們深刻感受到「文以載道」的文學傳統。

鸞賦通常都是「以題爲韻」，一韻即爲一段，不講求對仗，句式相當寬鬆，散文形式，或四字句，六字句，或四六句的對偶形式皆有。內容則不離鸞堂闡揚儒家教化的理念。仔細觀察蘭地鸞書中的鸞賦，《治世金針》、《渡世慈帆》、《錄善奇篇》三本鸞書都有以「蘭陽」爲題的賦作，實爲蘭地鸞書才有的賦題特色。〈新枝重設蘭陽賦〉、〈遊蘭陽賦〉、〈蘭陽賦〉三篇鸞賦共通特色有三：

1、蘭陽美景的描繪：形容蘭地，月白風清，鳥語花香，雞犬桑麻，青山繚繞，流水瀠洄，堪稱海濱鄒魯的桃源仙境。

2、神佛降筆的苦心：鸞書本以勸世爲主，三篇鸞賦內容亦未偏離此道，神降蘭陽奉勸蘭地諸生，造橋修路，修德立功，惡事弗趨，善功獨步，勤勞一心，共修善錄，共享太平之福。

3、用詞淺顯的賦體：鸞文大體上皆以淺近的文句表達勸世救俗的思想，這三篇鸞賦也不例外，有賦體整齊的排比句法，但無賦體典麗的遣詞用句。

相異處在於，〈新枝重設蘭陽賦〉著重今昔之比的感嘆，認爲蘭地自開闢以來，俗美風惇，堪稱美里仁鄉，文人濟濟。今日風俗日趨日下，人心不古，刀兵繼起，疾病更張。藉以規勸世人行善事，重回太平治世。〈遊蘭陽賦〉名以遨遊，實則哲思騰湧，多勸世之語，少遊賞之心。〈蘭陽賦〉則多讚頌之語，祝福蘭地能民物繁昌，江山獻瑞，草木呈祥，無癘無瘟，文風日盛，上千年之道脈猶存。

五、因果行述

鸞文中的「行述」類，與「行狀」相類似，「述」即爲「狀」之別名〔註175〕。中國古代文體中的「行狀」用以追述死者生平言行以表徵功德〔註176〕，「行述」

〔註174〕同註159，頁43。
〔註175〕徐師曾，《文體明辨序說》（臺北：大安出版社，1998年），頁107。
〔註176〕褚斌杰，《中國古代文體學》（臺北：臺灣學生書局，1991年），頁449～450。

類鸞文同樣敘述一個人一生的德行事蹟，但行文中充滿無法以常理判斷的果報徵驗，因此「行述」也像傳奇故事，運用「說故事」的方式讓人明瞭事理，故事的主角即是降筆扶鸞的神明。蘭地鸞書的「行述」鸞文以《治世金針》二十篇最多，《錄善奇篇》僅一篇。綜觀蘭地鸞書內的行述鸞文，可歸納出該類鸞文的「共同程式」：

$$\boxed{\text{自報家門}} \longrightarrow \boxed{\text{生平經歷}} \longrightarrow \boxed{\text{死歸神道}}$$

所謂「共同程式」指文章內容主旨各有偏重，但呈現出共通的寫作規律，如同數學方程式，一樣的方程式，代入不同的數值可算出不一樣的答案。

以《善錄金篇・草字部》〈南院觀音佛行述〉〔註177〕為例，首言：「余乃四川省人也，姓朱，歸于陳門」，此即「自報家門」的部分。其後則敘述「生平經歷」，從父母生她時夢到「白月當空」的吉兆，及至長成，嫁為人妻，持家生子，夫歿賣屋，夜宿破廟，乞於富鄰，幼子被奪，倒地不省等情事。最後「死歸神道」是仙佛顯靈召她為南院觀音佛，世享香火，並說明其子在王家，因王父欲調戲他的媳婦而被殺，以現世果報，勸人不可為惡。

又如《渡世慈帆・身克部》〈宜邑謝必安行述〉〔註178〕，首言：「余乃杭州人，姓王名允嵩。父經營。母劉氏，絹織以助家庭。余八歲而入孔門」，此即「自報家門」的部分。其後則敘述「生平經歷」，從入孔門讀書，及知考試，不幸父歿，只得守喪三年，持理家務，順母命娶妻生子，積財行善，文章功名只能置之度外。及母西歸，仍行善以為寶，得五子，俱賢才，年七十三而逝。文章最後提到「閻王見我無過，賜免輪迴苦境，先任福神。迨及宜蘭城隍廟建竣，奉札立為謝必安之神，職雖卑，亦受萬家之香火也。廟食世世，至今我家裔昌盛，書香不絕」，此即「死歸神道」的過程，藉此鼓勵民眾行善，他日可得「榮登仙籍」、「子孫昌盛」的果報。與前文《善錄金篇・草字部》〈南院觀音佛行述〉相較，兩者在寫作上有「共同程式」，只是內容互有偏重。

「行述」文章在「共同程式」之外，亦有不同的小變化，例如《治世金針》行述文章喜歡在「自報家門」之前，先說明全文用意，《治世金針・商部》〈泉城武帝魏行述〉即是如此：

嘗思為人不外忠孝，故無愧於二老，乃可盡心乎一人也。茲先就余

〔註177〕同註44，頁17～19。
〔註178〕同註150，頁179～183。

而略陳其眞，余生於漢朝……爰爲自述其生平之苦，以儆於世焉耳。
〔註 179〕

在總述主旨後，即依「共同程式」向前進展，因此這樣的小變化並不影響到「共同程式」的進行。「行述」寫作的理念爲「續廿四史所未詳」〔註 180〕，有稗官野史的意味，內容以降筆扶鸞的神明自敘自身遭遇，藉以勸人行善爲多。或如〈泉城武帝魏行述〉談忠孝不能兩全，如何移孝作忠的道理。另有《喝醒文》〈吳先生自敘行述〉〔註 181〕借由主角吳履安，與柳昭泰、羊慶雲、崇實、陳鳳棲四位友人向鄭奕垣老師，求師問學的過程，闡述「清廉之道」、「孝子之行」、「幾諫之旨」、「修己安民」、「積德垂後」的道理。

　　觀察「行述」「共同程式」三個階段寫作技巧，「自報家門」有驗明正身，證實此事爲眞的意味。「死歸神道」藉由死後榮登仙籍，子孫興旺的因果輪迴思想，鼓舞世人爲善盡孝。「生平經歷」敘述最爲生動活潑，可依不同的主題，詳細說明，如《渡世慈帆・己復部》〈本堂陳家尊王行述〉〔註 182〕敘述陳家尊王如何因所交非類，散盡家產，受冤銀鐺入獄，及至爲奴僕，最後幡然悔悟，守貧盡職，終至娶妻生兒，其子榮登科榜代雪父冤的精彩故事情節，環環相扣，引人入勝，是「行述」中最精彩的情節。

　　「行述」文章通常也會和鸞詩互相配合，互爲註腳，鸞詩可加在「行述」的前或後，也有前後皆有詩的情況。如《喝醒文》〈嘉魚縣城隍自敘行述〉〔註 183〕鸞詩放在行述之後。如《善錄金篇・草字部》〈蘭城文昌帝君行述〉至〈新店保生大帝行述〉〔註 184〕八篇，及《治世金針・商部》從〈泉城武帝魏行述〉至〈薊州雷音寺觀音佛行述〉〔註 185〕共十九篇，都是鸞詩放在行述之前，《錄善奇篇・修部》〈統理鸞務許行述〉〔註 186〕行述之前更放了四首鸞詩。至於行述「前後皆有詩」的情況，以《渡世慈帆》最常使用，該鸞書共有九篇行述，其中〈本堂陳家尊王行述〉〔註 187〕、〈礁溪周

〔註 179〕《治世金針・商部》（宜蘭：碧霞宮，1972 年重刊）卷二，頁 3～5。
〔註 180〕《治世金針・本堂自敘》（宜蘭：碧霞宮，1972 年重刊）卷一，頁 15。
〔註 181〕同註 53，頁 37～41。
〔註 182〕同註 150，頁 56～64。
〔註 183〕同註 53，頁 30。
〔註 184〕同註 44，頁 9～49。
〔註 185〕《治世金針・商部》（宜蘭：碧霞宮，1972 年重刊）卷二，頁 2～52。
〔註 186〕《錄善奇篇・修部》（宜蘭頭圍：喚醒堂，1994 年重刊）卷四，頁 247～253。
〔註 187〕《渡世慈帆・己復部》（宜蘭頭圍：喚醒堂，1983 年重刊）卷六七，頁 56～64。

倉行述〉〔註188〕、〈大坑罟帝君行述〉〔註189〕、〈大福庄女媧行述〉〔註190〕、〈北門福神行述〉〔註191〕、〈南門福神行述〉〔註192〕六篇行述前後皆有鸞詩。可與前文「詩文並作」小節，互為參考。

六、「離神」之作

　　所謂「離神」之作，指其作品內容離開神佛教化人心的示諭，與鸞書醒世勸人的主旨有異。《喝醒文》收錄數首中秋月詩：

　　　　珠多今夕夕難逢，一歲全無此夕容。
　　　　清賞年年懷不玉，梯雲取到在吾胸。
　　　　秋色平分萬里同，團圓似鏡廣寒宮。
　　　　人間貝闕曾相射，天上瓊樓任自通。
　　　　金錢擲下疑無聲，綵杖騰空獨自行。
　　　　步入廣寒修幾斧，原來卻是老陰精。
　　　　北門山下白雲橫，曳杖登峰此夕情。
　　　　桂子空從頭上落，重調酡月露華羹。〔註193〕

這些詩專以描繪中秋明月，每首詩之後的「註釋」也未見「教化」之意，如「珠多句」註釋：「《瑣碎錄》中秋無月，則兔不孕，蚌不胎，有月是歲多珠」〔註194〕。可見鸞書雖以醒世之詩文為主，偶有例外，可視為「離神」狀態下的詩作。

　　另外，《渡世慈帆》書中稱「李仙翁」者有二人，一為李太白，一為李鐵柺，兩者不可相混，「李仙翁」下有加小字「鐵柺」二字者為李鐵柺，未有小字者為李太白。分析《渡世慈帆》李太白降鸞詩文，讓人有異想不到的收穫，《渡世慈帆》書中假借李太白之名的詩作有「七言詩歌」、「詩文並作」及「離神」之作三種類型。「七言詩歌」、「詩文並作」這兩種書寫特色已於前文論述，此節討論無關勸世之思的寫景「離神」之作。

〔註188〕同上書，頁74～80。
〔註189〕同上註，頁87～93。
〔註190〕同上註，頁94～100。
〔註191〕《渡世慈帆‧禮部》（宜蘭頭圍：喚醒堂，1983年重刊）卷八，頁42～47。
〔註192〕同上書，頁42～47。
〔註193〕同註53，頁28～30。
〔註194〕同上註，頁28。

《渡世慈帆》李太白降鸞詩：

　　瓜紅桔子種西園，月白揚光掛北關。

　　初上天邊浮海峙，●臨碧宇照山間。〔註195〕

這首詩和教化無關，純爲寫景之作，押刪韻，有注意到色彩及地理方位的對仗。頭圍勝景，北關的明月，瓜果滿西園的田家風光出現在以教化爲主的鸞書中，顯得相當突兀。另一首李太白降鸞詩最符合嗜酒成癡的李白形象：

　　有酒有穀喜飲空，今宵好意酌三缸。

　　吟成半句無腔韻，子等知名畏不充。〔註196〕

全詩以描寫飲酒作詩的快樂心情爲主，即使吟出不像樣的詩句，又何妨。

　　值得一提的是《渡世慈帆》書中唯一的二首蘇東坡降鸞詩，也是賞景之作：

　　壬戌之秋赤壁遊，清風明月快行舟。

　　長江寫盡盈虛態，杯酒磨消今古愁。

　　造化眞元藏不露，我生逸興悟常流。

　　莫言蘇軾談禪學，天地由來一泡漚。〔註197〕

　　蘭陽好景可遨遊，半月沈江活水流。

　　一片青山朝海嶼，入奇俱備寫清幽。〔註198〕

假借蘇東坡神諭的二首詩作，從赤壁的清風明月，悠遊到蘭陽美景，神佛也有「放假」的時候，此時不談勸世教化，徜徉自然山水，最適合體悟自然，靜享清閒。與詩後賦作〈遊蘭陽賦〉〔註199〕則在賞玩風景中寄託哲思，教善勸民的寫作並不相類。也不同於基隆正心堂《挽世金篇・詠東賦》〔註200〕頌詠隆東（基隆之東）神明的神靈，信徒應謹遵聖諭，以掃災除病。

　　《治世金針・例言》〔註201〕說明輯錄原則「有寓勸戒，關世道者」，「若是閒詠，雖有佳作，率皆不錄」，可見宜蘭碧霞宮扶鸞出來的鸞文包括「閒詠」之作，但因這些鸞文無關教化，所以未被收錄。由這些閒詠的「離神之作」可窺知傳統詩人創作的雅興，在不經意之處，表露無遺。

〔註195〕 「●」代表模糊難辨之字。《渡世慈帆・心修部》（宜蘭頭圍：喚醒堂，1896年重刊）卷二三，1983，頁62。

〔註196〕 同註36，頁198。

〔註197〕 同註150，頁167～168。

〔註198〕 同上註，頁168。

〔註199〕 同上註，頁168～169。

〔註200〕 同註159，頁376。

〔註201〕 《治世金針・例言》（宜蘭：碧霞宮，1972年重刊）卷一，頁16。

第五節　文教宣化：集體創作論黎民

傳統文人與儒教結社活動有密切關係，在本章第一節所述臺灣各地區文學史著只有《苗栗縣文學史》稍微注意到此問題，將「文士與扶鸞」置於第二章「傳統詩社」第五節討論之，但僅論述其現象，臚列苗栗縣鸞書目錄，並未細論。許俊雅編「相關臺灣古典文學研究的學位論文編目」〔註202〕收入李世偉文化大學歷史系博士論文《日據時代臺灣儒教結社與活動》，而許俊雅、吳福助主編《全臺賦》〔註203〕部分內容亦取材於宗教鸞書，可見鸞書與臺灣傳統文學之關係，已逐漸受重視。

清末日治初期的鸞書，其寫作背景爲社會動亂不安時期，當時人心惶惶，臺灣士紳階級有感於此，借助宗教力量以達到安定人心，宣揚儒家教化的理想。從作者角度而論，鸞書創作群以科舉取士的讀書人爲主〔註204〕，如果文學真有雅俗之分〔註205〕，鸞書顯然讓我們遇到難題，筆者以爲鸞書是介於雅正文學和通俗文學之間的創作，其創作形式爲傳統詩詞古文歌賦等，應納入傳統文學論述之。

鸞書不是「作者不詳」〔註206〕的作品，應視爲「集體創作」較適合。一群致力於教化人心的讀書人，假託「鬼神」之力，行「文以載道」的事實。人神之間處於互惠、互利的關係，「神」因爲地方知識分子的參與增加它的真實性，使一般民眾容易相信，「人」的理想因爲鬼神的扶持，也使一般民眾更容易信服。《渡世慈帆》書中云「其（書）中無理不備，無事不諧，但願吾生閱者，奉爲楷則，何患功之不遂，名之不成，此書玉旨而下凡，非同他書，觀者勿生疑惑，

〔註202〕許俊雅，〈九〇年代臺灣古典文學研究現況評介與反思〉，收入許俊雅主編《講座 FORMOSA：臺灣古典文學評論合集》（臺北：萬卷樓圖書有限公司，2004年），頁661～669。

〔註203〕同註159。

〔註204〕根據李世偉研究；早期鸞堂的創建的共同特色即是由地方士紳文人所推動，文中並特別詳細介紹「宜蘭鸞堂群」各鸞堂創建者的士紳文人背景。詳見註19，頁92～96。

〔註205〕文學之「雅正」與「通俗」，實爲相對而論一組詞語，且關係到使用者如何界定的問題，中興大學中國文學系舉辦多屆的「通俗文學與雅正文學」學術研討會，學者們各有看法，本文認爲此問題難有定論，故以設問語氣爲之。若單純從作者角度來說，「雅正文學」指社會上擁有獲取知識功名者個人創作的文學作品，「通俗文學」指一般庶民（個人或集體）創作作品。

〔註206〕許俊雅、吳福助主編《全臺賦》收入鸞書賦作34篇，歸爲「作者不詳」之類。同註159。

以干天怒，凜之慎之」〔註207〕，《治世金針》功過格更為民眾提供確實行為準
則，例如「濟世經邦而蒼生萬世者二千功」〔註208〕、「事親承順親顏下氣柔聲
一日三功」〔註209〕，人神合作使教化民眾的工作進行的更順利。

　　鸞書內的古文與一般人寫的古文有何不同？試舉宜蘭喚醒堂《渡世慈
帆·戒煙花賦》〔註210〕、宜蘭碧霞宮《治世金針·戒酒色文》〔註211〕、新莊
平林庄奉勸堂《挽世太平·戒煙花賭賦》〔註212〕、基隆正心堂《挽世金篇·
戒酒色財氣賦》〔註213〕，以及新竹贊化堂《繼世盤銘·戒貪花賦》〔註214〕
有關勸人勿迷女色諸作，與日治時期《詩報》「文壇」欄刊登蔣培忠〈戒淫文〉
〔註215〕相比較，同樣是述說酒色之害，使世人知之而戒之。說理、用典、類
疊、排比等修辭技巧的運用並無不同，但鸞書的文章因神明降鸞登筆的宗教
色彩較具威嚇之力，神明的勸導效用可能勝於一般凡夫俗子之口。就寫作技
巧而言，其作用有如於文章中引用古聖先賢之至理明言，遠比自己的獨白更
具說服力。當扶鸞者與神佛心神相感通，由神佛登鸞降筆的勸世良言，寄託
人世間有為者化民成俗的理想。

　　鸞書內容局限禮義教化、神佛救世之宣導，易有千篇一律之感，但細觀
之又有差異。如鸞書中單純寫景的「離神之作」，可窺知傳統詩人潛藏於內心
的創作雅興。《夢覺奇編》「遊人騷客，莫不<u>登高山以舒嘯</u>；名流傑士，莫不
<u>臨清流而賦詩</u>。」〔註216〕的句子脫胎自陶淵明〈歸去來辭〉〔註217〕，不也透
露出鸞文與傳統詩文的密切關係。又如，「詩文並作」的寫作形式與唐傳奇小
說詩文相摻雜的情況相類似，只不過鸞詩只有加在鸞文的前後，並無穿插鸞
文之中的例子。

〔註207〕同註36，頁110～111。
〔註208〕《治世金針·徵字部》（宜蘭：碧霞宮，1972年重刊）卷四，頁2。
〔註209〕同上註，頁4。
〔註210〕同註159，頁370～371。
〔註211〕同註151，頁11～12。
〔註212〕同註159，頁374～375。
〔註213〕同上註，頁391～392。
〔註214〕同上註，頁395～396。
〔註215〕《詩報》第11號（昭和6年5月1日），頁14。
〔註216〕〈道祖老君李記〉《夢覺奇編·仁部》（宜蘭頭圍：慶安堂，1901年）卷一，
　　　　頁12。
〔註217〕陶淵明〈歸去來兮〉：「登東皋以舒嘯，臨清流而賦詩，聊乘化以歸盡，樂夫
　　　　天命復奚疑？」《陶淵明集》（臺北：里仁書局，1985年），頁162。

　　中國文學之美是繁複的，發展過程中包含了各種文體，也紛雜著各個時代各種歧異的關懷，但是其共通處為「從早期的神話開始，中國文學就擁有一個內在性的宇宙」，就連鬼神也是「內在人類現世生活的鬼神，它們依存於人類對生活的渴望，而非人類的生存依恃於它們獨立自足的存在」。「所謂抒情，亦正是以內在於宇宙，內在於現世，以一生命存在的意識觀看世界萬象，面對紛然雜陳的宇宙萬有，人生百態的自然反應。」〔註218〕因此，脫去迷信的外衣，鸞書體現蘭地傳統文人某部分的內在世界的觀感，傳達經世濟民的理想。

小　結

　　本章從「文學傳播」新視角閱讀鸞書，從不同的角度詮釋鸞書的創作。研究發現扶鸞創作詩文都有加上神佛名號是一種形式上的必要，實際創作出來的詩文則好壞參差其中，考驗正鸞即興創作的文學能力，以及正鸞與副鸞、唱鸞者之間的配合是否融洽，如果運作不順利，扶鸞出來的詩文品質就不佳。

　　文學研究應該包含多面向，筆者從文化傳承、文學傳播的角度，觀察清末日治初期文學對社會的影響力。「文學」在清末日治時期不是講求藝術美感，而是帶有宣講教化的實際功用，承載向大眾宣傳儒家思想的使命。我們應排除迷信的成分閱讀鸞書，其內容以講善勸惡為主，偶有例外的寫景之作，可窺見作者不按牌理出牌的「離神」狀態，似乎是假借神佛之名，行創作之實。所謂「心誠則靈」，不論何種神佛，信與不信存乎一心，扶鸞儀式雖有不可知的神秘感，觀其詩文，教人趨善避惡，亦有可取之處。

〔註218〕柯慶明，《中國文學的美感》，（臺北：麥田出版社，2000年），頁65～66。

第四章 蘭陽地區清治時期（1800～1895）傳統文學研究

　　本章第一節談論清治時期蘭地傳統詩文輯佚，以掌握文學史料留存的情況。第二節主要探討作者與蘭地關係，因蘭地傳統文學由遊宦人士首開其端，其後始有蘭地本地文人崛起，明白作者生平有助於瞭解蘭地傳統文學的發展。至於詩社部分，此時僅只仰山吟社成立，已於第二章第二節說明，此處從略。

　　第三節清治時期蘭地詩文題材分析，此節整體分析概念深受文化地理學影響，文本並不單純反映外在世界，「文學地景」應視爲文學與地景的組合，而非把文學當作分離的鏡子，映照或扭曲外在世界。文學提供觀察世界的方式，展示品味、經驗與知識的廣闊地景。我們不應將地理學和文學視爲兩種不同的知識秩序（一爲想像，一爲實際），而是同屬文本類型的領域，以便闡明「文學文本的實際性質，以及地理文本的想像特性。」〔註1〕

　　人文地理學者強調地方的獨特性。未知的空間，對人而言是陌生的，也缺乏特徵，它必須變成具體地方之後，才具有實質意義。因此人文地理學者所說和所思的「空間知識和地方知識」，就不一定從書本、地圖、航照及實地測量而來。人文地理學者所說和所思的「人是投入思想和想像力的」，而不僅以「其它感官去理解世界和找出其中的意義。」但感覺和親切的經驗對大多數人是剛開始的和不能管理的，作家和藝術家找到方式而給予它們型式，文

〔註1〕 Mike Crang 著，王志弘、余佳玲、方淑惠譯，《文化地理學》（臺北：巨流出版社，2003 年），頁 75～76。

學作品對人們如何生活有完整的珍貴描述，〔註2〕從文學作品中能看出地方之所稱爲地方的具體意義，文學發抒心靈，啓動人們的地方認同感。

　　分析清治時期蘭地詩文寫作題材，我們可以看出居住在蘭地的文人，他們受此地風景文物的影響，以及他們對此地的關注與認同。

第一節　網羅放佚：傳統詩文需輯佚

　　蘭地在清治之前被視爲化外之地，遲至嘉慶十五年（1810）年，始正式納入版圖，逐漸成爲以漢人爲主的社會。就文教發展來看，同治7年（1868）蘭地才有第一位進士——楊士芳，比1823年的「開臺進士」晚了45年。〔註3〕蘭地文教發展起步晚，又地處臺灣東北角僻地，有關文獻史料的搜羅，常令人感到力不從心，連橫《臺灣詩乘》即云：

> 余撰「詩乘」，搜羅頗廣，而宜蘭作者絕少。後得李靜齊先生「西行吟草」，展卷一讀，聊慰素心。〔註4〕

蘭地詩文，流傳者絕少，連橫之時已少見，僅得李望洋《西行吟草》，今日蒐求，更添難度。

　　各地方志收錄的藝文作品，依編輯者識見不同，詳略有異，優劣有別。但是清代蘭地的文學史料，因年代久遠，亡佚者多，很難經由田野調查有新的發現，從方志入手，是比較可行的辦法。而日治時期的「宜蘭采訪冊」始終未得見，是極大的缺憾。以下依清治時期編纂的「蘭陽方志」，光復後「臺省通志」，及「詩文選集」三大類，考察蘭陽傳統詩文的輯錄情形。

一、蘭陽方志

　　蘭地開發較晚，設治較遲，離政治中心較遠，《臺灣府志》及《諸羅縣志》均未多提及此地。蘭地創修方志始於道光年間。

　　道光10年（1830）夏，陳淑均應聘入噶瑪蘭任教仰山書院。適福建省重修通志，臺灣府亦研議新修府志，先後開局，向噶瑪蘭廳徵求史料。蘭廳人士遂於1931年委請陳淑均纂輯《噶瑪蘭廳志》，大家分工合作，監生楊德昭

〔註2〕綜合自 Yi-Fu Tuan 著，潘桂成譯，《經驗透視中的空間和地方》（臺北：國立編譯館，1998年），第六、十、十一、十二等章。

〔註3〕見本文第二章第二節。

〔註4〕連橫，《臺灣詩乘》（臺北：臺灣經濟銀行研究室，1960年），頁190。

採訪疆域、水利、津渠等史料，生員李祺生採訪山川、寺觀、民風、番俗等
史料，例貢生林逢春採訪田賦、蠲政等史料，監生蔡長青採訪關隘、舖遞等
史料，最後由陳淑均總成其事，1932 年完成初稿八門十卷。

　　道光 14 年（1834）甲午，陳淑均內渡還鄉，察檢《大清會禮》、新修《通
禮》，及吳撫軍《吾學錄》等書，時思補葺。道光 18 年（1838），應鹿港文開
書院之聘，再涖臺灣，於講課閒暇，重理舊緒，成《緒補》二卷，分三十九
條，約五萬八千字。乃向蘭地人士追索前稿，刪繁補缺，並增入姚瑩《東槎
紀略》、謝金鑾《蛤仔難紀略》一卷，以及梁少詹上國、賽將軍沖阿、方制軍
維甸奏開文稿等新資料，改訂爲八卷十二門，約二十六萬字。其後又經李祺
生續輯，至咸豐 2 年（1852）通判董正官始刻梓流傳。計前後共二十二年方
克完成，爲臺灣廳志中之佳本。〔註5〕

　　《噶瑪蘭廳志》完整刊本僅咸豐 2 年（1852）初刻一種，訛誤疏漏不少。
大正 11 年（1922）日人鈴村讓編輯《臺灣全誌》，據以排印。1957 年臺灣經
濟銀行研究室復據《臺灣全誌》本重排，收入「臺灣方志彙刊」，1963 年又予
重排，收入「臺灣文獻叢刊」（第 160 種），已改正缺漏。1968 年，由莊金德
據原刻本及臺銀二種排印本重加校正，編入國防研究院「臺灣方志彙編」（第
8 冊），改正較多，書末並附索引。〔註6〕今日以臺灣史料集成編輯委員會編輯，
文建會出版的「臺灣史料集成・清代臺灣方志彙刊」（第 24 冊）之點校本最
適合閱讀。

　　《噶瑪蘭廳志》撰寫的時間始於道光 11 年（1831），但遲至咸豐 2 年（1852）
才刊行，不是蘭地最早出版的方志。柯培元道光 15 年（1835）十一月十七日
至十二月十六日任噶瑪蘭廳通判，嘗得陳淑均舊稿錄副，攜歸故里，重加纂
輯。道光 17 年（1837），柯培元編纂之《噶瑪蘭志略》問世，成爲蘭地最最
早出版的方志。但此書非《噶瑪蘭廳志》創修時的原稿本，僅可視爲柯氏個
人改訂本。

　　《噶瑪蘭志略》全書十四卷，共三十三門，分門極細，記事止於道光 15
年（1835），自〈天文〉以至〈雜識〉共三十三志，總約十二萬九千字。該書

〔註5〕　以上資料綜合自下列二書：陳淑均，《噶瑪蘭廳志・序跋》（臺北：文建會，
　　　　2006 年），頁 27～34。張子文等，《臺灣歷史人物小傳──明清暨日據時期》
　　　　（臺北：國家圖書館，2006 年），頁 527。
〔註6〕　張光前〈點校說明〉詳見陳淑均，《噶瑪蘭廳志》（臺北：文建會，2006 年），
　　　　頁 14～15。

未見刊本，僅有傳抄本問世，大陸的南京圖書館，臺灣的國家圖書館臺灣分館及中央研究院傅斯年圖書館各藏一部。1961 年有臺灣經濟銀行研究室《臺灣文獻叢刊》（第九十二種）之排印本流傳，1974 年宜蘭縣政府「宜蘭文獻叢刊」亦有排印本，但易其名為《宜蘭志略》。〔註 7〕今日以臺灣史料集成編輯委員會編輯，文建會出版的「臺灣史料集成・清代臺灣方志彙刊」（第 23 冊）之點校本最適合閱讀。

比較《噶瑪蘭志略》、《噶瑪蘭廳志》二書，後者內容豐富，條理清晰，且體例完整，前者則未盡脫雜纂彙編之態，但仍不失參考價值，其中保留若干原始文獻，現今《噶瑪蘭廳志》或者刊落不存，或散入各處而難見全貌。〔註 8〕

柯培元，《噶瑪蘭志略・藝文志》所蒐集文學作品，概分為「文」、「詩」二大類。「文」的部份收錄楊廷理、藍鼎元、謝金鑾、陳夢林等人八篇文章。其中藍鼎元〈覆制軍臺疆經理書（代）〉、〈檄查大湖崇爻山後孽（代）〉、〈檄淡水謝守戎（代）〉等文為治理全臺事宜，陳夢林〈望玉山記〉對玉山的描寫，亦難肯定由蘭地所見之玉山，故未列入本文討論範圍。

「詩」的部份收錄周鍾瑄等十五位文人詩作。其中，周鍾瑄〈望玉山〉應非由蘭地所見之玉山，陳斗南〈登龜山絕頂〉、葉伴英〈龍潭印月〉、陳輝〈九日登龜山〉，以及鄭應球〈龜山晚眺〉等詩作對龍潭、龜山〔註 9〕風景的描述，亦無法肯定為蘭地勝景的描寫，柯培元將這些詩作收入地方志中，頗見繁雜。

陳淑均《噶瑪蘭廳志》文學作品分別收錄在卷七〈雜識上・紀文上〉及卷八〈雜識下・紀文下〉，並細分為「奏疏、議、紀略、論、書、說、記、駢體、詩、賦」等十門，該書收入陳盛韶〈軍工廠〉〔註 10〕與蘭地關係最遠，不宜列入本文範圍。

〔註 7〕 張光前〈點校說明〉詳見柯培元，《噶瑪蘭志略》（臺北：文建會，2006 年），頁 216～217。

〔註 8〕 同上註。

〔註 9〕 今臺北縣五股鄉，淡水河下游觀音山麓，有一山形似龜，名為龜山，清初移民視此為勝地，乾隆年間在此興建西雲寺。詳見林衡道指導，王寶雲執筆，〈龜山岩訪古〉，《臺灣勝蹟採訪冊》第二輯（臺中：臺灣省文獻委員會，1978 年），頁 365～367。

〔註 10〕 陳淑均，《噶瑪蘭廳志・雜識上・紀文下・說》（臺北：文建會，2006 年），頁 456～457。

　　將《噶瑪蘭志略》與《噶瑪蘭廳志》兩書收錄之作品相較，由附表二【清治時期蘭陽地區詩文作品一覽表】可看出《廳志》收錄文學作品較為齊全，例如蕭竹、鄭兼才、姚瑩、孫爾準、仝卜年等人作品，《志略》皆未收錄。特別是楊廷理五度入蘭〔註 11〕，熟悉蘭地事宜，楊氏有關蘭地的作品《志略》僅收錄七篇，《廳志》多達三十六篇。然《廳志》亦有所遺漏，如烏竹芳〈倉中夜坐（余已卸事，寓倉中）〈蘭城久雨〉、〈蘭城公寓〉諸詩，僅《志略》收錄。故《志略》與《廳志》二志合觀，清治蘭地傳統文學作品已得十之八、九。

　　日治時期編纂的蘭陽方志，至今未見。光復後《宜蘭縣志・藝文志・文學篇》除了援引《噶瑪蘭志略》與《噶瑪蘭廳志》資料外，補入李望洋〈省邸思家〉、〈感懷〉、〈九月初旬歸山雜詠〉、〈三月六日寓南臺中亭街〉、〈宜蘭雜詠〉八首、〈寄吾盧〉，楊士芳〈賦得千林嫩葉始藏鶯〉、〈晚年偶吟〉，李逢時〈東海〉、〈卯鼻〉、〈三貂〉、〈三貂嶺遇雪〉，陳省三〈送張韓齋北旋〉等詩，以及沈葆禎〈奏請添設臺北府以資治理〉（節略）〈奏請延平郡王祠摺（清同治十三年十二月）〉，張鏡光〈開生路論〉三篇文章。〔註 12〕其中陳省三、沈葆禎二人作品與蘭地關係較遠，不宜列入本文範圍。

　　蘭地傳統文學至嘉慶年間才開始發展，且留存的史料並不多。因此地方志收錄的作品，可提供輯佚與校勘的材料，〔註 13〕彌足珍貴。以上為《噶瑪蘭志略》、《噶瑪蘭廳志》及《宜蘭縣志》三本蘭陽方志，收錄清治時期蘭地的傳統文學作品情況之考察，詳細著錄情況請參考本文附表二【清治時期蘭陽地區傳統詩文作品一覽表】。

〔註11〕楊廷理五度入蘭時間分別為嘉慶 12 年（1807）九月，嘉慶 15 年（1810）四月，嘉慶 16 年（1811）一月，嘉慶 16 年（1811）九月，嘉慶 17 年（1812）八月。詳見陳進傳〈大清來治——楊廷理五度入蘭略考〉，《「宜蘭研究」第三屆學術研究研討會論文集》（宜蘭：宜蘭縣立文化中心，2000 年），頁 195～228。及林麗鳳，《詩說噶瑪蘭，說噶瑪蘭詩——清代宜蘭地區古典詩研究》，政治大學國文教學，2006 年碩士學位班論文，頁 76。

〔註12〕盧世標，《宜蘭縣志・藝文志・文學篇》（宜蘭：宜蘭文獻委員會，1970 年重刊），頁 63～72。

〔註13〕林文龍〈臺灣早期詩文作品編印述略〉（1684—1945），收在東海大學中文系編《臺灣古典文學與文獻》（臺北：文津出版社，1999 年），頁 87～117。亦收入許俊雅主編，《講座 FORMOSA：臺灣古典文學評論合集》（臺北：萬卷樓圖書有限公司，2004 年），頁 38～73。

二、臺省通志

首先觀察《臺灣省通志稿》〔註14〕，該書〈學藝志‧文學篇〉並未收錄有關蘭地的文學作品。〈人物志〉則有介紹翟淦、陳蒸、仝卜年、葉之筠、王文棨、謝金鑾、鄭兼才、方維甸、孫爾準、姚瑩、楊廷理等曾任噶瑪蘭通判，或曾注意噶瑪蘭發展者之生平事蹟。

再者，觀察《臺灣省通志‧學藝志‧藝文篇》〔註15〕共有以下五則與蘭地有關的文學作品。一者，姚瑩《東槎紀略》，作於道光 9 年（1829），該書的卷二、卷三。二者，謝金鑾《二勿齋文集》刊於嘉慶年間。三者，楊廷理《東遊草》成於乾隆、嘉慶年間，以噶瑪蘭任內之吟詠爲多，有關噶瑪蘭開闢當時諸作，尤多價值。四者，鄭兼才《六亭文集》刊於嘉慶道光年間，鄭氏生前將所作諸文，裒而成集，一題「宜居集」，一題「愈瘄集」，各三卷。鄭兼才死後十八年，臺道姚瑩，囑東海書院院長左右橋，將其未收之稿，另集「雜記」，分六卷，付梓後行於世，總題「文亭文集」，計三篇十二卷，收文百四十六篇。1962 年臺銀版選其中觸及臺灣者六十六篇，末附陳壽棋撰〈鄭君墓誌銘〉，題《六亭文選》。五者，陳維英《偷閒錄》道光同治間成書，此書版本眾多，其中陳繞綠藏抄本，收錄詩三百數十首，仰山書院等聯約百十對。〔註16〕

《臺灣省通志‧學藝志‧文徵篇》〔註17〕第二章「賦」，及第三章「詞」皆未收錄蘭地資料。第四章「詩」，第一節明鄭時期，亦無蘭地文學史料。第二節第一項康雍年間之詩，收錄夏之芳〈臺灣雜詠百韻〉其中「龜蛇對峙鎖孤城，形勢空傳統領營，不築塊頭築海口，爲憐安土重紛更」，四句爲針對蘭陽平原與龜山地理關係的敘述。第四章第二節第二項乾嘉年間之詩，收錄楊廷理〈重定噶蘭瑪蘭全圖〉〔註18〕、〈慶建蘭城公署〉、〈抵蛤仔難即事〉、〈六月二十五日發申噶瑪蘭創始章程作〉，以及蕭竹〈甲子蘭記圖詩〉、〈蘭中番俗〉等詩作。第四章第二節第三項道咸同年間之詩，收錄仝卜年〈蘭陽即事〉；柯培元〈望龜山歌〉、〈生番歌〉、〈熟番歌〉；董正官〈蘭陽雜詠八首〉

〔註14〕《臺灣省通志稿》（臺北：臺灣省文獻委員會，1952 年），頁 50～82。
〔註15〕《臺灣省通志‧學藝志‧藝文篇》（臺北：臺灣省文獻委員會，1971 年），頁 24～39。
〔註16〕同上註。
〔註17〕《臺灣省通志‧學藝志‧文徵篇》（臺北：臺灣省文獻委員會，1971 年），頁 1～82。
〔註18〕通志中誤植爲「金圖」。

〔註19〕、〈蘭陽即事〉、〈琉球難夷遭風到境加以撫卹照例護送詩以紀事〉；陳淑均〈蘭陽八景〉；李逢時〈東海〉、〈泖鼻〉、〈三貂〉、〈三貂嶺遇雪〉四首詩，並介紹「著有詩一卷，計收古近體百四十首，沒後遺失。」〔註20〕此四首爲連橫《臺灣詩乘》卷四錄存，今已收入龍文版《泰階詩稿》。第四章第二節第四項光緒年間之詩，收錄李望洋〈蘭陽形勢〉、〈民番集處〉、〈文風日上〉、〈貨船入口〉、〈鄉多魚米〉、〈北關海潮〉、〈龜山曉日〉。〔註21〕《西行吟草》將這幾首詩，題「宜蘭襍詠八首五月七日」，共計八首，《臺灣省通志・學藝志・文徵篇》只錄前七首，第八首〈境比桃源〉未收錄。可見蘭地傳統文學至乾嘉慶年間始見端倪，且以詩的發展較受矚目，黃學海及李祺生寫的〈龜山賦〉皆未受青睞。

最後，觀察《重修臺灣省通志・藝文志・文學篇》〔註22〕收錄清治時期蘭地詩文情況。明鄭時代以及清代康雍年間，因此時蘭地未開發，皆無作者及作品出現。乾嘉年間舊詩，有楊廷理、謝金鑾、鄭兼才、姚瑩、烏竹芳、仝卜年、柯培元、董正官、陳維英、陳省三、李逢時等人。蘭地傳統文學作品記載於方志者，始於乾嘉年間，與臺南、諸羅、淡水等地相較，顯然爲發展較慢的地區。光緒年間舊詩，無蘭地的作者及作品。〔註23〕筆者以爲此時期，蘭地文人專注於鸞書的寫作。

至於清治時期蘭地作者著述情況，《重修臺灣省通志・藝文志・著述篇》〔註24〕僅記載林師洙、李逢時、李望洋三人。據筆者瞭解，林師洙《滄波集》一卷，今日未見，據《臺灣漢語傳統文學書目》記載曾有清同治、光緒間稿本。〔註25〕李逢時《觀瀾草堂詩稿》、《泰階詩稿》已佚，現今由高志彬蒐集保粹書房珍藏的李逢時《李拔元遺稿》，增補缺漏，編成《泰階詩稿》由臺北龍文出版社於 2001 年出版。李望洋《隴西李氏族譜》光緒 16 年（1890）編修，附家傳，宜蘭縣史館族譜室有館藏。李望洋《西行吟草》二卷，光緒 27

〔註19〕 通志中誤植爲「陽蘭」。

〔註20〕 同註 17，頁 30～72。

〔註21〕 李望洋，〈宜蘭襍詠八首五月七日〉，《西行吟草》（臺北：龍文出版社，1992年），頁 172～174。

〔註22〕 《重修臺灣省通志・藝文志・文學篇》（南港：臺灣省文獻委員會，1997 年），頁 53～525。

〔註23〕 同上註，頁 116～525。

〔註24〕 《重修臺灣省通志・藝文志・著述篇》（南港：臺灣省文獻委員會，1997 年），頁 822。

〔註25〕 吳福助，《臺灣漢語傳統文學書目》（臺北：文津出版社，1999 年），頁 77。

年（1901）五月印行，鉛印本，由臺北龍文出版社於 2001 年出版。

三、詩文選集

　　除了方志記載的文學史料，公家機構或個人出版的詩文選集是另一個可獲得文學史料的途徑。蘭地作者個人詩文集將於本章第二節介紹作者時詳細說明，此處不再贅述。選集方面，林文龍依印刷的方式將臺灣詩文集的出版分為四階段：一、清治時期，康熙、雍正、乾隆三朝，僅少數官方出版的選集，幾乎無個人詩文集出版。二、嘉慶至光緒乙未割臺已出現本土刊刻的詩文集。三、日治時期，明治、大正二朝，新舊印刷術交替，臺灣民間鸞書送至泉、廈刊刻，惟未見傳統詩文集傳世。四、昭和元年（1926）至 1945 年止，西方印刷傳入，使臺灣傳統詩文集的出版，文學期刊印行，大為盛行。〔註26〕將蘭地的傳統文學發展與上述四階段相對照，第一階段蘭地此時文教未開，第二階段尚屬文教發萌芽期，無詩文集流傳，第三階段蘭地有許多鸞書傳世，詳見本文第三章的論述。因此欲得知清治時期蘭地傳統詩文史料只能靠第四階段，以及戰後的出版。

　　有關清治時期的蘭地傳統詩文可由全臺性的詩文選集入手。首先談到連橫蒐集整理傳統詩文的具體成果。連橫感嘆臺灣無史亦無詩，遂致力於《臺灣通史》的寫作，又以「詩則史也，史則詩也」〔註27〕的意旨，利用餘暇，於 1921 年完成《臺灣詩乘》，收錄明鄭至乙未前後的作品，讓人明瞭臺灣從「無詩」到「有詩」的「時也，亦勢也」〔註28〕之發展過程。另外，連橫主編的《臺灣詩薈》（1924～1925）及《臺灣叢刊》（1925），實為日治時期蒐集整理傳統文學作品之巨著。

　　戰後，1957 至 1972 年周憲文編輯「臺灣文獻叢刊」是研究臺灣古典文學最具價值的一手資料。應社出版的《應社詩薈》（1970）陳漢光《臺灣詩錄》（1971）林文龍《臺灣詩錄拾遺》（1979）等，廣蒐了明鄭乃至日治、戰後的古典詩作品，為研究臺灣傳統詩文必備的史料。〔註29〕

〔註26〕林文龍，〈臺灣早期詩文作品編印述略〉（1684～1945），收入許俊雅主編，《講座 FORMOSA：臺灣古典文學評論合集》（臺北：萬卷樓圖書有限公司，2004年），頁 71～73。

〔註27〕同註4，頁3。

〔註28〕同上註。

〔註29〕施懿琳〈臺灣古典文學的蒐集、整理與研究〉，97 年 1 月 29 日下載自施懿琳個人網站「臺灣古典文學研究工作坊」http://mail.ncku.edu.tw/~yilin。

近年來關懷臺灣本土的研究深受重視，2003 年國家臺灣文學館正式營運，聘請學有專精的教授們編寫與臺灣相關的著作，其中與蘭地傳統文學相關的著作，首推施懿琳、許俊雅主編的《全臺詩》〔註30〕，該書預計收錄明鄭至日治時期的臺灣詩作，2004 年出版咸豐之前的詩作共五冊，2008 年出版咸豐至光緒元年的《全臺詩》第六至十二冊，亦提供電子檔索引，給予研究者極大的方便。

繼 2004 年出版《全臺詩》之後，2006 年許俊雅、吳福助主編的《全臺賦》〔註31〕出版問世，此書收錄 1661 年至 1945 年臺灣賦作，雖無線上電子檔，但另有出版《全臺賦影像集》〔註32〕，提供閱讀者直探原件的便利性，增加研究者目睹原件的親切感，可謂用心良苦。

蘭地的開發如同臺灣的縮影，蘭地傳統文學的發展亦如此，原本不受重視的邊陲之地，逐漸受到注意，種種建設也隨之而來。若將蘭地傳統文學發展與全臺相較，蘭地似乎更爲坎坷，因爲當蘭地的文教漸次發展之際，已是清朝漸入衰敗的咸豐、同治時期，到了光緒乙未年，臺灣割日，殖民者恩威並施的統治政策，讓臺灣傳統文學還有穩定成長的空間，但擊鉢閒吟的詩風成爲主流，蘭地的傳統文學發展也在此潮流中載浮載沉。清治時期蘭地傳統文學傳世者不多，上述的詩文選集雖以全臺灣作爲編選範圍，吉光片羽，足供參考對照之益。

第二節　本土外來：作者背景說分明

清治時期蘭地文風是興盛或衰落？徵諸史料文獻，《福建臺灣奏摺・臺北擬建一府三縣摺》〔註33〕以及《臺案彙錄壬集》〔註34〕皆云：

> 淡、蘭文風爲全臺之冠，乃歲、科童試廳考時，淡屬六、七百人，

〔註30〕施懿琳、許俊雅主編，《全臺詩（1～5）》（臺南：國家臺灣文學館籌備處，2004年）。施懿琳、許俊雅主編，《全臺詩（6～12）》（臺南：國家臺灣文學館籌備處，2008 年）。
〔註31〕許俊雅、吳福助主編，《全臺賦》（臺南：國家臺灣文學館籌備處，2006 年）。
〔註32〕許俊雅、吳福助主編，《全臺賦影像集（上、下）》（臺南：國家臺灣文學館籌備處，2006 年）。
〔註33〕《福建臺灣奏摺・臺北擬建一府三縣摺》（臺灣文獻叢刊第 29 種），頁 57。
〔註34〕《臺案彙錄壬集卷二・第十二條軍機大臣弈訢等議奏臺北擬建一府三縣摺》（臺灣文獻叢刊第 227 種），頁 47。

蘭屬四、五百人，而赴道考者不及三分之一；無非路途險遠，寒士
艱於資斧，裹足不前。

這段記載說明淡水廳及噶瑪蘭廳報考科舉的人數頗多，淡水廳有六、七百人，
噶瑪蘭廳有四、五百人，故有「淡、蘭文風為全臺之冠」之說。但同樣一件
事，連橫《臺灣通史・列傳五・沈葆楨列傳》給的評價卻不同：

淡、蘭文風遜於全臺，歲科童試，應考四、五百人，而赴道考則不

及三分之一。路途險遠，寒士乏資，著鞭難至。〔註35〕

連橫著眼於「赴道考則不及三分之一」，故認為「淡、蘭文風遜於全臺」，朝
廷應有鼓勵淡、蘭文士赴考之必要。平實而論，蘭地晚至嘉慶年間才正式納
入清治管轄範圍，開發較晚，將蘭地文風與全臺相較，確實落後很多，但振
興文教之用心，不落人後，故有參加童試者四、五百人之盛況，無奈道路險
阻，貧士無以為濟，才會造成赴道考者不到三分之一的情況，並非文風不盛
造成赴道考者稀。

噶瑪蘭文教起步雖晚，但是對於文教風氣的養成，不遺餘力，家族規約
也以「耕讀傳家」鼓勵子弟（詳見本文第二章第三節）。蓋墾殖之初，以武力
為尚，然中國重文的傳統深植民心，蘭地人士在拓墾事業穩定之餘，仍希望
子弟讀書識字，也重視讀書人的節操，《噶瑪蘭志略・風俗志・士習》：

蘭士頗知愛惜名器，自重身家，一衣頂不容冒濫，一簪紳必加恭敬。

閩省習氣，科場之弊多端，臺灣為尤甚。而蘭士歷試場屋，固無一

捉力之誚，即逐隊童子，亦無不家世清白者；蓋平日於書院內另置

一社名曰仰山，每於群聚會文之餘，即寓甄別流品之意。〔註36〕

仰山社是清治時期蘭地唯一的詩社，非為科考準備，純粹為蘭地人士以文會
友，切磋文藝之社團。從文學社團的組織經營來看，清治時期蘭地的文學發
展，確實是非常貧瘠且不足的。

清治時期蘭地詩文作者以外地人士居多，道光年間蘭地創修廳志時，噶
瑪蘭廳只有黃學海、李祺生兩位本地人士的作品有收入《噶瑪蘭志略》、《噶
瑪蘭廳志》，蘭地本地文人作品收錄方志的比例僅占十五分之一弱。

清治時期蘭地詩文作者依其身分，可概分為「遊宦文人」、「境外文人」、

〔註35〕連橫，《臺灣通史・沈葆楨列傳》（臺北：眾文圖書出版社，1979年），頁910。
〔註36〕柯培元，《噶瑪蘭志略・風俗志・士習》（臺北：文建會，2006年），頁366～
367。

「本地文人」三大類，本地文人當爲某地文學發展深耕的主力，因蘭地本地文人的崛起年代晚於遊宦文人，故置於最後討論，以明其脈絡。

一、遊宦文人

遊宦文人指因旅遊或官宦而來到蘭地，而且有文章書寫此地的人。遊宦文人開啓蘭地傳統文學的發展，依其入蘭原因可細分爲「旅歷山水」、「任職通判」、「官宦授職」、「書院院長」四類：

（一）旅歷山水

因旅遊而來到噶瑪蘭者，有蕭竹、吳鎔、屠文照、柯棁、柯椽等人。

1、蕭竹

旅遊來到蘭地者最早首推蕭竹。蕭竹嘉慶 5 年（1800）遊噶瑪蘭，綜覽全景，標其勝處「蘭城拱翠、石峽漁笛、曲嶺湯泉、龍潭印月、龜嶼秋高、沙堤雪浪、濁水涵清」爲陽基八景，復有佳城八景，如湖堤曉月之類，皆繫以七言絕句。蕭竹描繪蘭地之詩文開啓該地文學地景的認同意識，今日流傳〈蘭城融結〉、〈陽景三絕〉、〈蘭中番俗〉、〈甲子蘭記〉等作品爲最早親炙蘭地者之創作，故筆者以 1800 年作爲蘭地傳統文學發展之始。

2、吳鎔

吳鎔，浙江嘉善人，嘉慶年間入蘭，與楊廷理相善，留有〈楊雙梧太守相度築蘭城賀之〉、〈噶瑪蘭中秋見月呈楊太守〉（二首）等詩作三首，〔註37〕詩中對楊廷理治蘭功績稱讚有加，可謂楊氏之知交。

3、屠文照

屠文照，字西園。浙江嘉興人，道光 9 年（1829）前來臺灣噶瑪蘭。未見詩文集傳世，今日流傳〈龜山嶼歌〉、〈己丑九日登黃泥嶺望海〉、〈初旭時見玉山〉等爲其入蘭時作品，皆描繪蘭地山嶺，尤其〈龜山嶼歌〉與柯培元〈龜山歌〉可視爲歌詠龜山長詩的雙璧。。

屠文照關於黃泥嶺的描述有兩個不同的版本，一爲《志略》版的〈九日登黃泥嶺〉〔註 38〕，一爲《廳志》版的〈己丑九日登黃泥嶺望海〉〔註 39〕。

〔註37〕柯培元，《噶瑪蘭志略‧藝文志‧詩》（臺北：文建會，2006 年），頁 449。陳漢光編，《臺灣詩錄》（南投：臺灣省文獻委員會，1971 年），頁 613。

〔註38〕屠文照〈九日登黃泥嶺〉：「與客臨深瞰翠濤，黃泥巔上又登高。久無雲雁喞書信，尚有風鳶刷羽毛。短髮蕩秋輕落帽，異鄉過節漫題糕。滿山尋遍茱萸

由《志略》版詩題下作者註「在頭圍縣丞署後」，及《噶瑪蘭志略》記載，可知「黃泥嶺」位於頭圍縣丞公宅之後，嶺上多種枸杞〔註40〕，《噶瑪蘭廳志》收錄此詩，已未見有關「黃泥嶺」的介紹。〈九日登黃泥嶺〉與〈己丑九日登黃泥嶺望海〉二首詩皆押下平四豪韻，透露異鄉過節的感慨，唯用字遣詞有異，由「黃泥巔上又登高」（〈九日登黃泥嶺〉）與「黃泥偏說是登高」（〈己丑九日登黃泥嶺望海〉）兩句觀之，前者認同黃泥嶺高度足以登高，後者否認黃泥嶺的高度足以登高，如此相異的看法，著錄為同一人且詩題相近的詩作，令人懷疑抄錄時是否已有訛誤，或者是作者不同時期的不同想法，史料有限，暫存闕疑。

4、柯棨

柯棨，山東人，道光間遊臺，今日僅〈正月十五日至頭圍〉、〈題盧氏書舍〉〔註41〕二詩流傳。〈正月十五日至頭圍〉：「山村羯鼓與餳簫，旅館黃昏破寂寥。邀月樽前春漫漫，試燈風裡雨瀟瀟。近年飄泊如浮梗，半夜喧騰又上潮。行李匆匆正月半，可憐今夕是元宵。」由詩題及內容可知柯棨確實來到蘭陽，並且在頭圍過節，風雨瀟瀟的中秋夜，讓飄落異鄉的心情更顯寂寥。

5、柯橒

柯橒，山東人，道光間遊臺，寓噶瑪蘭。今日僅見〈跋小停雲館〉一詩流傳，「小停雲館」指位於噶瑪蘭廳署東方的三間房屋，由通判柯培元所命名。連橫《詩乘》著錄此詩時稱作〈題小停雲館〉。

（二）任職通判

因任職噶瑪蘭通判入蘭者，依其到任先後〔註42〕共計：楊廷理、姚瑩、烏竹芳、仝卜年、柯培元、李若琳、閭炘、董正官等八人，有書寫蘭地之詩文流傳。

少，且把黃花下濁醪。」柯培元，《噶瑪蘭志略・藝文志・詩》（臺北：文建會，2006年），頁449。

〔註39〕屠文照〈己丑九日登黃泥嶺望海〉：「與客憑臨望翠濤，黃泥偏說是登高。雖無海雁啣書至，尚有風鳶結陣鑣。短髮傷秋還落帽，異鄉過節漫題糕。沿山尋遍茱萸少，且把籬花送濁醪。」陳淑均，《噶瑪蘭廳志・雜識下・紀文下・詩》（臺北：文建會，2006年），頁491～492。

〔註40〕柯培元，《噶瑪蘭志略・山川志・嶺》（臺北：文建會，2006年），頁449。

〔註41〕柯培元，《噶瑪蘭志略・藝文志・詩》（臺北：文建會，2006年），頁456。

〔註42〕詳見陳淑均，《噶瑪蘭廳志・官秩・噶瑪蘭通判》（臺北：文建會，2006年），頁136～138。

1、楊廷理

楊廷理（1747～1813），字雙梧、自稱更生臣，號甦齋，廣西柳州馬平人。清拔貢生。嘉慶 15 年（1810），閩浙總督方維甸奏請將噶瑪蘭收入版圖，楊廷理奉命入蘭籌劃各項開辦事宜，他以三月之功，發布〈噶瑪蘭創始章程〉，對於行攻、衛戍、租賦、保安、理番，莫不設想規劃，爲開發噶瑪蘭之藍圖。嘉慶 17 年（1812）八月，噶瑪蘭廳正式建置，楊廷理因一向熟悉蘭地事宜，暫代通判任事，十二月改調建寧知府。蘭人感念與景仰楊廷理創建噶瑪蘭之德，以及擊退海盜朱濆進犯蘇澳之功，乃於宜蘭文昌壇右設主祭祀，配享香火，惜今已不存。〔註43〕

楊廷理的詩集在道光 16 年（1836），由其子彙整成刊，名爲《知還書屋詩鈔》共十卷，但是此書在連橫寫作《臺灣通史》時，已經看不到完整的版本。該書曾在中國廣西被從事方志工作的文化工作者發現，〔註44〕臺灣則於 1996 年由臺灣省文獻委員會排印出版。臺灣省文獻出版的《知還書屋詩鈔》收錄〈西來草〉、〈西來臒草〉、〈東歸草〉、〈南還草〉、〈北上草〉、〈東游草〉、〈拾遺草〉等諸作，可謂楊氏一生重要記事，楊廷理入蘭詩作大部分集中在〈東遊草〉（嘉慶丙寅冬至癸酉），楊氏秉持「以詩記事，據事直書，漫無含蓄」的精神，陳述議開噶瑪蘭之事，自認「實、率」二字爲這些詩的特色。〔註45〕《知還書屋詩鈔·東遊草》共九十四首，《噶瑪蘭廳志》楊廷理詩作共三十三首，兩者互有短缺，如《噶瑪蘭廳志》的〈九日晨起悶坐〉、〈九月十五日夜苦雨〉、〈畏雨〉、〈辛未生日志感〉四首《知還書屋詩鈔·東遊草》未載，但整體而言，以《知還書屋詩鈔·東遊草》版本爲佳。〔註46〕

〔註43〕以上資料綜合自下列各書：柯培元，《噶瑪蘭志略·宦績志》（臺北：文建會，2006 年），頁 323。盧世標，《宜蘭縣志·藝文志·文學篇》（宜蘭：宜蘭文獻委員會，1969 年），頁 3。《宜蘭縣志·人物志·名宦傳》，（宜蘭：宜蘭文獻委員會，1969 年），頁 4～7。張子文等，《臺灣歷史人物小傳──明清暨日據時期》（臺北：國家圖書館，2006 年），頁 627。施懿琳、許俊雅主編，《全臺詩》（臺南：國家臺灣文學館籌備處，2004 年），頁 323。

〔註44〕林慶元，《《東遊草》版本問題及其史料價值〉，《宜蘭研究第二屆國際學術研討會發表論文》，（宜蘭：宜蘭縣立文化中心，1996 年），頁 162。

〔註45〕楊廷理，《知還屋詩鈔·東游草》（南投：臺灣省文獻委員會，1996 年），頁 245。

〔註46〕同註 44，頁 167～170。

2、姚瑩

姚瑩（1785～1853），字石甫，號明叔，晚號展和，因以「十幸」名齋，又號幸翁，安徽桐城人。清嘉慶 13 年（1808）戊辰進士。嘉慶 24 年（1819）調知臺灣縣，不務苛細，一以恩信撫之，深得民心，兼理海防同知。道光元年（1821）正月，移署蘭廳通判。蘭地初闢，百廢待舉，姚瑩多方規劃，撫卹災民，興利除弊，百姓稱善，卻不幸遭忌罷職。道光 3 年（1823），臺守方傳穟延聘幕中，爲核定開蘭十八則，直到道光 5 年（1825）才回內地。姚氏著述頗豐，有《中復堂全集》〔註 47〕九十八卷，其中《東槎紀略》、《東溟奏稿》爲臺灣重要史料。另有《中復堂選集》、《石甫文鈔》等著作。〔註 48〕

3、烏竹芳

烏竹芳（？），字筠林，山東博平人。由舉人任知州，宰詔安時，以「緝捕勸能」，於道光 5 年（1825）年六月八日被大吏擢陞，任噶瑪蘭通判。到任次年，即率兵勇「身先士卒，奮勇衝擊」，擊潰「焚燒村莊，劫搶廬舍」之吳集光、吳烏毛等數千賊眾。並撫卹自中港（今竹南）逃來之難民近三千人，飭漳屬頭人，遠赴小雞籠（今三芝一帶）勸漳人解圍和好，使千餘粵人脫困活命。道光 10 年（1830）署澎湖通判。烏竹芳除此武功、盛德之外，其文事則工詩，善於寫景詠物，來蘭邑之後，見「民番熙攘，山川挺秀」，以爲「天地之鍾靈，山川之毓秀」，乃標舉八景之名，各詠之以七絕，記其奇美，〔註 49〕是爲官方標舉〈蘭陽八景詩〉之始。烏竹芳也爲清治時期蘭地唯一的詩社──仰山社寫序文，肯定該社提倡文運的用心，陳淑均標其題爲〈署倅烏竹芳序〉〔註 50〕收入方志。

4、全卜年

全卜年（1780～1848），字子占，號礪南，山西平陸人。嘉慶 16 年（1811）

〔註 47〕姚瑩，《中復堂全集》（臺北：文海書局，1962 年重刊）。

〔註 48〕以上資料綜合自下列各書：盧世標，《宜蘭縣志・藝文志・文學篇》，（宜蘭：宜蘭文獻委員會，1969 年），頁 33。《重修臺灣省通志・藝文志・著述篇》（南投：臺灣文獻委員會，1997 年），頁 216。施懿琳、許俊雅主編，《全臺詩》（臺南：國家臺灣文學館籌備處，2004 年），頁 68～69。

〔註 49〕以上資料綜合自下列各書：盧世標，《宜蘭縣志・藝文志・文學篇》，（宜蘭：宜蘭文獻委員會，1969 年），頁 38。《重修臺灣省通志・藝文志・著述篇》（南投：臺灣文獻委員會，1997 年），頁 230。楊欽年撰文、周家安圖說，《詩說噶瑪蘭》，（宜蘭：宜蘭縣文化局，2000 年），頁 15。

〔註 50〕陳淑均，《噶瑪蘭廳志・學校・仰山社》（臺北：文建會，2006 年），頁 234。

進士。道光 11 年（1831）十二月，調臺灣噶瑪蘭廳通判。至蘭，即嚴懲十數名不逞之徒，於是政簡刑清，內外不敢欺。又城中多茆舍，常苦於回祿之災，乃出貲募工燒製磚瓦而平其值，使居民易茆，回祿之患以息。復爭取蘭童科進免附淡，得如澎湖例，由廳開考錄送學道轅。道光 21 年（1841）陞臺灣知府，27 年（1847）九月兼護道篆，辭老不得，翌年以勞瘁卒于任中。〔註 51〕全卜年與蘭地相關作品有〈社稷壇禱告地疏〉、〈天后宮上梁文〉、〈修三貂嶺路記〉〔註 52〕，而〈蘭陽即事〉〔註 53〕八首，由其詩題及詩作內文「四圍修竹」、「溪南溪北」的地名概稱〔註 54〕，可知此八首詩確爲全卜年觀蘭陽景致起興之作。

5、柯培元

柯培元（?），字復子，號易堂，山東膠州歷城人。清嘉慶 23 年（1818）恩科舉人。道光 15 年（1835）由福建甌寧知縣調署噶瑪蘭通判，自十一月十七日到任，到十二月十六日卸任，在任僅一個月即去，歸而纂成《噶瑪蘭志略》（詳見本章第一節）。〔註 55〕

柯培元入蘭時間雖短，但由其詩文可知對蘭地事務的關心，〈禁充業戶諭〉重申蘭地不可置業戶，是對蘭地開發之情況異於臺灣各地的考察，〈玉山考〉、〈玉山再考〉、〈玉山三考〉、〈龜山軼事〉等文是對蘭地山川的考察，〈噶瑪蘭署佛桑花〉、〈望龜山歌〉、〈頭圍〉、〈噶瑪蘭城〉、〈蘭城陰雨〉、〈小停雲春初寄興〉、〈龜峰嘲日〉、〈風岫嵌雲〉、〈玉山積雪〉、〈草嶺偃風〉、〈石港春帆〉、

〔註51〕以上資料綜合自下列各書：盧世標，《宜蘭縣志·藝文志·文學篇》，（宜蘭：宜蘭文獻委員會，1969 年），頁 43。《重修臺灣省通志·藝文志·著述篇》（南投：臺灣文獻委員會，1997 年），頁 231。張子文等，《臺灣歷史人物小傳——明清暨日據時期》（臺北：國家圖書館，2006 年），頁 90。

〔註52〕陳淑均，《噶瑪蘭廳志·雜識下·紀文下·駢體》（臺北：文建會，2006 年），頁 461～464。

〔註53〕陳淑均，《噶瑪蘭廳志·雜識下·紀文下·詩》（臺北：文建會，2006 年），頁 481～482。

〔註54〕宜蘭市古稱四圍，蘭地人士亦依蘭陽溪爲界將蘭陽平原區分爲二，遂有「溪南溪北」之稱。

〔註55〕以上資料綜合自下列各書：張子文等，《臺灣歷史人物小傳——明清暨日據時期》（臺北：國家圖書館，2006 年），頁 331。盧世標，《宜蘭縣志·藝文志·文學篇》，（宜蘭：宜蘭文獻委員會，1969 年），頁 46。《重修臺灣省通志·藝文志·著述篇》（南投：臺灣文獻委員會，1997 年），頁 251。施懿琳、許俊雅主編，《全臺詩》（臺南：國家臺灣文學館籌備處，2004 年），頁 378。

〈沙喃秋水〉、〈蘇澳連舶〉、〈湯圍溫泉〉等詩更是詠蘭地風景名勝最佳紀錄，而〈生番歌〉、〈熟番歌〉雖有漢人本位的思想，但能勸為官者體恤下民，亦難能可貴。

6、李若琳

李若琳（？），字淇賢。貴州開州人。由舉人官漳浦知縣，清道光 17 年（1837）五月調署蘭廳通判。〔註 56〕《噶瑪蘭廳誌·雜識》收錄氏著〈封篆後偶染微疴幸公事稍簡有所感輒書數韻彙之得十二首〉，對蘭地民情風俗有詳細的描述。

7、閻炘

閻炘（？），河南新鄭人，嘉慶 25 年（1820）進士。道光 18 年（1838）正月，由羅源知縣署噶瑪蘭通判，至 19 年（1839）四月離任。〔註57〕任噶瑪蘭通判期間曾立碑防止不肖胥吏欺壓人民〔註 58〕，亦據拔貢生黃學海等之簽請示遵，力爭蘭廳開考之必要。〔註 59〕閻炘詩作僅見《臺灣詩錄拾遺》收錄之〈奇緣吟〉：「空閨寂寞歲華深，海樣穠春何處尋。山下蘼蕪山上李，柳枝取變白頭吟」一首，根據林文龍編按語：「杭縣柳玉娘，有殊色，年十六，從父遊幕至噶瑪蘭。父死，母從之死，家貧不能殮。鬻身營之，後竟流入煙花，染癘久治不癒。鴇厭之，陰棄於某土地公廟，賴里人棄羹以活。迨閻炘通判蘭陽，有幕客唐靜仙，一日閒遊土地祠，見而憫之，賃屋延醫療治，不數月得痊，膚色容顏尤豔於前。鴇聞之，來迎還。唐訴於閻炘，曰：『此奇緣也』，令歸唐，卻扇之夕，炘作『奇緣吟』七絕十首」。〔註 60〕由此可知〈奇緣吟〉根據蘭地奇聞軼事而作，其寫作題材實為少見，惜僅得孤作，未見全篇。

8、董正官

董正官（？～1853），字訓之，又字鈞伯，雲南太和人。道光 13 年（1833）進士，署雲霄同知。道光 29 年（1849）授噶瑪蘭通判。為政勤慎，數月結訟

〔註56〕同註 12，頁 49。

〔註57〕陳淑均，《噶瑪蘭廳志·職官·官秩》（臺北：文建會，2006 年），頁 137。林文龍編，《臺灣詩錄拾遺》（南投：臺灣省文獻委員會，1979 年），頁 70。

〔註58〕陳進傳，《清代噶瑪蘭古碑之研究》（臺北：左羊出版社，1989 年），頁 123～125。

〔註59〕陳淑均，《噶瑪蘭廳志·學校·應試·附考》（臺北：文建會，2006 年），頁 238。

〔註60〕林文龍編，《臺灣詩錄拾遺》（南投：臺灣省文獻委員會，1979 年），頁 70～71。

25

牒六百餘件。廳屬防番，例設隘丁，隘守侵丁糧，致防守懈怠，番出爲害。董正官常親臨各隘督責之。廳有仰山書院，自任院長。咸豐 3 年（1853）吳磋亂，董正官會營往剿，抵大陂口，中伏，自刎死。事聞，賜卹，世襲騎尉。廳民設位附五穀廟祀之。曾令蘭地生員李祺生將陳淑均所編蘭廳志稿增補校正，於咸豐 2 年（1852）壬子冬刊行，列名《噶瑪蘭廳志》監修。〔註61〕董正官，未見詩文集傳世，僅《噶瑪蘭廳志》收錄的〈由雞籠口上三貂過雙溪到遠望坑界入噶瑪蘭境〉、〈蘭陽雜詠八首〉（泖鼻、三貂、竹城、番社、漏天、餘埔、東海、生番）〈蘭防即事〉、〈琉球難夷遭風到境加意撫卹照例護送詩以紀事〉等十二首詩流傳，其詩充滿對蘭地人民及土地的關懷，對漢人欺壓原住民之情事，也有深刻的反省與體認。

（三）官宦授職

因朝廷派任官職之工作所需，而有機會來到蘭地者，共計有：孫爾準、李振唐、查元鼎、劉明燈、張雲錦等五人。

1、孫爾準

孫爾準（1770～1832），字平叔，一字萊甫，號戒庵，築室名曰：「泰雲堂」、「海棠巢」。嘉慶 10 年（1805）進士。道光 3 年（1823）任福建巡撫，4 年（1824）巡閱臺灣，周歷形勢，請於彰化、嘉義間開五條港正口，噶瑪蘭開烏石港正口，以饒內郡。道光 6 年（1826）五月，彰化械鬥，爾準親駐廈門，遣將分駐彰化、淡水搜山圍捕，復渡海督剿。孫氏工詩，尤長於詞，著有《泰雲堂詩集》十八卷，《泰雲堂文集》二卷、《雕雲詞》一卷、《荔香樂府》一卷、《海棠巢樂府拈題》一卷。〔註62〕今有〈噶瑪蘭北關〉是唯一與蘭地相關的一首詩作。

2、李振唐

李振唐，清西南城人。字之鼎，舉人，曾宰江南若邑。光緒 12 年（1886）

〔註61〕以上資料綜合自下列各書：盧世標，《宜蘭縣志・藝文志・文學篇》，（宜蘭：宜蘭文獻委員會，1969 年），頁 57。《重修臺灣省通志・藝文志・著述篇》（南投：臺灣文獻委員會，1997 年），頁 253。張子文等，《臺灣歷史人物小傳——明清暨日據時期》（臺北：國家圖書館，2006 年），頁 645。

〔註62〕以上資料綜合自下列各書：盧世標，《宜蘭縣志・藝文志・文學篇》，（宜蘭：宜蘭文獻委員會，1969 年，頁 42。施懿琳、許俊雅主編，《全臺詩》（臺南：國家臺灣文學館籌備處，2004 年），頁 404。張子文等，《臺灣歷史人物小傳——明清暨日據時期》（臺北：國家圖書館，2006 年），頁 365～366。

宦遊臺灣，爲劉銘傳上客，〈丁亥除夕〉一詩即爲客寓宜蘭縣署時所寫，著有《宜秋館詩詞》二卷。〔註63〕

3、查元鼎

查元鼎（1804～約1886），字小白。浙江海寧人。少好學，甚有文名，然屢試不中。道光間遊幕臺灣，當軸爭相延致，然查元鼎性耿介，懶於爭逐，稍拂意，輒離去不可留。同治元年，彰化戴潮春起事，淡水同知鄭元杰禮聘之。道出後壟，不幸被擄，幾罹於死。鄭元杰與竹塹士紳林占梅、鄭如梁遣人分道求之，雖免於難，其生平著作盡沒。查元鼎晚年寓居竹塹，與林占梅互有往來，嗜酒工詩，精於金石篆刻。〔註64〕生平著有《草草草堂吟草》四卷，今存三卷，未刊。〔註65〕今存與蘭地相關有〈楊輔山司馬（承澤）招赴蘭山阻雨雞籠〉、〈小雨初晴泛舟之蘭山〉、〈龜山〉等詩，雞籠（今基隆）附近並無山名取爲「蘭山」，查元鼎要到「蘭山」，卻在雞籠碰到下雨，筆者以爲「蘭山」應是蘭地代稱。因此，由「赴蘭山阻雨雞籠」、「泛舟之蘭山」等詩題之意，可推知查元鼎應該經由水路來到蘭陽。

4、劉明燈

劉明燈（？～1895），字簡青。湖南永定人，咸豐7年（1857）武舉人。同治5年（1866），由福寧鎮總兵調臺灣鎮總兵，當其駐臺，北巡三貂之時，因風大阻軍行，曾題〈過三貂嶺〉詩，並立「虎」字碑於草嶺古道，今日仍存。

5、張雲錦

張雲錦（？），字綺年。安徽合肥人。光緒13年（1887），從劉銘傳駐軍蘇澳，寫下五首〈蘇澳從軍紀事〉記劉銘傳在蘇澳督導全軍，力抗番民，相持兩個月，全軍苦於瘴毒，終究班師回朝之事。張雲錦詩集名爲《順所然齋詩集》。

〔註63〕臺灣省文獻委員會編，《臺灣詩鈔》（南投：臺灣省文獻委員會，1997年），頁135。

〔註64〕以上資料綜合自下列各書：連橫，《臺灣通史·列傳·查元鼎》（臺北：眾文圖書出版社，1979年），頁956～957。莊英章、吳文星，《頭城鎮志》（宜蘭：頭城鎮公所，1986年），頁438。《重修臺灣省通志·藝文志》（南投：臺灣文獻委員會，1997年），頁292。

〔註65〕同註25，頁73。

（四）書院院長

因擔任仰山書院院長而入蘭者有：陳淑均、陳維英二位。

1、陳淑均

陳淑均（？），字友松，福建晉江人。嘉慶 21 年（1816）舉人，即選知縣。道光 10 年（1830）夏，應聘入噶瑪蘭任仰山書院院長，還受命纂輯《噶瑪蘭廳志》（詳見本章第一節）。〔註66〕

道光 10 年（1830）冬，陳淑均書「仰山齋壁」，記噶瑪蘭不乏文藝之士，但因地僻而險，舟車勞頓，經費不足，名額限制等原因，造成赴試者少，國家取士應顧慮偏遠地區的需要，所以特別將自己和諸生討論蘭地赴試者少的內容「條其言於壁」。〔註67〕隔年冬天，閭屬生、監楊德等積極爭取蘭地士子權益，呈奏請仿照澎湖廳之例，或仍附淡水廳試，仿淡水附彰化縣試之例，合同去取，以符合「同一臺灣，同一試典」的原則，〔註68〕此舉當與陳淑均的啓發有關。

陳淑均不僅注意蘭地教育，還關注蘭地其它事務，「蘭陽八景詩」標舉蘭陽地景，〈擬修北門外至頭圍石路啓〉說明修建蘭城北門至頭圍道路的重要。

2、陳維英

陳維英（1811～1869），字石芝，一作碩芝，亦作實之，號迂谷，淡水廳大龍港仔墘（即今臺北市大同區大龍峒）人。道光 18 年（1838）新任臺灣道姚瑩又爲取進一等二名補廩兼舉優等生，有名庠序間。道光 25 年（1845）前往福建，權司閩縣教諭，多所揚剔，並捐俸重建節孝祠，爲人所稱，但因家人思念，未久辭歸。

咸豐元年（1851）受知於臺道兼提督學政徐宗幹，薦舉爲孝廉方正。5 年（1855）移居獅子巖（今臺北縣五股鄉觀音山麓），顏其別業曰「棲野巢」，因自號棲野外史。9 年（1859）再赴鄉試得售，其仰山書院之門人李望洋、李春波等同時中舉，一時傳爲佳話。翌年進士不第，乃以舉人授內閣中書，任內廷國史館分校；尋改主事，分部學習。未幾即辭官旋歸。先後掌教明志（新

〔註66〕 以上資料綜合自下列各書：盧世標，《宜蘭縣志・藝文志・文學篇》（宜蘭：宜蘭文獻委員會，1969 年，頁 53。張子文等，《臺灣歷史人物小傳——明清暨日據時期》（臺北：國家圖書館，2006 年），頁 527。

〔註67〕 陳淑均，《噶瑪蘭廳志・學校・應試・附考》（臺北：文建會，2006 年），頁 235～237。

〔註68〕 同上註，頁 237～238。

竹）、仰山（噶瑪蘭，今宜蘭）、學海（艋舺）等書院，以教讀爲業。其弟子遍淡蘭各地，其者除前述之李望洋、李春波等之外，舉人張書紳、陳樹藍、陳霞林、鄭步蟾、潘永清、曹敬等皆出其門，乃以「陳老師」之棚名於當世。其舊居今延平北路四段之「陳悅記祖厝」，遂有「老師府」之號，今列爲臺北古蹟。

陳維英是清代北臺灣重要文人，但並不以詩鳴，而是善製楹聯名家。著有《鄉黨質疑》、《偷閒錄》、《太古巢聯集》等。《太古巢聯集》有 1937 年田大熊一及陳鐵原二人合編之臺北無聊齋之刻本。《偷閒錄》爲詩集，今存五七言詩七百二十六首，僅有一些抄本流傳。〔註69〕

除上述陳淑均、陳維英二位因擔任仰山書院院長而入蘭者外，細觀附表四【仰山書院歷任院長一覽表】可知另有楊典三、李維揚、朱材哲、朱珍如、蔡德芳、何雲龍、姚寶年、林壽祺等亦爲仰山書院院長，他們應具有創作傳統文學的能力，惜今日未見作品傳世。董正官是唯一一位任職噶瑪蘭通判兼任仰山書院院長，且有作品流傳者。

二、境外文人

境外文人指此人未到蘭地，但有文章書寫蘭地者，如謝金鑾、鄭兼才二位。

1、謝金鑾

謝金鑾（1757～1820），字巨廷，一字退谷，晚年改名灝，福建係官人。乾隆 53 年（1788）舉人。嘉慶 9 年（1804）任嘉義教諭，未及期而蔡牽作亂，南北戒嚴，金鑾爲嘉義知縣陳防禦對策，部署得以定。蔡牽欲得蛤仔難爲基地，金鑾著《噶瑪蘭紀略》六篇，詳其利害。書既上，咸以險遠爲難，金鑾乃走使京師，上其書於同鄉少詹梁上國。奏聞，嘉慶 14 年（1809）正月詔命閩浙總督派員經理，噶瑪蘭得以設廳。嘉慶 12 年（1807），謝金鑾與鄭兼才合纂《臺灣縣志》，另著有《噶瑪蘭紀略》、《二勿齋文集》六卷、《論語續注補義》四卷、《教諭語》四卷、《大學古本說》，及刊刻故舊詩曰《春樹暮雲編》，皆行於世。〔註70〕

〔註69〕 以上資料綜合自下列各書：陳培桂，《淡水廳志》（南投：臺灣省文獻委員會，1993 年），頁 2。《重修臺灣省通志・藝文志・著述篇》（南投：臺灣文獻委員會，1997 年），頁 287。張子文等，《臺灣歷史人物小傳——明清暨日據時期》（臺北：國家圖書館，2006 年），頁 538。

〔註70〕 《重修臺灣省通志・藝文志・著述篇》（南投：臺灣文獻委員會，1997 年），

2、鄭兼才

鄭兼才（1758～1822），字文化，號六亭，清福建德化人。乾隆 54 年（1789）拔貢生，充正藍旗官學教席。嘉慶 3 年（1798）任閩清教諭，舉鄉試解元，改安溪、建寧教諭。嘉慶 9 年（1804）與謝金鑾同時來臺，任臺灣縣學教諭，蔡牽犯臺時，守城有功，授江西長寧知縣，辭不就，仍任教諭。鄭氏嘉慶 12 年（1807）與謝金鑾合纂續修《臺灣縣志》，又請闢噶瑪蘭，頗具遠見。著有《六亭文選》，列入「臺灣研究叢刊」第 143 種。〔註 71〕

三、本地文人

本地文人指出生於蘭地之傳統詩文作者，本文附表二【清治時期蘭陽地區傳統詩文作品一覽表】第一欄有＊者即屬之，共有黃學海、李祺生、楊士芳、林師洙、李逢時、李望洋等六位。

1、黃學海

黃學海（1806～1846），名巨川，字匯東，號少軒。由淡水學廩生，考選道光 17 年（1837）丁酉科拔貢，為蘭陽第一位錄取貢生之士子。曾任江蘇直隸州州判，回鄉任仰山書院教授、院長，《噶瑪蘭廳志》彙校，及明志書院院長。生平著述曾彙集成冊，並有知縣丁承禧題序，惜今日未見。黃家自黃學海之後家族文風興盛，五貢生（黃學海、黃鏘、黃元炘、黃大邦、黃居廉）七秀才（黃元棻、黃元清、黃元琛、黃秋華、黃啓華、黃宗岱、黃挺華）都是祖孫、兄弟、叔姪的關係，因此黃家大宅院亦稱作「老貢生、新貢生大厝」，是大厝兩座，前後九進的大宅院。〔註 72〕〈雙溪途中作〉、〈龜山賦〉是今日僅見的黃學海詩作，尤其是〈龜山賦〉與李祺生〈龜山賦〉為歌詠龜山賦作之雙珠，光芒四射，永垂不朽。

頁 196。施懿琳、許俊雅主編，《全臺詩》（臺南：國家臺灣文學館籌備處，2004年），頁 289。

〔註71〕以上資料綜合自下列各書：陳壽祺，〈臺灣縣學教諭鄭君墓志銘〉，《六亭文選》，臺銀本。鄭喜夫，〈鄭六亭先生年譜初稿〉，《臺灣風物》第二十六卷第三期，1976 年，頁 37～39。《重修臺灣省通志·藝文志·著述篇》（南投：臺灣文獻委員會，1997 年），頁 202。施懿琳、許俊雅主編，《全臺詩》（臺南：國家臺灣文學館籌備處，2004 年），頁 300。張子文等，《臺灣歷史人物小傳——明清暨日據時期》（臺北：國家圖書館，2006 年），頁 730。

〔註72〕以上資料綜合自下列各書：盧世標，《宜蘭縣志·藝文志·文學篇》，（宜蘭：宜蘭文獻委員會，1969 年），頁 60。陳長城，〈臺灣先賢列傳〉，《蘭陽》第 8 期（1976 年 12 月），頁 61。

2、李祺生

李祺生，字壽泉，噶瑪蘭庠生。《噶瑪蘭志略‧藝文志‧詩》稱作「李祈生」〔註73〕。清道光末年，續輯《噶瑪蘭廳志》。〔註74〕生平事蹟未能詳知，流傳詩作有〈龜山賦〉、〈玉山積雪〉、〈龜山朝日〉、〈沙喃秋水〉、〈石洞噓風〉、〈蘭陽春潮〉等對蘭地風景名勝有細膩的描述，爲本地文人描繪蘭陽八景詩之始。

3、楊士芳

楊士芳（1826～1903），字蘭如，號芸堂，臺灣宜蘭人。道光 20 年（1840），年十五歲，偶見庚子舉人黃纘緒回鄉祭祖，場面盛大，心生讀書之志，父兄以農耕工作繁忙，急需人手，未允。直到十七歲，始就塾讀書。道光 24 年（1844）二月二十日夜，家中忽遭生番襲擊，家毀人亡，遷至宜蘭市南門外擺釐庄。隔年楊士芳患風濕病，不良於行，父兄允其從商識字，自此於店中當店員並自修讀書。咸豐 3 年（1853）考取臺灣府學第二名秀才。咸豐 6 年（1856），受板橋林本源家之聘，任教西席。同治元年壬戌恩科中式第一百六十八名舉人。同治 7 年（1868）春，晉京會試，中式戊辰科會試第二百二十二名，殿試三甲第一百十八名進士，於是年分發紹興知縣，以丁父憂，〔註75〕未赴任。

楊氏對臺灣文教建設非常關心，同治 8 年（1869）十一月與通判丁承禧、宜蘭舉人李望洋、舉人李春波，貢生黃佩卿、陳搏九，武舉人陳學庸等人，捐俸倡建孔子廟。同治 13 年（1874）十月首請奏准興建「奉旨祀典延平郡王祠於臺南」，同年擺里庄進士第重修落成，並重豎旗杆、掛「進士」匾。光緒年間，楊士芳任仰山書院院長，作育英才無數。姻親李紹宗貢生曾於民國元年（1911）將楊氏詩詞文章編印一冊，後賴子清亦爲之整理，〔註76〕然未得見之，僅存〈賦得千林嫩葉始藏鶯〉、〈晚年偶吟〉二首詩作。

〔註73〕 同註 41，頁 448。

〔註74〕 同註 12，頁 61。

〔註75〕 盧世標《宜蘭縣志》作「同治七年（1868）三甲進士，殿試欽點浙江即用知縣，欽加同知五品銜，旋因丁母憂，未赴任。」

〔註76〕 以上資料綜合自下列各書：盧世標，《宜蘭縣志‧藝文志‧文學篇》（宜蘭：宜蘭文獻委員會，1969 年），頁 65。陳長城，〈吳沙與楊士芳〉，《臺灣文獻》，第 28 卷第 3 期（1983 年 3 月），頁 127～132。高志彬，〈李望洋研究的課題與文獻〉，《宜蘭文獻雜誌》第 12 期（1994 年 11 月），頁 2～9。張子文等，《臺灣歷史人物小傳——明清暨日據時期》（臺北：國家圖書館，2006 年），頁 624～625。

4、林師洙

　　林師洙（？），字禮庵，清噶瑪蘭廳人。同治9年（1870）舉人，著有《滄波集》一卷，[註77] 據記載「本書不分卷，載詩四百七十三首，雅有情致，乙未割臺，散佚不傳」[註78]，今只存編目，未見其書，[註79] 僅〈曉起〉一首詩流傳：「曉起天氣涼，酒醒夢亦醒。披衣下苔階，蹣跚過花徑。殘月在樹梢，蕉露入清聽。隔林有茅庵，飄來數聲磬。」[註80] 詩中蕉露、磬聲更顯現田園生活的靜謐安詳，然「天氣涼、夢醒、苔階、蹣跚、殘月」等詞句，有蒼涼落寞之感。

5、李逢時

　　李逢時（1829～1876），字泰階、及三。李氏祖先自福建龍溪來臺，卜居噶瑪蘭。李氏於同治13年（1874）秋中式舉人[註81]。有《李拔元遺稿》一卷，計古近體二百餘首，當時未見刊行。李氏歿後，其遺稿由門人李石鯨抄存，珍藏於基隆保粹書房。李石鯨歿，授予門人李建興，李建興於民國45年（1956）轉贈宜蘭縣文獻委員會。手抄影本題簽作「李拔元遺稿」，然宜蘭文獻重刊合訂本逕稱：「李逢時先生有《泰階詩稿》一卷」，[註82] 並補入〈銅貢賦〉及連橫《臺灣詩乘》所錄的四首。高志彬據手抄影本及宜蘭文獻之資料，增補修訂，編入「臺灣先賢詩文集」第八冊，亦名《泰階詩稿》[註83] 為目前收錄李逢時詩文最完整的資料。[註84] 根據林麗鳳的研究，李逢時現今所存的詩作集中於29歲至44歲，謀職歷世之時，其詩作述懷、詠景、酬唱、

〔註77〕以上資料綜合自下列各書：林文龍編，《臺灣詩錄拾遺》（南投：臺灣省文獻委員會，1979年），頁92。《重修臺灣省通志·藝文志·著述篇》（南投：臺灣文獻委員會，1997年），頁287。

〔註78〕王國璠，《臺灣先賢著作提要》（新竹：新竹社會教育館，1974年），頁65。

〔註79〕同註25，頁77。

〔註80〕林文龍編，《臺灣詩錄拾遺》（南投：臺灣省文獻委員會，1979年），頁92。

〔註81〕《重修臺灣省通志·藝文志·著述篇》作「咸豐11年（1861）拔貢，或云同治間舉人。」

〔註82〕林萬榮，《宜蘭文獻合訂本》（宜蘭：宜蘭文獻委員會，1972年），頁204。

〔註83〕李逢時，《泰階詩稿》（臺北：龍文出版社，2001年）。

〔註84〕以上資料綜合自下列各書：《重修臺灣省通志·藝文志·著述篇》（南投：臺灣文獻委員會，1997年），頁290。楊欽年撰文、周家安圖說，《詩說噶瑪蘭》，（宜蘭：宜蘭縣文化局，2000年），頁20。龔顯宗，〈李望洋宦遊西北〉，《臺灣文學家列傳》（臺北：五南文化事業，2000年），頁105～120。〈舉人李逢時隴西族譜〉，《宜蘭縣史大事記》（宜蘭：宜蘭縣政府，2004年），頁14。

敘事，皆言之有物，〈月下吟〉、〈玉山〉、〈題黃學海小像〉、〈協安局感懷〉、〈漳泉械鬥歌〉等長詠，涉及史事，情景相融，更是膾炙人口的蘭陽史詩。〔註85〕

6、李望洋

　　李望洋（1829～1903），字子觀，號靜齋，清噶瑪蘭廳人。幼年失學，年十六，始從宿儒朱品三受業，刻苦功讀，弱冠即設館訓蒙，舌耕養親。越數年，入邑庠，益自力學。咸豐9年（1859）獲領鄉薦，旋以父母喪家居，倡修仰山書院，創建五子祠、孔聖廟。同治 10 年（1871）中舉人。光緒元年（1875）赴京會試，大挑一等，籤分甘肅知縣。光緒 2 年（1876）陞補蘭州府河州知州，5 年（1879）解任。光緒 6 年（1880），調署狄道州知州，嘗承買水圳、山地供農民耕作。李氏在外遊宦共計 13 年，光緒 11 年（1885）回噶瑪蘭〔註86〕，中法和議成，劉銘傳奏請留籍辦理臺灣善後事宜，兼掌宜蘭廳仰山書院院長。日人據臺後，1896 年聘爲宜蘭支廳參事，隔年佩紳章。李氏於光緒 16 年（1890）編修《隴西李氏族譜》附家傳，另有《西行吟草》二卷，光緒 27 年（1901）五月印行，爲鉛印本。〔註87〕龔顯宗〈李望洋宦遊西北〉一文即認爲臺灣詩人「宦遊西北，所作皆記時日，既可作日記讀，又可見當地之風俗民情，李望洋是絕無僅有的一位。」〔註88〕李望洋詩作確有其特色，其詩珠圓玉潤，清新俊逸，喜以詩記事，觀其詩可知其閱歷，眾多作品中尤以思念蘭陽家鄉諸作最爲眞摯感人。

　　若依作者出生之年作爲分期標準，清治時期蘭地作者另有陳省三、張鏡光、林拱辰三人，但因陳省三遷居外地，且作品多亡佚，故未予以討論。張鏡光只有日本政府入臺時所寫的〈開生路〉一文流傳，而《林拱辰詩文集》中的作品能確定年代者皆爲日治時期所作，權衡本文依作品創作年代作爲分期標準的體例，故將張鏡光、林拱辰二人歸入日治時期討論。

　　清治時期由外地來到蘭陽的人都是有所原因的，或因旅歷山水，或因任

〔註85〕林麗鳳，《詩說噶瑪蘭，說噶瑪蘭詩──清代宜蘭地區古典詩研究》，政治大學國文教學，2006 年碩士學位班論文，頁 62。

〔註86〕《重修臺灣省通志・藝文志・著述篇》作「十七年（1891）五月帶官回籍」。

〔註87〕以上資料綜合自下列各書：盧世標，《宜蘭縣志・藝文志・文學篇》，（宜蘭：宜蘭文獻委員會，1969 年），頁 63。《重修臺灣省通志・藝文志・著述篇》（南投：臺灣文獻委員會，1997 年），頁 290。張子文等，《臺灣歷史人物小傳──明清暨日據時期》（臺北：國家圖書館，2006 年），頁 177～178。

〔註88〕龔顯宗，〈李望洋宦遊西北〉，《臺灣文學家列傳》（臺北：五南文化事業，2000 年），頁 105。

職噶瑪蘭通判，或因官宦，或為仰山書院院長而入蘭。方志收錄的作品為官方的編輯立場，任通判者詩文較有機會收入，書院院長雖具創作能力，但作品收入地方志者較少。清治時期有作品流傳之蘭地本地文人為數不多，且林師洙、陳省三、張鏡光等人作品多已亡佚，平添許多缺憾。

第三節　繽紛多姿：詩文題材展風情

本文附表二【清治時期蘭陽地區傳統詩文作品一覽表】大體依方志編修收錄者為準，再配合後人輯錄詩文集，由此表可清楚得知清治時期蘭地傳統詩文作品輯錄情況。

清治時期蘭地詩文作品十之八、九存於《噶瑪蘭志略》及《噶瑪蘭廳志》這兩本地方志，誠為不徵的事實，我們應知清修臺志的準則，並注意其收錄詩文的偏頗及不足之處。清朝編修臺灣地方藝文志的準則有四：1. 必關治理，始得收入，奏疏、碑記等有關政教，可資考鏡，多載錄之。2. 雜文、詩賦，必關涉風土，文足傳世者始收入；非是，雖鴻儒著述，不登焉。3. 修志者之詩文多見收錄。4. 臺人詩文多所甄錄。〔註89〕這樣的修志準則，讓收錄的內容偏向風土政教。

想要凸顯地區特色，最重要的是將該地「土地」與「人民」的歷史記憶緊密結合，以呈現該地異於其它地區之處。〔註90〕從文學作品的寫作題材能獲知作者與某地的情感聯繫，並觀察某地的地域特色，以下依「奏議說理治疆土」、「築城造路勤建設」、「科考課卷興文教」、「文抒勝蹟標地景」、「四時節令風土情」、「植栽賞物天地心」、「雨情詩意感時行」、「離鄉思家歸去來」八小節分析清治時期蘭地傳統詩文之寫作題材。

一、議論說理治疆土

十七、十八世紀臺灣地圖上〔註91〕，東海岸是留白的「化外之地」。與西

〔註89〕高志彬，〈清修臺灣方志藝文篇述評〉收入《臺灣古典文學與文獻研討會論文集》（臺北：文津，1999年），頁55～82。另收入許俊雅主編，《講座FORMOSA：臺灣古典文學評論合集》（臺北：萬卷樓圖書有限公司，2004年），頁1～36。

〔註90〕施懿琳、許俊雅、楊翠等著，《臺中縣文學發展史》（豐原：臺中縣立文化中心，1995年），頁4。

〔註91〕參考高拱乾，〈臺灣府總圖〉，《臺灣府志》（臺北：臺灣經濟銀行研究室，1961年），頁5。

半部平原相較，蘭陽平原的開發落後許多，直到康熙 34 年（1695）年才輸餉諸羅。雍正 2 年（1724）才歸彰化縣管轄。雍正 9 年（1731），又改隸淡水廳。可見清朝一直無法確立治理噶瑪蘭的方針，萬重山後仍是未積極開發的處女地。直到吳沙聚眾，有規劃的開墾，清朝始於嘉慶 15 年（1810）年四月將蘭陽平原納入版圖，譯「蛤仔難」為「噶瑪蘭」，開始官民合作的開發模式。二年後的八月，噶瑪蘭廳正式建置設通判，楊廷理因熟悉蘭地事宜，暫代噶瑪蘭廳通判，成為首位親炙蘭陽風土民情且留下文學作品的清朝官員。

　　噶瑪蘭能納入清朝版圖，經過多人陳情上奏，始能成功，如方維甸〈奏請噶瑪蘭收入版圖狀〉〔註92〕、汪志伊〈勘查開蘭事宜狀（嘉慶十六年九月）〉〔註93〕兩篇文章，條理清晰，議理中肯，直陳蘭地之事，符合奏議之文以「明允篤誠為本，辨析疏通為首」〔註94〕的原則。

　　楊廷理於嘉慶 12 年（1807）首度入蘭，籌議噶瑪蘭自有定見，惜章程亡佚，僅能從方傳穟與呂志恒的〈雙銜會奏稿〉〔註 95〕略窺大概，陳述開發蘭地的二十項建議：1. 劃分地界，以專責成。2. 設立文職，以資治理。3. 安設營汛，以資巡防。4. 栽竹為城，以資捍衛。5. 建造文武衙署兵房及倉廠庫局監獄，以資辦公。6. 建造壇廟，以妥神靈。7. 田園按則陞科，徵收正供，備支兵糈。8. 折徵餘租，以順輿情，以副支給經費也。9. 未墾荒埔，應分別原管新分，勒限開透，勘丈徵租，以裕國賦。10. 加留餘埔，以資歸化社番生計。11. 編設書役澳甲，以資辦公。12. 編設文武員弁廉俸及兵丁月餉、各役工食，以便支給。13. 請頒給文武員弁印信鈐記，以昭信守。14. 分別添撤隘寮及劃定內山地界，堆築土牛，以杜畔端。15. 預籌進山備道，以便策應緩急。16. 行銷官鹽，以裕引課。17. 編查保甲，設立族正，以資稽查約束。18. 設立通事土目，約束番黎。19. 安設舖司，遞送文報，以速郵傳。20. 請撥備公銀兩，以備地方緩急。逐項細論治蘭之策，懇切中肯，觀察入微。姚瑩〈籌議噶瑪蘭定制〉〔註96〕對噶瑪蘭廳正式納入清朝版圖的始末有詳細說明，他認為方

〔註92〕陳淑均，《噶瑪蘭廳志・雜識上・紀文上・奏疏》（臺北：文建會，2006 年），頁 405～406。

〔註93〕同上註，頁 407～408。

〔註94〕劉勰著，周振甫注，《文心雕龍注釋・奏啓》（臺北：里仁書局，1984 年），頁 439。

〔註95〕柯培元，《噶瑪蘭志略・藝文志》（臺北：文建會，2006 年），頁 390～410。

〔註96〕陳淑均，《噶瑪蘭廳志・雜識上・紀文上・議》（臺北：文建會，2006 年），頁 409～434。

傳稜與呂志恒所論頗詳，亦詳立細目，備載之，俾使後人借鏡。

　　楊廷理殫精竭慮治理蘭地，用心良苦，〈六月二十五發申噶瑪蘭創始章程作〉有清楚的描述：

> 三月心思此日成，揮毫悉本舊章程。仁濡雨露欣同戴（蘭中居民畏究私墾，今奉旨收入版圖，適予承辦，民心允服，予亦得遂前請），氣挾風霜愧久更（人謂予文稟不甚委婉，予云理直氣壯，何須以卑語出之）。治賦暫收三萬畝，鋤奸權淨五圍城（計辦擬抵者五犯。按今廳治即五圍地）。休從創守分難易，須凜民喦可畏情（予初入五圍，業戶之議不成，遂有居人以翌日交租受累，多方恐嚇居民，唆令抗拒者。予設法諄諭，反覆引導，始各遵照領竿，分往丈報。附錄於此，以告後之官斯土者）。〔註97〕

此詩有許多小註，用以補充簡潔詩句無法細述的事，讓我們更能明瞭首創為艱的辛苦。楊廷理以長治久安為目標，制定各項法規，〔註98〕有時顯得太過理直氣壯，惹來爭議。上奏文稟以「總法家之式，秉儒家之文」〔註99〕為佳，有人質疑楊氏文稟不夠委婉，楊氏則認為所論之事合情合理，何需卑微。楊氏議籌噶瑪蘭，以辨析事理疏通意見為要，經過三個月時間整理舊思完成噶瑪蘭創始章程，由此詩的敘述，我們可知「業戶」是治理蘭地首先遇到的問題。楊廷理〈議開臺灣後山噶瑪蘭（即蛤仔難）節略〉認為「若准其（噶瑪蘭）援照臺例設立業戶，聽報陞科，則正供無幾，除支放兵米外，所需文武員弁廉俸、兵餉、役食即須另為請領，是名以尺土歸王，實大費國帑也。」〔註100〕蘭地「民先墾，官後闢」的開發方式，不同於臺灣其它地區，故楊廷理認為沒有成立業戶的必要，實為灼見。柯培元〈禁充業戶諭〉也贊同蘭地不設業戶的看法：

> 臺中獨蘭無業戶，爾等嘖有煩言。當開闢時，誠恐經費不足，故以

〔註97〕楊廷理，〈六月二十五發申噶瑪蘭創始章程作〉，《噶瑪蘭廳志・雜識下・紀文下・詩》（臺北：文建會，2006 年），頁 468。

〔註98〕楊廷理〈六月二十五發申噶瑪蘭創始章程作〉詩題小註：「殫一己之心思，耐三月之勞勤，奉則之憲令，成億萬載之良規，使善良者知有官之可樂，奸猾者知有法之可畏」，見註 45，頁 264。

〔註99〕劉勰著，周振甫注，《文心雕龍注釋・奏啟》（臺北：里仁書局，1984 年），頁440。

〔註100〕楊廷理，〈議開臺灣後山噶瑪蘭（即蛤仔難）節略〉，《噶瑪蘭廳志・雜識上・紀文上・紀略》（臺北：文建會，2006 年），頁 444。

田六、園四之租穀盡歸諸公，除應完正供而外，所餘者名爲餘租，
凡地方一切公費，皆取辦於此。爾等不推原其故，動以業戶爲請，
不特柯、趙、何三姓求充已難也，且開徵已數載矣，章程既定，自
當凜遵。乃劉碧玉、王有福等冒昧瀆求，試思利既歸公，權以官重，
官爲爾等削去力役之徵，芻儀之供，並非侵蝕肥己。如再於田六、
園四而外，動額以置業租，在各農佃力既有所不堪，如就田六園四
之中，加設業戶，則官有胥役，尚不能使民按期完納，又安能憑一
二業戶而總匯全蘭之糧儲乎？且出工本以開透荒埔者，臺之所謂業
戶也今蘭中散佃各支丈單，既有開墾，辦有成案，亦未便使業戶坐
享其利？公私既有不便，情形亦所不能，爾等毋生覬覦之心而嘵嘵
上瀆不已也！〔註101〕

此文詳述蘭地未有業戶之原委，且由公私兩方面直言蘭地不便設業戶之理，
義正言切，非常具有說服力。

相較於清朝統治中央政權所在地，臺灣地處東南海域，屬偏遠地區，蘭
地又在臺灣東北角，與先開發的臺灣西部平原有群山相隔，更顯偏遠難通，
實地入蘭的官員，對蘭地生活有較深刻的體會，他們的所見所聞成爲蘭地與
清朝溝通的重要媒介（管道）。姚瑩〈噶瑪蘭原始〉〔註102〕針對吳沙開蘭的過
程有詳細的敘述（詳見本文第二章第一節），另一篇〈與鹿春如論料匠事（道
光辛巳冬）〉〔註103〕則向鹿春如報告蘭地軍工料匠一事，直陳淡水大匠首杜長
春請入蘭設立料館，是以採軍工爲名，而實欲收樟腦之利，此風不可長。

能得到盡忠職守的官員治理蘭地，蘭地的開發才能漸入佳境。楊廷理〈答
友〉：

綱舉目張數月工，潛孚默化賴天公。了無權勇驚塵眼，剩有辛勤表
潔衷。十六字中逢運會（去夏偶編「嘉慶庚午，開疆廓土，億萬斯
年，咸稱定宇」十六字，給發丈單。事後繹思，若值己巳、辛未，
押韻即難如此貼切），百三里內協春融（自鰲鰲嶺至蘇澳，計程一百
三十里）。安排差幸歸停妥，吾道從來不計功。〔註104〕

〔註101〕柯培元，《噶瑪蘭志略·雜識志》（臺北：文建會，2006 年），頁 465～466。
〔註102〕姚瑩，〈噶瑪蘭原始〉，同註 100，頁 445～448。
〔註103〕姚瑩，〈與鹿春如論料匠事（道光辛巳冬）〉，同註 97，頁 453～456。
〔註104〕楊廷理，〈答友〉，同註 97，頁 473。

百里沃壤能順利納入版圖，是天時、地利、人和三者相配合的結果，從此詩
首聯及末聯，可讀出楊廷理對開闢蘭地之事，戒慎小心，不敢居功的心理，
這畢竟是他貶謫赦還後，朝廷委任的一件大事，經此歷練，為人處世自有一
番體悟。楊廷理〈對鏡感懷〉：

> 黃光何日上天庭？一曲勞勞頗厭聽。
>
> 入世功名粗有幸，登場傀儡恨無靈。
>
> 生初笑值箕張口，老鈍難誇刃發硎。
>
> 畢竟行藏誰主得？年來遇事薄調停。〔註105〕

官場險惡，進退不由己。楊廷理多年來關心蘭地的開發，他認為蘭地闢墾有
功者大有人在，謙虛得不敢爭功。

　　有效的行政管理，有助於國家權力的伸張，內鬥外患則是執政者另一項
隱憂。噶瑪蘭設廳後，如何處理番漢族群問題，考驗著執政者的智慧。原住
民與漢人生活習性不同，難免發生衝突，柯培元〈生番歌〉〔註106〕、〈熟番歌〉
〔註107〕描述漢人對原住民的壓榨，傳達父母官應慎重處理番漢問題的看法（詳
見本文第二章第一節）。楊廷理治蘭事宜十八則，規劃「加留餘埔，以資歸化
社番生計」項目，防止漢人欺壓原住民。

　　有些漢人為奪取地利欺侮原住民，有些則漢人受到原住民強悍風俗的迫
害，李若琳〈防番〉：

> 界未標銅柱，疆曾劃土牛。犬羊區異類，麋鹿信同儔。
>
> 奈有髑髏癖，能無性命憂？抽藤與伐木，莫浪越山頭！〔註108〕

蘭地山區的原住民有出草獵人頭的風俗，漢人開墾蘭地飽受威脅，隨時有性
命之憂。董正官〈蘭防即事〉：

> 蘭山一路重巡邊，輕坐籃輿便往旋。溪闊渡舠仍足涉，埔平行犢有
> 車牽。竹圍茅屋疏村落，樵廠礱房小懸遷（臺俗稱樵廠曰蔗廍，又
> 稱碾米房曰礱棚）。無數荒坪沙壓斷，稽今失墾又年年（指叭哩沙喃
> 一帶）。虎寮馬隘設防閑（蘭屬二十隘，如虎尾寮後有葫蘆堵隘、施
> 八坑前有馬賽隘），半似沙喃逼內山。番害數從谿徑出，莊屯都欠瓦

〔註105〕楊廷理，〈對鏡感懷〉，同註45，頁262。
〔註106〕柯培元，〈生番歌〉，《噶瑪蘭志略·藝文志》（臺北：文建會，2006年），頁
　　　　452～453。
〔註107〕柯培元，〈熟番歌〉，同註41，頁453。
〔註108〕李若琳，〈防番〉，同註97，頁486。

樓環。牢穿莫惜亡羊補，虞備何嫌即鹿羉。丁壯甲田資保聚（臺俗
丈田以戈，計畝曰甲，每甲合內地一十三畝零），石垣應在眾孳間。
〔註109〕

此詩道出董正官致力噶瑪廳防番的心情，他設立隘丁，防原住民為害，並常
輕坐籃輿，親臨各隘督責。人民能次第開墾，各適其所，應該是他最大的希
望。如此認真有為的官吏，卻因咸豐3年（1853）往剿吳蹉之亂，不幸中伏，
自刎身亡。漢人之間的械鬥，其害不亞於番漢問題。

　　清治臺灣期間，三年一小反，五年一大反，叛亂不斷。同治元年（1862）
年三月彰化發生戴潮春事件，有不肖之徒藉此義舉行搶奪之實，以蘭地無主，
欲乘彰化之亂謀不法，民心怖甚，鄉紳人士與王袖海縣佐議定，設協安總局
於宜蘭天后宮，集眾人的力量，安定民生。李逢時有詩七首誌此事，「君如有
意蒭蕘採，德教能消患未萌」〔註110〕，以德服人，才能獲得民心。

　　除了反抗清朝的動亂令人擔心害怕之外，蘭地以漳、粵、泉三姓為主要
移民，族群間時有衝突，也是禍害的根源。李逢時〈漳泉械鬥歌〉：

漳人不服泉州驢，泉人不服漳州豬。終日紛紛列械鬥，田園廬舍相
侵漁。臺灣自稱樂土，漳人泉人久安。爾來強悍風氣殊，更望何人
固吾圉。宵長敬，林國芳，狹富狹貴無理章。艋川搖動鯨鯢竄，蟲
沙猿鶴罹奇殃。我聞干豆有古寺，土人於此驗災異。今年鐵樹又開
花，械鬥從中有天意。天意冥冥不可解，紅羊換劫總堪駭。殺人如
草死如眠，骷髏屯積血飄灑。君不見，漳人泉人鷸蚌持，粵人竟得
漁人利，漳人是豬泉亦豬。又不見，長敬國芳號令行，漳泉各受二
人制，泉人是驢漳亦驢。〔註111〕

整首詩歌以俚俗諧謔語調，諷刺三姓械鬥。何人是豬？何人是驢？刀槍無眼，
人命如草芥，成堆的骷髏難道不足引以為戒，受人支配，不辨是非，是豬也
是驢。

　　同治4年（1865）十二月二十日李逢時因三姓械鬥避居大湖莊，他感
嘆「鄒魯無端起鬩聲」〔註112〕，以致「巷里傳聞執殺聲」〔註113〕令人膽

〔註109〕董正官，〈蘭防即事〉，同上註，頁495～496。
〔註110〕李逢時，〈協安局感懷七首兼呈袖海王縣丞（有序）〉，同註83，頁63～66。
〔註111〕李逢時，〈漳泉械鬥歌〉，同上註，頁37～38。
〔註112〕李逢時，〈十二月二十日三姓械鬥避居大湖莊賦此志慨〉（六首之一），同上註，
　　　　頁96。

戰心驚，也「自慚無術濟時艱」〔註114〕，只能避居山野，心中掛念諸酒友
「骨肉幾人全」〔註115〕，期待「何日能收克復功」〔註116〕，重拾靜謐田
園生活。

　　清末，西方國家進逼亞洲，中國亦不能幸免，身居蘭地的李逢時聽聞天
津已破，京畿戒嚴，擔憂「通商誰主議，惆悵獨遲瞻」〔註117〕。遊宦大陸的
李望洋光緒11年（1885）二月十五日抵閩南臺中亭街蔡順源店時，因華法和
未定，無法渡臺，寫詩感嘆：

　　　　聞警單車塞外來，風霜歷盡到南臺，

　　　　誰知一水成千重，竊恐求魚有後災。

　　　　精衛未啣填海石，作舟終乏巨川材。

　　　　中亭街上思鄉夜，夢裡湖山看幾回。〔註118〕

直到三月六日仍李望洋仍然未回到宜蘭，縱使「盤飧縱足魚蝦味，蘭山蘭
水目未親」〔註119〕，思鄉夢未成真。戰火無情，多少人有家歸不得，光緒
13年（1888），張雲錦跟隨劉銘傳駐軍蘇澳，寫下〈蘇澳從軍詩〉五首：

　　　　海濱尋廢壘，幕府駐征轅。徵將趨風至，分營傴月屯。

　　　　胄披生蟣蝨，笳動嘯狙猿。此地猶愁絕，前驅那可言。

　　　　無路荒山峻，參天古木高。修蛇臨澗躍，怪鳥繞營號。

　　　　瘴毒蒸豐草，炊烟蓺濕蒿。不須言戰事，士氣已蕭騷。

　　　　死邊為烈士，搏兔乃戕獅。末將能相殉，忠魂可并祠。

　　　　捐軀難瞑目，裹革尚存屍。後勁多觀望，陰風撼大旗。

　　　　古無人跡到，艱苦趣軍行。深入多疑伏，前驅半死生。

　　　　雨淫天助虐，日久帥休兵。慎選防關將，何勞戰鼓聲。

〔註113〕李逢時，〈十二月二十日三姓械鬥避居大湖莊賦此志慨〉（六首之四），同上註，
　　　　頁96。
〔註114〕李逢時，〈十二月二十日三姓械鬥避居大湖莊賦此志慨〉（六首之六），同上註，
　　　　頁97。
〔註115〕李逢時，〈冬至日獲彰化縣報捷書〉，同上註，頁75。
〔註116〕李逢時，〈排悶〉，同上註，頁47。
〔註117〕李逢時，〈天津〉，同上註，頁39。
〔註118〕李望洋，〈乙酉二月十五日抵閩南臺中亭街蔡順源店時華法和未定渡臺無計有
　　　　感〉，同註21，頁170～171。
〔註119〕李望洋，〈三月六日寓南臺中亭街〉，同上註，頁171。

> 樓船窮海泊，喚渡易輕舟。浪湧如奔馬，波廻似没鷗。雨風交灑落，
> 性命聽沉浮。已濟看來處，驚人浩浩流。〔註120〕

娓娓道盡蘇澳從軍的艱難。從大陸出發，經歷驚濤駭浪的船行之苦，來到多雨的蘭陽，張雲錦使用「荒山」、「古木」、「廢壘」、「瘴毒」、「淫雨」等詞，營造此地偏遠不適合人居的氣氛，「休兵」、「愁絕」、「忠魂」、「蕭騷」、「相殉」、「烈士」、「死邊」等詞，亦給人蒼涼無望之感。從軍至蘇澳，士氣如此不振，清朝無力護臺，美好江山亦難保。

二、築城造路勤建設

「議論說理治疆土」一節偏重蘭地整體建設的規劃，及內憂外患的描述，此節則細述築城造路的各項建設。

謝金鑾身為嘉義教諭，雖未曾到蘭地，但深知治理蘭地的重要，〈蛤仔難紀略〉〔註121〕六篇，首篇〈原由〉，說明民間已次第開墾蛤仔難，政府應納入管理。次〈宣撫〉言蔡牽、朱濆等寇賊，覬覦蛤仔難已久，政府應重視此地。次〈形勢〉以精練的文字描繪蛤仔難地理環境。次〈道里〉，則詳細介紹蘭地境內、外的交通里程。次〈圖說〉，認為他所看到的，蕭竹、徐夢麟、楊廷理三人畫的，及《諸羅志》上蛤仔難圖，共有四幅，其中以楊廷理之圖最為詳盡可信。最後〈論證〉篇，將治理蛤仔難之必要與治理臺灣之必要，兩相比較，官未關民已關的沃腴之地，朝廷豈可置之不理。楊廷理認為此書傳達「毋棄地遺寇資，毋棄民添寇翼，潔己愛民，以愛蛤仔難，民如望慈父母，是在後之為官者。」〔註122〕的理想。治理蘭地確實存在一些困難，楊廷理〈相度築城建署地基有作〉：

> 背山面海勢宏開，百里平原實壯哉。六萬生靈新戶口，三千田甲舊蒿萊。碓舂夜急船初泊（興化、惠安小船春夏至此販米），岸湧晨暄雨欲來。浮議頻年無定局，開疆端藉出群才（余以該處形勢，請實將軍入奏，收入版圖，俱未允行。後定奏設屯弁，免陞科。附和者因謂余多事。迨部議飭駁，梁少詹續奏，奉旨設官經理，以鬥案又延宕三年）。〔註123〕

〔註120〕張雲錦，〈蘇澳從軍詩〉，同註4，頁201～202。

〔註121〕謝金鑾，〈蛤仔難紀略〉，《噶瑪蘭志略·藝文志》（臺北：文建會，2006年），頁420～433。

〔註122〕楊廷理，〈蛤仔難紀略序〉，同上註，頁440～441。

〔註123〕楊廷理，〈相度築城建署地基有作〉，同註45，頁260。亦見《噶瑪蘭廳志》

此詩道出蘭地納入清治版圖的紛擾，另一首同題詩：

> 度阡越陌到溪洲，溪水湯湯夾岸流。天道難窺原不測，人心易動合
> 爲仇（卯秋朱逆竄泊蘇澳，余乘艋舺至溪洲招募民番，與王提軍舟
> 軍夾攻，己巳夏颶作，濁水溪正溜北徙，漳、泉分類欲鬥，遣胡委
> 員桂諭止）。奸民星散須防聚（匪徒聞予入山，一時星散），佳士雲
> 騰定寡儔（山川秀甚，設學應有佳士）。齋事料須三載後，敢辭勞瘁
> 憚持籌。〔註124〕

蘭地外有盜賊覬覦，內有三姓分類械鬥，楊廷理在內外紛擾之際，一面平定
內外混亂，一面不忘積極建設。楊廷理籌議管理蘭地，還親繪地圖，〈重定噶
瑪蘭全圖〉二首：

> 尺幅圖成噶瑪蘭，旁觀慎勿薄彈丸。一關橫鎖炊煙壯，兩港平鋪海
> 若寬。金面翠開雲吐納，玉山白映雪迷漫（金面山在北，玉山在西
> 南）。籌邊久已承天語（十一年夏即奉旨查辦），貫傳頻煩策治安（謂
> 汪稼門制府、張石蘭廉訪兩憲）。

> 三農力稿趁春晴，雨霽煙消極望平。形擬半規深且邃，溪飄雙帶濁
> 兼清。培元化布思良吏，劃界分疆順兆民。他日濃陰懷舊澤，聽人
> 談說九芎城（蘭境九芎木與北方楊柳同性，現環域植之）。〔註125〕

這兩首詩給人一種長治久安的幸福感。與整個臺灣或大陸相比較，噶瑪蘭確
實是彈丸之地，但靠山面海，自成天地，若得良吏治理，春耕冬藏，生活無
慮。蘭地有北關鎮守北路，烏石港、蘇澳港開通水運，最早開發的城市是頭
圍（今頭城鎮），行政中心在五圍（今宜蘭市），楊廷理認爲九芎木與北方楊
柳植物特性相同，故環城種植九芎木。

　　五圍爲蘭地適中之地，居民兩列，皆東西向，其它都是墾田。本來五圍
之地民間已先行開墾，等到要議建城池，設立官署、兵房、倉庫、監獄之時，
選中的地點剛好都在百姓的田地內，楊廷理會同翟司馬，以換田的方式取得
土地，造冊詳細，蘭城始建。〔註126〕還仔細考慮蘭城方位，〈噶瑪蘭坐西向東，
經相度築城建署地址申報。茲堪輿梁章讀【梁字鳳儀，南安縣人】請改坐北

　　（臺北：文建會，2006年），頁466。此二首詩《噶瑪蘭志略》題爲〈度建蘭
　　城並公署地基〉，詳見註41，頁445。
〔註124〕同上註。
〔註125〕楊廷理，〈重定噶瑪蘭全圖〉，同註41，頁446。
〔註126〕柯培元，《噶瑪蘭志略·城池志》（臺北：文建會，2006年），頁256。

向南，因復履勘，果成大觀，喜而有作〉：

> 南北移來助若神，員山龜嶼宛相親。
>
> 天然佳境開金面，蕞爾方隅荷玉綸（蘭境係奉旨設官）。
>
> 三月綢繆占既濟，數年議論快初伸。
>
> 斜陽獨立頻搔首，綠畝青疇大有人。〔註127〕

經番周折，蘭城坐北向南方位始確定，吳鎔〈楊雙梧太守相度築蘭城，賀之〉：

> 跡寄空山暑亦寒，身負重鉅涉艱難。
>
> 峰嶇歷盡千巖險，相度周行一騎單。
>
> 獨向閭閻諮疾苦，每於村落任盤桓。
>
> 民番自有敦龐意，擁彗歡迎舊日官。〔註128〕

大陸至蘭，路途艱辛，吳鎔讚美楊廷理至蘭地，能體恤民間疾苦，深受當地居民的愛戴。楊廷理〈丁卯秋出山後居民為製祿位牌，見而有感〉二首詩：

> 祿位何年製？相看感慨增。浮名天地忌，輿論古今稱。事業空懷抱
>
> （予戍伊犁六月），焦勞乏伎能。重來慚捧檄，規畫記吾曾。

> 不有非常者，誰教創始謀（方制府開示事宜十八則）。催科出撫字，
>
> 布化本優游。黎庶思官久，番羌待澤稠。敢辭于役苦，憚向此淹留。

〔註129〕

由詩題、內容可看出楊廷理治蘭的用心，以及蘭地居民對楊氏的觀感。萬事起頭難，蘭城的建設在楊氏任內著手興建，後經其它通判的努力，次第完成。

嘉慶15年（1810）楊廷理環城種植九芎木，後因移種的植株過大，不易存活，二年後，所存不過十分之三。且林木間的空隙過大，不僅人可通行，車馬亦可往來，城圍不夠周密，通判翟淦諭令各結首就城基上遍插莿竹數週，以資捍禦。〔註130〕因此蘭城又有竹城之稱。柯培元〈噶瑪蘭城〉：

> 繞城修竹筍新抽，竹外彎環入海流。
>
> 清濁分溪芳草界，東西對勢白雲浮。
>
> 春晴麗日烘金面，雨過濃煙隱鳳頭。

〔註127〕同註45，頁262。

〔註128〕吳鎔〈楊雙梧太守相度築蘭城，賀之〉，同註41，頁449。

〔註129〕楊廷理，〈丁卯秋出山後居民為製祿位牌，見而有感〉，同註45，頁262。此詩《噶瑪蘭廳志》題為〈丁卯秋出山後，居民為余設香火，見而有感〉，文句亦略有不同，詳見註97，頁466。

〔註130〕柯培元，《噶瑪蘭志略·城池志》（臺北：文建會，2006年），頁257。

遙指玉山籠瑞靄，居人盡道是瀛洲。〔註131〕

此詩首句即點明宜蘭城周圍種滿莿竹，竹抽新芽，欣欣向榮之貌。又如董正官〈蘭陽雜詠〉八首之一〈竹城（插竹爲城）〉：

鳳竹原無雉堞名，藩籬捍蔽儼維城。

復于隍卜蒼筤老，瞻彼淇澳版築成。

翠幕一圍資固圉，綠沈千箇抵排兵。

蕭疏莫恃春雲補，未雨修宜眾手擎。〔註132〕

經費有限的情況下，考慮蘭地自然環境，選擇竹子作爲護城樹木，可謂「無心插柳，柳成蔭」，茂密的翠綠竹林成爲最佳的天然城牆，可抵千萬個士兵。

位居五圍的蘭城既然是行政中心，修築蘭城對外聯絡道路即爲刻不容緩的事，陳淑均〈擬修北門外至頭圍石路啓〉〔註133〕採用整齊的騈儷句式，首言道路泥汙不平有修路之必要。次言採取「石出公家」、「工輸佃戶」的辦法築路，路成，則官使行人往來便利，公私咸宜。再者，援引古代築路之事，增加文章說服力。末言，修路義舉實爲眾人稱許的百年大事，期待有志者共同完成。

蘭城至頭圍的道路需要修築，頭圍至臺灣北部的交通要道，也是重要工程。三貂嶺陸路爲淡蘭接壤孔道，需經年修葺，全卜年〈修三貂嶺路記〉〔註134〕記林平侯及其子國華修路義舉，全卜年以樂道人之善的心情記下此事，文句清麗，義理明白，足備正史採納。此文於《噶瑪蘭廳志》歸入「騈體」類，然其句式不若上文所提陳淑均〈擬修北門外至頭圍石路啓〉整齊。

三、科考課卷與文教

科舉學問的訓練方式不利於詩歌的發展，卻對文教風氣的養成發揮具體的成效。科考課卷，雖爲科舉制度下的產物，然亦有其價值。擁有科甲文章寫作能力者，往往具備寫作詩文歌賦的條件，如果他們只有科考文章流傳下來，亦可聊備一格。〔註135〕蘭地的開發晚，又經天災人禍，文學作品亡佚者多，蘭地方志內多收錄遊宦者之作，本地文人較少。一地文學之興衰，與一

〔註131〕同註41，頁452。

〔註132〕董正官〈蘭陽雜詠〉八首之一〈竹城（插竹爲城）〉，同註97，頁494。

〔註133〕陳淑均，〈擬修北門外至頭圍石路啓〉，同上註，頁462～463。

〔註134〕全卜年，〈修三貂嶺路記〉，同上註，頁463～464。

〔註135〕江寶釵，《臺灣古典詩面面觀》（臺北：巨流出版社，1999年），頁44。

地文教之興盛，息息相關，目前留存的蘭地士子科甲文章，取而論之，以存其人，又可知當時知識傳承情況。

科舉考試是清朝拔擢人才，鼓勵文教的重要制度，終清之世，噶瑪蘭籍僅楊士芳一名進士，另有黃纘緒、李春華、李望洋等文舉人 12 名，陳學庸、李輝東、周振東等武舉人 12 名，林超英、潘廷勳、黃學海等貢生 30 名，蔣紹常、潘廷勳、朱長城等廩生 12 名，李祺生、黃元清、黃秋華等生員 63 名。〔註 136〕尤其是光緒年間的生員多達 56 名，其後大有可為，惜此時清朝已逐漸走向滅亡，科舉之路無望。

噶瑪蘭廳舉業的發展，充滿艱辛，最早並未設專學，所以沒有學額，都是附童子試於淡水廳。每屆歲、科，酌撥一名也是附隸於淡水廳。自嘉慶 22 年（1817）奏定，後至道光元年（1821），始有林濱洲一名入學。〔註 137〕道光 3 年（1823），方傳穟認為蘭廳遠在山後，至郡十三日程，道路險仄。生童肄業，每歲考試，跋涉艱難。且文風初肇，生童不到百人，未能立學，向皆統由淡水廳錄取送考。建議朝廷別立蘭字號，每歲臺灣道拔取一名，以為定制，仍附淡水學訓導管束，使蘭廳士子進取有階，向學之心必蒸蒸日上。〔註 138〕此議獲得朝廷採納。迨道光 9 年（1829）13 年（1833）16 年（1836），有三次加撥府學，酌進兩名，亦有不取進者，但至少增加蘭地士子進階的機會。

陳淑均道光 10 年（1830）夏，應聘入噶瑪蘭任教仰山書院，認為蘭地士子認真向學，資質文筆皆不差，何以百十數人，僅二、三十人附淡水廳試，而應道、府試又不超過十人，遂於該年冬年與蘭地士子討論其中原因，並仿孫可之書褒城驛，將討論的內容，條其言於仰山齋壁。經由陳淑均的記載，我們可知「蘭陽距郡將千里，往返二十六程，祇撥一名耳；又必先試於竹塹，多一往返十二程，則跋涉已自困頓；加以籌備盤川、預料家計，約輸七、八十金，然後出而逐隊，又誰將以難得之經費，求無定之功名者？」〔註 139〕是蘭地士子不熱衷赴試的原因。

〔註 136〕盧世標等，《宜蘭縣志・人物志・人物圖表篇》（宜蘭：宜蘭文獻委員會，1970年重刊），頁 25～30。

〔註 137〕陳淑均，《噶瑪蘭廳志・學校・應試・附考》（臺北：文建會，2006 年），頁235。

〔註 138〕陳淑均，《噶瑪蘭廳志・雜識上・紀文上・議》（臺北：文建會，2006 年），頁 429～430。

〔註 139〕同註 137，頁 236。

　　針對蘭地士子因路途遠，缺盤纏，名額又少，所以赴試者少的問題。經黃學海、楊德昭、閣炘、姚瑩等人的努力，朝廷同意援照澎湖廳例，由廳開考，得應試者二百十有三名。道光 20 年（1840）年春天，通判徐廷掄因就膏火田盈餘項內，每名資送八金。時赴道試者百有五人，與淡童人數不相上下。取進黃續緒等三名，皆撥府額，爲開蘭未有之文教盛況。〔註 140〕道光 22 年（1842）年，又增加噶瑪蘭廳學額，並以「柬」（噶瑪蘭廳）「炎」（淡水廳）二字號，區別兩廳學額。

　　蘭地參考科考成績最優秀的，首推楊士芳，他中進士的〈畏大人畏聖人之言〉、〈君子未有不如此而蚤有譽於天下者也〉、〈以予觀於夫子賢於堯舜遠矣〉〔註 141〕三篇制藝文章，論理精當，文筆峻整，值得流傳。

　　八股（比）文乃明清兩代考試所用的一種文體，破體、承題、起講、提比、虛比、中比、後比、大結等名目的寫作規範，甚至是字數、韻腳、內容上的規定，對創作者而言確實是很大的限制，但也並非一無是處。〔註 142〕科考課卷雖大部分爲制式的八股（比）文之作，但能窺知當時的文教概況，亦能看出該地的文風特色，陳淑均即認爲蘭地文士其課藝「亦清而腴，直而不絞」，其文「雖典麗不足，而清剛簡貴」。〔註 143〕可知，蘭地科考文章偏向質樸，不以華美爲尚，同樣是八股（比）文也是可以有不同的風格。

　　臺灣儒學教育的建制，主要是府縣儒學及書院，大多數集中於臺灣西部，東部僅宜蘭設有儒學及仰山書院。楊廷理〈仰山書院新成誌喜〉被視爲反映後山教化的儒學詩。〔註 144〕另外，由月課試卷題目可窺知儒學在蘭地推展及認同的情況。

　　宜蘭縣史館現存蘭地月課試卷，以仰山書院月課試卷爲多，計有生員呂桂芬、恩貢生呂啓明、童生呂籌等人二十七篇文章，且其中大部分爲呂桂芬的文章，占十分之九強。另有宜蘭縣儒學月課試卷四篇，一篇爲附貢林時英

〔註 140〕同註 137。
〔註 141〕楊士芳考進士的三篇文章見《蘭陽》，第 29 期（臺北：蘭陽雜誌社，1982 年 3 月），頁 33～37。
〔註 142〕鄭健行，《科舉考試文體論稿：律賦與八股文》（臺北：臺灣書店，1999 年），頁 178～183。林文龍，《臺灣的書院與科舉‧科舉下的僵化文體》（臺北：常民文化出版社，1999 年），頁 206～222。
〔註 143〕同註 139。
〔註 144〕陳昭瑛，《臺灣儒學：起源、發展與轉化》（臺北：正中書局，2000 年），頁 14、33。

〈居是邦也事其大夫之賢者友其士之仁者顏淵問爲邦〉的文章，另外三篇爲
生員呂桂芬〈譬如平地雖覆一簣進〉、〈入曰伯九叔齊何人也曰古之賢人也〉、
〈子曰以約失之者鮮矣子曰欲訥言而敏於行〉的文章。

　　仰山書院月課試卷二十七篇題目，如〈欲治其國者先齊家〉、〈子曰不怨天
不尤人下學而上達知我者其天乎〉、〈樂道人之善樂多賢友益矣〉、〈子路問政子
曰先之勞之請益曰無倦〉、〈曾子曰十目所視十手所指其嚴乎〉、〈我知言我善養
浩然之氣〉、〈和爲貴先王之道〉、〈子夏爲莒父宰問政子曰無欲速無見小利〉、〈族
稱孝焉鄉〉、〈樊遲問知子曰務民之義敬鬼神而遠之可謂知矣問仁曰仁者先難而
後獲可謂仁矣子曰知者樂水仁者樂山知者動者靜知者樂仁者壽〉等，可明顯看
出月課課題大部分以儒家的思想爲主，用以訓練蘭地士子參加科考。

　　現今所見蘭地月課試卷，以呂桂芬〈子曰片言可以折獄者其由也與子路
無宿諾子曰聽吾猶人也必也使無訟乎〉、〈行拂亂其所爲所以動心忍性曾益其
所不能〉二文最爲優秀。前文，言斷案不能只靠人云亦云的隻字片語，最好
的治理之道是使人民無爭訟，閱卷者評以「氣充詞沛，無懈可擊」。後文，全
篇扣緊題旨發揮，如「險阻艱難皆爲成就人才之具」、「試愈多者養愈厚」等
句皆爲佳言，閱卷者評以「氣行詞達，後比尤見警練」。

　　就思想傳承而言，宜蘭仰山書院學規直接採用〈海東書院學規〉之續篇。
堪稱全臺文教領袖的海東書院，其辦學目標是「與鼇峰並峙」。福建鼇峰書院
爲閩學重鎮，是臺灣書院的辦學典範。教育爲朱子學在臺灣全面播種紮根的
重要管道，朱子親訂白鹿洞書院學規是學院教學的精神引導，也是影響最廣
最深遠的學規。清代臺灣書院學規背後所蘊藏的思想包括「養敬」、「有大小、
本末、體用之分」、「預設教化時間概念」、「禁欲主義色彩」、「創師生倫」、「深
化朋友倫」等，整體上可以「敬」字概括，敬之工夫，不僅施於教育，亦施
於政事。直到割臺前夕，清朝仍不遺餘力的推廣儒學教育，正可說明何以割
臺初期儒生階級是武裝抗日的主力軍，也證明儒學在臺灣已深入庶民階級，
更是士大夫主要精神依歸。武裝抗日慘遭鎮壓後，儒生階級改以書房、詩社、
鸞堂、祠堂以維繫傳統文化的傳承。書房與詩社繼承儒家思想中人文化養成
的大傳統，注重儒學教育及漢詩寫作的傳承，鸞堂與祠堂則延續著儒學影響
下具有民間宗教性的小傳統，以神道設教及祖先崇拜的方式宣揚儒家家庭倫
理思想。〔註145〕

〔註145〕陳昭瑛，《臺灣與傳統文化》（臺北：臺大出版中心，2005年），頁23～106。

就創作能力的養成而言，教育儲備識字創作的人材，當士子離開科考的
束縛，將心力放在單純的文學創作，即有可能擺脫制式的限制，寫出形式活
潑的優秀文章，李逢時〈銅貢賦〉（以銅貢立文魁區賦爲韻）是有趣的諷刺賦，
用語俚俗，內容諷刺從咸豐以後清代捐官的制度，〔註146〕讓有才無財者，徒
呼無奈：

> 有貢生自福州來者，其名曰銅。曾進財於榕省，誇好貨於蘭中。
> 區額則鐫聖旨，頭銜則名廁學宮。魚目混珠，羅漢腳何訪誆騙；
> 蟒袍耀彩，光棍皮亦算威風。原夫己未之年，軍需乏用。官銜儘
> 可發兌，選舉何須慎重。布政司貨眞價實，交關者童叟無欺；福
> 建人用賂施財，光顧者商民互擁。十三篇之文字，難爭舉子之名；
> 百餘塊之花邊，准請隨官之貢。則見夫銅貢成行，文魁林立。既
> 有玷乎門墻，輒自誇其品級，相見人材輩出，誰分涇渭之淆；從
> 茲官鬼斗量，濫賦鹿鳴之什，屎氣塞胸，一丁字全然無知；錢銑
> 抹額，三等之名，還算莫及。……赤犬何妨假鹿，休誇斬尾之刀；
> 蒼蠅未必殺人，只恨穢腸之故。安得不爲斯文掃地而興悲，爰集
> 俚句而作賦地哉。〔註147〕

咸豐末葉，清朝諭飭各省開捐例，以補軍需之用，於是殷富之戶，納貲捐貢
生銜，藉以炫耀鄉里，此例貢制度，對苦讀求取功名的莘莘學子，是一大諷
刺，李逢時〈銅貢賦〉採用典麗之賦體，易以通俗之文句，更見嘲諷。

清末蘭地詩賦已漸趨淺白通俗。日治時期，因科舉制度廢除，科舉律賦
的作用消失，傳統文人轉以賦來描寫風花雪月之事物或是諷刺時事。〔註148〕
鸞賦或是通俗傾向的賦作成爲傳統文人創作的大宗，蘭地傳統文人更是將所
有心力從事於鸞書的創作，其內容不止鸞賦，鸞詩亦包含其中，此部分請參
照本文第三章。

四、文抒勝蹟標地景

人們如何瞭解地方，對地方產生親切認同感：

> 人文主義地理學者強調，「地方感」概念的形成，須經由人的居住，
> 以及某地經常性活動的涉入；經由親密性及記憶積累過程；經由意

〔註146〕同註31，頁27。
〔註147〕李逢時，〈銅貢賦〉，同註83，頁156～157。
〔註148〕同註31，頁42～43。

象、觀念及符號等意義的給予；經由充滿意義的「眞實的」經驗或
動人事件，以及個體或社區的認同感、安全感及關懷的建立，才可
能由空間轉型爲「地方」。〔註149〕

地名的命名過程是賦予空間意義，使之成爲地方的方式之一。地景結合了局
部陸地的有形地勢和視野觀念，地景是強烈的視覺觀念。〔註150〕而書寫地景
的文學作品，強化地方感的形成。文學不能解讀爲只是描繪某區域，很多時
候，更可能是文學協助創造地景，〔註151〕文人筆下的文學地景是賦予地方意
義的重要過程，足以標舉地方描寫的特色，以下以「龜山」、「玉山」、「八景」
三主題論述蘭陽文學地景的想像與認同。

（一）龜山

「龜山」位於噶瑪蘭廳治東六十里，因山勢遠望儼如龜形而得名。海岸
無際，龜嶼聳立，與玉山遙遙相對，再與頭圍至壯圍沿海一帶蜿蜒的沙汕相
襯，爲廳治天然門戶，形勢家遂有「龜蛇把口」之說，〔註152〕把龜山從廳治
天然門戶的地位，神格化爲蘭陽的守護者。〔註153〕文學家則歌詠龜山，書寫
龜山，豐富龜山的人文意涵，讓龜山成爲蘭陽首屈一指的文學地景。

作者對區域的陌生，也可能以虛幻神話來塡補認知的空白，同時也藉由
想像力的發揮，在精神層面達到一種自由的狀態。〔註154〕柯培元〈龜山歌〉：

千歲老龜化爲石，遍體綠毛眼深碧。蹣跚欲上蓬萊山，道逢巨鰲話
仙跡。天風慘淡迷寒雲，水路蒼莽震霹靂。縮頸潛伏波之心，奔浪
沼沒露其脊。不計歲月皴莓苔，竟飽煙霞附砂磧。細草如鱗群鹿游，
深澗穿協老猿據。我家東魯有龜山，宣聖奏琴何戚戚。我望金沙有
龜山，邐英說書嘆嘖嘖。茲龜避地兼避人，不爲世人十朋錫。我行
正值春風生，遙見空中翠新滴。曳尾泥中甘沉埋，昂首天外去咫尺。

〔註149〕Allan Pred 著，許坤榮譯，〈結構歷程和地方──地方感和感覺結構的形成過
程〉，《空間的文化形式與社會理論讀本》（臺北：明文書局，1993年），頁86。
〔註150〕Tim Cresswell 著，徐苔玲、王志弘譯，《地方：記憶、想像與認同》（臺北：
群學出版社，2006年），頁17～19。
〔註151〕Mike Crang 著，王志弘、余佳玲、方淑惠譯，《文化地理學》（臺北：巨流出
版社，2003年），頁58。
〔註152〕柯培元，《噶瑪蘭志略・山川志》（臺北：文建會，2006年），頁251。
〔註153〕楊欽年撰文，周家安圖說，《詩說噶瑪蘭》（宜蘭：宜蘭縣文化局，2000年），
頁200。
〔註154〕同註31，頁40～41。

更聞中尺澄清潭，中有金鯉化梭擲。吁嗟乎！龜兮龜兮如有靈，力
捍蛟龍斬荊棘。買山有願終乘桴，此間支床學閉息。〔註155〕

將龜山寫成是神靈的遺跡，藉此引出對孔子和楊龜山的懷想，最後歸結到祈
求靈龜，助其達成買山歸隱的心願。詩中有多處文學想像，最後運用莊子〈秋
水〉典故，說明仕宦爲官，受爵祿刑罰的管束，不如隱居安於貧賤，像泥路
上拖著尾巴的烏龜，反而逍遙自在。〔註156〕詩人遊宦至僻遠蘭陽，能見與家
鄉相同地名的地景，興起遯世隱名的淡泊情懷。全詩之結構、佈局都頗具匠
心，「內容不僅增加了龜山瑰奇浪漫的神話色彩，也爲宜蘭人開創、拓展了一
個依託鄉情的空間。」〔註157〕柯培元〈龜山歌〉充滿神話色彩，〈龜山軼事〉
更是開蘭傳奇故事：

吳沙佔據頭圍，番出死力拒之。一老番謂其眾曰：若龜山臉開，此
地非吾輩有矣。嘉慶四、五兩年，雷霆風雨，屢挫石峰，而東北破
裂一角，遂成側顧之勢。十一、二年，吳沙呈淡水廳獻丈墾之策。
十五年，歸版圖。番之言驗。山在大海中，孤嶼特立，林木深蔚，
四無居人。然春夏間漁者結隊往，遙見有老人爲道士裝，即之已杳；
意者其仙歟。林中多猿，僅五、六寸，面圓而白。時遇白鹿，漸馴
不畏人。盧氏子一日捉得其雄，其雌逸去。自是時雌日日哀鳴，聞
其聲而不見其形云。〔註158〕

族群榮枯有何依據？族群相爭，得勢者獲利，老番成眞的諺語，將漢人入墾
蘭陽行爲合理化。文末所舉人猿故事，更值得深思，人類智力勝猿猴，人捉
雄猿，可曾因雌猿哀鳴而自省？龜嶼上日日哀鳴的雌猿，隱然透露獸類有情，
人卻無義的感慨。龜山果有靈驗，「龜山臉開」與「雌猿哀鳴」之間，發人省
思。

海中龜嶼承載多少人們對開闢新天地的想像，屠文照〈龜山嶼歌〉：

臺陽北路三貂艱，轉行東下臨深灣。忽逢海島如屏環，孤峰聳立蒼
石頑。詢之父老名龜山，招同舟子相躋攀。果然形色龜一般，四足

〔註155〕同註41，頁451。陳淑均題爲〈望龜山歌〉，同註97，頁483。
〔註156〕許俊雅之語，引自〈龜山歌〉詞條檢索，國家臺灣文學館「臺灣文學詞典」
　　　　檢索系統網址：http://www2.nmtl.gov.tw
〔註157〕同註153，頁200。
〔註158〕柯培元，〈龜山軼事〉，《噶瑪蘭志略・雜識志》（臺北：文建會，2006年），
　　　　頁468～469。

綿亙千波間。首尾崚嶒苔蘚斑，天公厭若堅甲擐。霹靂一聲流血殷，
驚走生番馳無還（相傳乾隆年末，有多羅美遠社老番忽見龜山開裂，
知漢人將至）。吁嗟乎！甲蟲三百汝為長，水族之中巨靈掌。不期石
頭宛肖像，波濤掀天風鼓盪。漁舟到此難下網，但見奔騰萬馬響。
狂瀾回潭深萬丈，飄泊海艘如魚龍。向問樵採有人上，虎穴幽深作
蝟蛓。五總十朋常來往，氣吞鯨浪呼吸爽。蛟龍過此敢縱放，黿鼉
同類但瞻仰。年年滋生如卵養，變化無窮神通廣。又聞每歲臨中秋，
當空皓魄月夜幽。花啼文角蹲犀牛，此山挾之海面浮。兩角分開水
不流，雙目如珠夜光投。忽作海市飛蜃樓，風波頃刻翻不休。我今
橐筆來高游，鱷魚何用韓公謀。制伏神怪如楚囚，生民樂利滄海收。
〔註159〕

詩中小註，清楚說明「龜山開裂，知漢人將至」是多羅美遠社老番的說法，
時間是乾隆年末，與柯培元〈龜山軼事〉敘述相近，可知此為當時漢人間盛
行的傳說。整首詩歌清朗明快，可分為三段，首押刪韻，以轉化的筆法，賦
予龜山活靈活現的面貌。次押養韻，言龜山海域變化莫測，更增添神奇的色
彩。末押尤韻，暢敘神龜之靈異，後以制服神怪，生民樂利作結，肯定清朝
治理蘭地的功績。

　　神話書寫的用意，在於藉由自古以來中原與邊區相接觸的歷史經驗之建
構與重新串連，以呼應清代的一統情境。不僅柯培元、屠文照等外地文人以
神話記憶串連傳統中國認知下的完整的時空概念，蘭陽本地文人黃學海〈龜
山賦〉〔註160〕也同樣書寫「龜山開裂，知漢人將至」的傳說，充滿神話想像。
全文的特色在於運用想像形容龜山島的樣貌，龜山自然景觀提供作者無限的
幻想空間，在作者妙筆下，龜山宛如靈龜出遊，龜口會吐氣，龜尾能擺動，
蒼松是它的文鱗，皓石是它的貝齒。劉勰《文心雕龍・詮賦》：「賦者，鋪也，
鋪采摛文，體物寫志也」〔註161〕，體物的賦作「寫物圖貌，蔚似雕畫」〔註162〕，
黃學海選擇「賦」作為書寫形式，用以鋪陳蘭陽地景——龜山之神奇與瑰麗，
此文為黃氏配合地方志編修而寫的賦作，標榜蘭陽特有地景的意味濃厚。

〔註159〕屠文照，〈龜山嶼歌〉，同註97，頁491。
〔註160〕黃學海，〈龜山賦〉，同上註，頁498～499。
〔註161〕劉勰著，周振甫注，《文心雕龍注釋》（臺北：里仁書局，1984年），頁137。
〔註162〕同上書，頁138。

同樣爲配合地方志編修而寫的賦作還有李祺生〈龜山賦〉，其內容與黃學海〈龜山賦〉相仿，以文句鋪陳及神話想像爲寫作主調。黃、李二人之〈龜山賦〉可視爲龜山之「碧眼金精」（黃學海語），讓龜山靈異傳奇光彩耀眼。

蘭陽東方外海的龜山與大陸山東省新泰縣西南的龜山同名，引發文人的想像。不論外來或是在地的文人，藉由邊疆地區中原化的記憶與想像，建構出一個歷史同源的國族共同體，既表達中原正統之心，亦藉山脈作爲血脈相連的映襯。〔註163〕龜山開裂的神話傳說，用以說明漢人入蘭是順天之意，巧妙的掩飾漢人開墾蘭陽的行爲。

（二）玉山

《噶瑪蘭志略》記載「玉山」在噶瑪蘭廳治西二百餘里，三峰並列，中頂如盂，左右如柱。終歲積雪，爲人跡罕至之區。〔註164〕從噶瑪蘭大叭哩沙喃（今宜蘭縣三星鄉）走三天路程，再繞出生番地界，即可到達。至則見其山上非煙非霧，白氣騰空，四水環山，雖盛夏仍嚴冷難耐，絕少人居。玉山，以白得名，亦有人云以石塊擊墜其尖，撈水視之，則宛然六角水晶，並含泥沙，尚未淨化，是即所謂玉山。蘭地人士認爲玉山爲蘭地境內祖山，所有山脈皆發源於此，編修《噶瑪蘭廳志》的陳淑均則認爲不必以他屬之山爲蘭地主山，海疆之地既以海爲宗，自不必尋山作主。〔註165〕依地勢而論，由噶瑪蘭廳治向西南望去，即可見玉山，謂蘭地山脈發源於此，亦有其理。

玉山是蘭地的山川，也可以是嘉南平原的地標，江寶釵即認爲凡高山積雪者皆可以稱爲玉山。如沈斯庵設「東吟社」，首題「東山」，即指玉山。陳夢林《玉山記》、翟灝《臺陽筆記》、章甫《玉山歌》都極力描寫玉山風光，繼之而起的本土科甲文人如徐德欽〈玉山上望海〉激人攀越的壯志，林維朝〈玉山遠眺〉章法井然，賴惠川〈玉山遠望〉縱馳遊仙之想像，林爾材〈玉山〉洋溢童趣，林純鄉〈玉山踏雪〉直似閒適的田園詩，蘇凌雲〈玉山秋色〉充滿紛爛的視覺感受，施天福〈玉山遠望〉親登玉山，俯仰群峰之間，〔註166〕各有特色。

〔註163〕同註31，頁40～41。
〔註164〕柯培元，《噶瑪蘭志略・山川志》（臺北：文建會，2006年），頁252。
〔註165〕陳淑均，《噶瑪蘭廳志・封域・山川》（臺北：文建會，2006年），頁90。
〔註166〕江寶釵，《嘉義地區古典文學發展史》（嘉義：嘉義市文化中心，1998年），頁361～365。

　　噶瑪蘭廳治所稱的玉山即爲今日南湖大山，文人從蘭地觀望玉山，對玉山的描繪也不少。柯培元〈玉山考〉、〈玉山再考〉、〈玉山三考〉〔註167〕等考證文章，雖名爲「考」，實際上多敘述原住民傳說，玉山仍是充滿神秘色彩，盛產玉、金，卻冷寒不易親近，居住在平地的人甚至流傳能望見玉山會帶來好運。柯培元另有一首〈望玉山〉詩描寫終年水氣氤氳的玉山：

> 到底神仙不可名，此間疑即是蓬瀛。
>
> 晶瑩一氣衝雲出，縹緲三峰削壁成。
>
> 翠水瑤池應彷彿，琪花珠樹不分明。
>
> 天門朗朗乘風上，好伴仙人餌石英。〔註168〕

遠觀不可近的玉山，是與天相連的仙山，瑤池、天門的仙國想像，全詩帶有濃厚的神話色彩。屠文照〈初旭時見玉山〉也描繪玉山神秘感：

> 曉起望晴空，遙見白山列。照眼吐虹光，明知不是雪。
>
> 有意看此山，偏偏此峰失。相隔百里間，隱現總難必。〔註169〕

相隔百里遠的玉山，讓人有一種若即若離的距離感。李望洋〈宜蘭襍詠八首五月七日民番集處〉在描寫的玉山之外，加入在地人的觀感：

> 玉山高並歲常寒，秋水澄清一色看。
>
> 七十餘年歸治化，番黎今亦整衣冠。〔註170〕

此詩共四句，字詞組合爲「上三下四，上四下三。上四下三，上二下四」，非常不適合誦讀。從內容來看，詩下有小字：「民番集處」，可見李望洋主要寫的是原住民聚集處的玉山，因此除描寫玉山自然景物外，他從教化觀點瞭解住在玉山的原住民。

　　李逢時筆下的玉山仍遠不可近，但將原住民口傳的玉山景象寫入詩歌中，肯定玉山爲全臺祖山，蘭陽河川皆發源於此。李逢時〈玉山〉：

> 玉山高插天外峯，崩崖斷壁無人踪。
>
> 空際晚晴一凝眺，雪花堆簇青芙蓉。
>
> 一點濃雲蓋絕頂，陰晴變幻在俄傾。
>
> 風雨遠連龜輿東，海濤洶湧震蘭境。

〔註167〕柯培元，〈玉山考〉、〈玉山再考〉、〈玉山三考〉，《噶瑪蘭志略·雜識志》（臺北：文建會，2006年），頁466～467。

〔註168〕同註41，頁450。

〔註169〕屠文照，〈初旭時見玉山〉，同註97，頁492。

〔註170〕李望洋，〈宜蘭襍詠八首五月七日民番集處〉，同註21，頁172。

> 蘭境避處玉山東，西望三峰縹緲中。
> 此間可望不可即，地誌所言多異同。
> 土人爲我前致語，山是全臺所發祖。
> 長松大樹路幽深，絕巘重巖山險阻。
> 生番社樹列週遭，行迹蕭條猿自號。
> 下是沙喃發源處，一石昂立形最高。
> 前有紅鴨逐波戲，旁有金蛇將石據。
> 清濁二溪長滙流，寒氣迫人莫能致。
> 不知此石幾千載，未闢蘭陽遺跡在。
> 年年冬夏天晴明，玉山頂上生光彩。
> 玉蘊石兮山增輝，古語相傳豈我欺。
> 天生美材必有用，未經親見啓羣疑。
> 我聞此語眞奇絕，説與旁人渾不決。
> 或云玉山最高寒，每至秋冬常積雪。〔註171〕

玉山「可望不可即」，詩人借由「凝眺」及原住民口中的玉山傳奇，更貼近玉山。詩人使用偏義複詞「異同」表達玉山在方志中的記載大同小異，而原住民形容的玉山，上有社樹，又有玉石、金蛇、紅鴨，令人啓疑，因爲一般人觀念中玉山是最高寒之處，幽深重嶺，終年積雪，豈容居處，但詩人相信那是原住民自古口耳相傳的事蹟，豈有惡意欺騙之必要。詩人遠眺玉山，除了觀景，繼以原住民玉山傳奇，讓「未經親見」的玉山，更增添幾分親切感。

　　臺灣文人雖受制於清朝的高壓統治及思想箝制，有自覺的文人在寫作上有可能採取兩種路線，一種是表面的順從，符合帝國要求與限制；另一種是不完全依循朝廷所給予的價值觀或思維方式，從觀察與思考角度的歧岔，建構屬於自己的審美要求或寫作取向。例如同樣寫山川風物，遊宦者寫作內容多偏向描寫山巒之高聳奇峭，煙雲繚繞的神秘想像。本地文人則不從奇險處落筆，他們刻劃山川風物之美，也援引與當地有關的神話傳說，讓「口傳文學」進入文學作品中，可視爲中原文化「本土化」的一種現象，也可以解釋成臺灣文士希望不著痕跡的擺脫官方觀點，試圖在本地找尋文化的根源。〔註172〕蘭地文人描寫玉山的詩作，遊宦者如柯培元、屠文照多

〔註171〕李逢時，〈玉山〉，同註83，頁19。
〔註172〕施懿琳，《從沈光文到賴和——臺灣古典文學的發展與特色》（臺北：春暉出

遠觀的想像，本地文人李逢時則引入原住民傳說，增加在地人的觀感，不像柯培元將有關原住民玉山傳說只在考證文章中敘述，以地誌知識角度理解這些故事。

（三）八景

「八景」，顧名思義，指某地最具特色的八個景點。清代臺灣各地的景點數，雖不固定只選八個，但以「八」最爲普遍，另有四景、六景、十二景、十六景等，都是偶數的景點數。〔註173〕噶瑪蘭在未設廳以前就有八景的選定，陳淑均編修的《噶瑪蘭廳志》錄有蕭竹〈陽景三絕〉，陳淑均詩前按語：

> 按竹友好堪輿術，嘉慶庚申歲游蘭地，止四圍耳。竹友以蘭城拱翠、
> 石峽觀潮、平湖漁笛、曲嶺湯泉、龍潭印月、龜嶼秋高、沙堤雪浪、
> 濁水涵清爲陽基八景；復有佳城八景，如湖堤曉月之類，皆係以七
> 言絕句又歌。〔註174〕

按語中所言庚申歲，即嘉慶5年（1800），證明噶瑪蘭在官方未設廳以前，民間就有八景的選定。謝金鑾〈蛤仔難紀略·原由〉〔註175〕及《噶瑪蘭志略》〔註176〕記載蕭竹標蘭地勝處爲八景，且益爲十六景，如「蘭城拱翠」、「龍潭印月」、「曲徑香泉」、「濁水涵清」之類。可惜今日已無法得知蕭竹「陽基八景」、「佳城八景」，或是十六景的所有詩作內容，陳淑均只收錄蕭竹〈陽景三絕〉：

> 石峽朝天景秀妍，高峰玉筍插雲煙。
> 遙看雪浪飛千尺，秋色凌空水接天（石峽觀潮）。
>
> 龍潭碧水玉壺清，印得秋空兩月明。
> 百里江山如畫稿，青岩藍影盡含情（龍潭印月）。
>
> 孤峰獨聳接雲間，砥柱中流豈等閒？
> 日月每從眉上過，乾坤祇在海中山（龜嶼秋高）。〔註177〕

版社，2000年），頁84～85。

〔註173〕劉麗卿，《清代臺灣八景與八景詩》（臺北：文津出版社，2002年），頁11～12。

〔註174〕同註97，頁492。

〔註175〕謝金鑾，〈蛤仔難紀略·原由〉，《噶瑪蘭志略·藝文志》（臺北：文建會，2006年），頁420～440。

〔註176〕柯培元，《噶瑪蘭志略·人物志·文學》（臺北：文建會，2006年），頁327。

〔註177〕蕭竹，〈陽景三絕〉，同註97，頁488。

這三首詩皆描繪蘭地秋天，卻無蕭疏、悲涼之意，反而有清麗、爽朗之感。今觀蕭竹「陽基八景」、「佳城八景」之詩題，大多約略歸納勝景特色，然後攝取四言以命題，未如其後烏竹芳蘭陽八景詩題明確標舉景點所在之地名。〔註178〕今日僅傳的三首絕句，唯有〈龜嶼秋高〉明確點出龜山島地名〔註179〕，其餘二首只能就蘭陽地理環境、歷史背景及蕭竹遊蹤，推測〈石峽觀潮〉寫的是「高山峻嶺，至海濱不過二百步，大石鱗列」〔註180〕的北關，〈龍潭印月〉指的是「縱橫約百丈，深四、五丈」〔註181〕的四圍大埤（今稱龍潭）月色。

　　繼蕭竹之後，到了道光5年（1825），噶瑪蘭通判烏竹芳又為蘭陽選了一次八景，並且寫了一組八景詩，詩前小序：

> 噶瑪蘭，一新闢之區也。榛莽荒穢，草木蒙茸，每為人跡所罕到。前之人來守斯土者，斬其荒而除其穢，落其實而取其材。由是奇者以露，美者以顯；而山海之靈異、景物之秀發，未嘗不甲乎中州。特以僻在荒陬，海天遙隔，文人騷士每裹足而不前，實貽林澗之愧。雖然，莫為之前，雖美弗彰；莫為之後，雖盛弗傳。予以乙酉夏承乏斯士，見夫民番熙穰，山川挺秀。北顧隆嶺，雲煙縹緲；南顧沙喃，水石雄奇。其東則海波萬里，龜山挺峙；其西則峰巒蒼翠，儼如畫屏。竊疑天地之鍾靈、山川之毓秀，未必不在於是也。故特標其名而誌其勝，列為八景，附以七絕；庶名山佳水，不至蕪沒而不彰。後之人流連景物、延訪山川，亦可一覽而得其概云。〔註182〕

序文中清楚說明作者乙酉年，即道光5年（1825）夏天來到蘭地任職，眼見此地山川毓秀，奇美景觀弗彰弗傳，所以「特標其名而誌其勝，列為八景，附以七絕」，使後人能觀詩見景，一覽蘭地勝蹟。八首詩作如下所列：

龜山朝日

曉峰高出半天橫，環抱滄波似鏡明。

一葉孤帆山下過，遙看紅日碧濤生。

〔註178〕同註153，頁177。

〔註179〕「龜山，即龜嶼。」柯培元，《噶瑪蘭志略・山川志・山》（臺北：文建會，2006年），頁251。

〔註180〕柯培元，《噶瑪蘭志略・關隘志・關》（臺北：文建會，2006年），頁260。

〔註181〕柯培元，《噶瑪蘭志略・水利志・埤》（臺北：文建會，2006年），頁279。

〔註182〕烏竹芳，〈蘭陽八景詩並序〉，同註97，頁478。

崙嶺夕煙

層層石磴繞青雲，綠樹濃陰路不分。

半面斜陽還返照，晴煙一縷碧氤氳。

西峰爽氣

重疊青峰映碧流，西來爽氣一天秋。

山光入眼明如鏡，空翠襲人無限幽。

北關海潮

蘭城鎖鑰扼山腰，雪浪飛騰響怒潮。

日夕忽疑風雨至，方知萬里水來朝。

沙喃秋水

磧石重重到處勻，青山四壁少居鄰。

秋來積潦無邊闊，水色天光一鑑新。

石港春帆

石港深深口乍開，漁歌鼓棹任徘徊。

那知一夕南風急，無數春帆帶雨來。

蘇澳蜃市

澳水回旋地角東，山光日色照瞳矓。

蜃樓海市何人見？遙在澹煙疏雨中。

湯圍溫泉

泉流瀉出半清湍，獨有湯圍水異香。

是否天工鑪火後，浴盆把住不驚寒？〔註183〕

此八首詩囊括噶瑪蘭由北至南，由海岸至山區的勝景，龜山、崙崙嶺、北關等地是北方陸路入蘭鎖鑰，烏石港、蘇澳是蘭地南北兩大港所在地，西峰即是枕頭山，在廳治西五里，平壤中峙起二峰，因形得名。沙喃指小叭哩沙喃山及大叭哩沙喃山在廳治南三十五里及西南五十餘里的位置。〔註184〕湯圍，在廳治南四十里，遠望熱氣蒸騰，泉中若沸，約今日礁溪一帶。烏竹芳蘭陽八景詩內容皆與詩題緊密相扣，每首詩的前兩句指明地點，後兩句形容此地風景特色，明朗輕快，可讀可誦。

〔註183〕烏竹芳，〈蘭陽八景詩〉，同註97，頁 478～479。

〔註184〕柯培元，《噶瑪蘭志略・山川志・山》（臺北：文建會，2006 年），頁 250。

　　道光 15 年（1835），柯培元任噶瑪蘭通判，又參酌蕭竹及烏竹芳八景之名，重新選定「玉峰積雪」、「石洞噓風」、「龜山朝日」、「鳳岫歸雲」、「蘇澳連檣」、「石港觀潮」、「清溪印月」、「溫泉浴雨」為蘭陽八景。〔註185〕可惜柯培元並未依上述蘭陽八景名稱寫出對應的八景詩，但由柯氏的詩作中可以找出相類的八首詩：

龜峰唧日

曳尾波間不計年，日華吞吐雪花濺。

扶桑遠上曈瓏影，昂首紅雲碧落邊。

鳳岫嵌雲

丹穴白雲封，威鳳翔其外。一落千丈強，仰視青空界。

天半朝陽鳴，海天翠羽翩。昂首唧梅花，洞口風吹快。

玉山積雪

天外玉芙蓉，晶瑩徹幾重。可望不可及，無夏亦無冬。

海上殷紅日，雲間描白龍。仙人藐姑射，皎潔好姿容。

草嶺偃風

山上山下翠雲接，一山上下飛蝴蝶。

經年青草長如人，此處蝴蝶大如簾。

上山一路何茫茫，蠻雨瘴煙停落葉。

披襟恰當天風來，縱目驚看海浪疊。

春風吹暖秋風涼，春草茁綠秋草黃。

四山響應叫鷓鴣，一天雲暗啼寒螿。

行人踽踽行不得，千里縻蕪渺斜陽。

吁嗟乎！莫為遠志為小草，寸心報答春暉長。

石港春帆

港口晴明點翠螺，船頭風力動纖蘿，

今年節氣迎春早，半夜潮聲到客多。

照海白雲低近水，開帆細雨不揚波。

天邊鸀首如飛鳥，指點艖艎頃接過。

〔註185〕柯培元，《噶瑪蘭志略·雜識志》（臺北：文建會，2006 年），頁 461～462。

沙喃秋水

峭壁奇峰抹遠天，山根環繞鏡含煙。

平林落葉秋風起，水淨沙明好放船。

蘇澳連舶

爛賤魚蝦市，喧闐舶客船。晴明占海熱，豐稔看檣連。

帆影驚濤外，潮聲落照邊。黃昏燈火盛，水面聚人煙。

湯圍溫泉

華清第二湯，賜浴世所艷。海外有溫泉，波浮空激灩。

器樹蔭泉上，泉中水若沸。曲折山谿間，翻覺草青蔚。

層峰陰積雪，地氣暖如蒸。僻壤無人到，澡躬誰許稱，

補入溫泉志，應嘆見者稀。會將芹藻採，可詠浴乎沂（時議建學宮）。

〔註186〕

若將此八首詩歸納爲蘭陽八景詩，亦無不可，只是此八景詩寫作格式不盡相同，不是以組詩的方式寫成，這或許是柯培元未將此八景詩總題爲「蘭陽八景詩」之因。觀其詩題〈龜峰喇日〉、〈石港春帆〉、〈沙喃秋水〉、〈湯圍溫泉〉即烏竹芳八景中的〈龜山朝日〉、〈石港春帆〉、〈沙喃秋水〉、〈湯圍溫泉〉四景。烏竹芳描寫蘇澳海市蜃樓（〈蘇澳蜃市〉），柯培元則描繪蘇澳港漁船（〈蘇澳連舶〉）。

柯培元〈玉山積雪〉描寫遠觀的玉山，並加入神話的想像。〈風岫嵌雲〉詩作內容，描寫作者在靠海山區賞雲，北關及蘇澳皆有可能，不知確指何地。〈草嶺偃風〉這首歌行體的詩作最特別，全詩輕鬆愉悅，與一般形容草嶺風大石巨，生番出沒，阻礙難行的印象不同，「山」、「上」、「下」三字交替使用，如同崎嶇不平山路，給人錯綜複雜之感，「蝴蝶」、「鷓鴣」、「落葉」、「浪疊」、「春風」、「秋草」等事物，增添行路樂趣，繁忙中充滿希望。

道光20年（1840）陳淑均編修的《噶瑪蘭廳誌》成書，錄有陳淑均〈龜山朝日〉、〈隆嶺夕煙〉、〈西峰爽氣〉、〈北關海潮〉、〈沙喃秋水〉、〈石港春帆〉、〈蘇澳蜃市〉、〈湯圍溫泉〉八首詩：

〈龜山朝日〉

昂然勢矗海門東，十丈朝暾射背紅。

〔註186〕同註41，頁454～455。

員嶠戴星高出地，咸池浴水突浮空。

山衝泖鼻開靈穴，嶼轉雞心駕曉篷。

自是醮波常五色，對看鷺嶺亦瞳曨（泖鼻即「府志」鼻頭山，與雞心嶼皆入蘭海道）。

〈鷺嶺夕煙〉

石磴盤旋暮色蒼，引人煙景入岩疆。

輕如翠帶拖嵐起，細與晴絲掛嶂張。

幾擔歸樵尋出徑，半林棲鳥抹斜陽。

來朝拂袖登高頂，雅近鑪頭捧御香。

〈西峰爽氣〉

入我襟懷在此間，西峰不獨一員山。

何人解向紅塵洒？對景能消白晝閒。

簾放竹猗秋水碧，欄扶花亞夕陽殷。

披衣興到餘酣處，槳打溪頭弄月還。

〈北關海潮〉

海轉臺陽背面寬，天開岩户扼全蘭。

百三弓勢射潮準，十里軍聲堅壁看。

雲外樹嵌危堞小，山腰風吼怒濤寒。

憑誇水盡朝東去，且擁南關兀坐安（蘭境百三十里，山形彎如弓背，烏石港口南去萬水朝東洋面不遠。見「楊詩注」及「開蘭事宜」）。

〈石港春帆〉

水流天外海孤懸，幸有恩波及福泉。

港小能容舟入口，帆低不礙石多拳。

斜風撐出濤三尺，細雨收來幅十聯。

贏得人裝書畫稿，滿江都喚米家船（港口過鼻頭山對渡五虎，徑達泉南；每春夏交，内地小舟裝販米石）。

〈沙喃秋水〉

一灣三十里平沙，笑指雕題近水家。

雁起蘆邊秋漲闊，花疏蓼外夕陽斜。

溪光潤帶禾千頃，洞口流交樹八叉。

盼到月眉圍盡處，恍疑晚市聚魚蝦（月眉圍近沙喃盡頭）。

〈蘇澳蜃市〉

無端海市湧樓臺，車馬衣冠景物該。

一水暗連諸嚕咽，半空擘出小蓬萊。

仙家總在迷茫外，世境都從變幻來。

莫使風吹南北澳，留將圖畫太陽開（蘇澳與斗史、太嚕咽七十二社
生番毗連；其地有南風澳、北風澳，即港口泊舟之處）。

〈湯圍溫泉〉

華清今已冷香肌，別有溫泉沸四時。

十里藍田融雪液，幾家丹井吐煙絲。

地經秋雨眞浮海，人悟春風此浴沂。

好景蘭陽吟不盡，了應湯谷沁詩脾。〔註187〕

陳淑均雖未將此八首詩標爲蘭陽八景詩，但實爲蘭陽八景詩無疑。陳淑均
蘭陽八景詩題，與烏竹芳蘭陽八景詩題相同，不同的是烏竹芳使用七言絕
句組詩，陳淑均使用七言律詩組詩。楊欽年研究指出，烏竹芳蘭陽八景詩
「取景自然，措辭樸拙，初似不經意，但筆鋒翻轉，景色自見。」陳淑均
蘭陽八景詩「遣詞用字工則工矣，然卻流於形式上的浮誇雕琢，所要描繪
的景色反而隱晦不彰。」〔註188〕筆者以爲烏竹芳蘭陽八景詩有如水墨畫，
淡雅自然，陳淑均蘭陽八景詩有如工筆畫，精巧細膩，各具特色。

蘭陽八景詩從嘉慶 5 年（1800）到道光 15 年（1835），短短 35 年間，
已經歷三次變化，選定時間雖短，但與康雍乾三縣廳八景的調整幅度相較，
明顯大得許多。〔註189〕可見，「蘭陽八景」隨著蘭地地景的變化有很大的
變動。柯培元標舉蘭陽八景，卻未留下八景相對應的詩作。陳淑均書寫與
烏竹芳蘭陽八景詩同題的詩作，也未總標爲「蘭陽八景詩」。蘭地的本地文
人李祺生雖無總題蘭陽八景詩的詩作，其〈龜山朝日〉、〈沙喃秋水〉、〈石
洞噓風〉、〈玉山積雪〉、〈蘭陽春潮〉可視爲蘭陽五景詩。首先談〈龜山朝
日〉：

〔註187〕同註 97，頁 489～490。

〔註188〕同註 153，頁 187。

〔註189〕劉麗卿，《清代臺灣八景與八景詩》（臺北：文津出版社，2002 年），頁 41。

　　靈峰孤聳海東尊，高挹朝陽勢欲吞。

　　吸退曉嵐開蜃市，吹殘宿雨霽龍門。

　　幾番膏澤頤間出（山吐霧則雨），萬水朝宗肘下奔。

　　誰向斑斕占吉兆，波光猶映墨留痕。〔註190〕

此詩充滿神話想像，可與李祺生〈龜山賦〉〔註191〕互相參看。另一首〈沙喃
秋水〉描繪廳治西南山區，蘭陽溪流的發源地：

　　沙喃叭哩溯灘頭，萬壑千巖瀉素秋。

　　山捲雲煙開北向，水分清濁合東流。

　　金沙泉溢寒光沸，玉岫源傾練彩浮。

　　聞道瞿唐常倒峽，此間原自有龍湫。〔註192〕

此詩末兩句，將沙喃溪流與大陸瞿唐相比擬，讚揚蘭地家鄉美景。另一首〈玉
山積雪〉：

　　元圓層城記未真，玉山咫尺倍精神。

　　不聞嶺海春飛雪，合是蓬山舊砌銀。

　　雲影練光全補缺，瑤華玉樹遠合皴。

　　何年分得崑山脈，來障東南大海濱。〔註193〕

李祺生為蘭陽本地文人，站在維護家鄉的立場，將蘭地山景與大陸山景相評
比，有著邊緣地區向中央顯示自我的意味，這樣的書寫方向並未出現在遊宦
至蘭的文人詩文作品中。另一首〈石洞噓風〉：

　　玲瓏石竅鬱層嵐，披拂煙雲橐籥探。

　　不用投膠酬巽二，自將揮扇轉輪三。

　　長天風色微茫合，近海潮聲澒洞涵。

　　料得吹噓真力滿，扶搖可藉汝圖南。〔註194〕

詩題小註「在擴仔山」。依《噶瑪蘭志略》記載擴仔山，即鳳頭山，在廳治北
二十五里，山南有大小風洞。〔註195〕這也是遊宦文人不曾注意的題材。另一
首〈蘭陽春潮〉：

〔註190〕李祺生，〈龜山朝日〉，同註97，頁492。

〔註191〕李祺生，〈龜山賦〉，同上註，頁499～501。

〔註192〕李祺生，〈沙喃秋水〉，同上註，頁492。

〔註193〕李祺生，〈玉山積雪〉，同上註，頁493。

〔註194〕李祺生，〈石洞噓風〉，同上註，頁492。

〔註195〕柯培元，《噶瑪蘭志略・山川志・山》（臺北：文建會，2006年），頁251。

　　勁厭錢王弩，雄吞伍相潮。千軍聲走峽，萬里勢連鑣。

　　帶雨孤帆急，飛花兩岸遙。望渠東到海，百谷共趨朝。〔註196〕

此詩寫蘭陽海潮的壯觀，詩中未指明何地，可泛指蘭地任何可以看到海景的地方。事實上文人描繪蘭陽勝景者不少，如楊廷理〈噶瑪蘭道中口占〉、〈羅東道中〉、〈登員山〉；孫爾準〈噶瑪蘭北關〉；董正官〈蘭陽雜詠〉；李望洋〈宜蘭雜詠〉；劉明燈〈過三貂嶺〉；李逢時〈東海〉、〈泖鼻〉、〈三貂嶺遇雪〉等作品，都是蘭陽「八景詩」之外描寫蘭地景致的佳作。

　　蘭陽「八景詩」命名，標舉蘭地引人入勝的地景，文人創作蘭陽「八景詩」卻不受限於「八景」，文人心中有自我票選的文學地景。地理學者研究指出，在依附文字作為知識權威承載者的社會裡，命名的權力邏輯運作與書寫權力的把握是息息相關的，對握有書寫權力的帝國官員來說，歷年來官方在所修訂的方志或官文書中，對於異族分類或命名指涉的意涵，不只是行政統治的需要，或是在文書記載下一種對異文化的馴化作用，文獻對疆域邊陲的人群分類和命名，在時間脈絡裡的轉變，事實上隱含著書寫者對人群所屬空間認知上的變化。〔註197〕「蘭陽八景」並未在文人間達到一致的認同，隨著時間的轉移，地貌的改變，書寫者觀感不同，而有極大的變化，甚至出現標舉八景但不一定書寫此八景的情況（如柯培元），或未標八景，但選擇八景中某幾個（如李祺生）或全部詩題（如陳淑均）創作的情況。

　　蘭陽八景詩以標舉龜山者最多，蕭竹、烏竹芳、柯培元、陳淑均皆以龜山為蘭陽重要地景。龜山是蘭陽的地標，所謂「凡入蘭客棹，無不以此（龜山）表識」〔註198〕，《噶瑪蘭廳志‧封域‧山川》記載：「龜山，其龍從蘇澳穿海而來，一路石礁，高者如拳，小者如卵，隱隱躍躍，如起似伏。山週二十餘里，高二百餘丈，朝旭初升，變幻萬狀。蘭陽八景所謂『龜山朝日』者，此其第一。」〔註199〕「龜山朝日」是多數蘭地文人肯定的蘭陽勝景。

　　若就臺灣八景詩發展脈絡來看，施懿琳以為臺灣文人描景寫物時，實地觀察，逼真描摹的成分比遊宦人士多，緣於臺灣本地文人熟諳自我生長環境，其中以「開臺進士」鄭用錫的「北郭園八景」為最逼近自我生活圈的景觀書

〔註196〕同註41，頁449。

〔註197〕康培德，《殖民接觸與帝國邊陲——花蓮地區原住民十七至十九世紀的歷史變遷》（臺北：稻香出版社，1999年），頁130。

〔註198〕柯培元，《噶瑪蘭志略‧海防志‧島》（臺北：文建會，2006年），頁273。

〔註199〕陳淑均，《噶瑪蘭廳志‧封域‧山川》（臺北：文建會，2006年），頁89。

寫。從其「此是平生安樂窩，他時當入淡廳志」句子，可知詩人將「地理中心」移置到自己鄉土的期盼。透過土地的書寫，特別是八景的刻鏤，爲臺灣尋找可以著根的地標，藉著絕美景物的描寫和群體的吟詠，產生更深厚的土地認同感。這樣的書寫傾向，讓詩歌不再只是文學層面的價值，它承載豐富的文化意涵，並能喚起人們的集體記憶。〔註200〕蘭陽八景詩雖未發展到庭園八景的階段，但標舉蘭陽勝景，已存有土地認同感的用意，筆者以爲，當作者書寫某地特有景觀時，不論其身分爲何（本地或外來），已表明他欲瞭解此地，親近此地的用心。

廖一瑾認爲「臺灣八景詩，正是以中國傳統文人之生活與眼光來品嘗島國風光之情趣。」〔註201〕陳佳妏的研究則提出「八景詩並不負擔精準地書寫地方景物特色的寫實責任，創作者反而將其寫作的重點放在，如何透過對於山水意象的的塑造與書寫，引發豐沛的情感動能，進而達到所謂『情景交融』的境界」〔註202〕。情景交融詠景詩是文人創作最高境界，蘭地自蕭竹開始即有八景之說，至烏竹芳始有完整蘭陽八景詩流傳，其後文人列舉蘭陽勝景，繫之以詩，雖未總題八景詩，卻有標舉文學地景之實，文人創作豐富地景的人文意涵，將一般地景提升至文學地景之位，勝景之勝得以千古流傳。

五、四時節令風土情

文學與生活緊密結合，地方風土人情的觀察與描繪，常是創作的重要題材。文人們對蘭地的印象如何呢？「東轉雞籠外，其名蛤仔難。蠶叢驚地裂，蛇瘴迫天寒」〔註203〕，這是蘭地未開時，官員想像中的噶瑪蘭。

嘉慶3年（1798）龍溪蕭竹從其友來臺遊歷，5年（1800）至噶瑪蘭，他喜好吟詠，〈蘭中番俗〉描寫此地「社番」的生活，可以說是當時噶瑪蘭人未漢化前，生活景況的最佳寫照：

> 遍履蘭中地，番莊卅六多。依山茅蓋屋，近水竹爲窩。
>
> 眾怪疑魍近，心頑奈石何。往來皆佩劍，出入總操戈。

〔註200〕同註172，頁90～91。

〔註201〕廖一瑾（雪蘭），《臺灣詩史》（臺北：文史哲出版社，1999年），頁7。

〔註202〕陳佳妏〈滾滾波濤聲不息，斐然有緒煥文章──論清代臺灣八景詩中的自然景觀書寫〉，頁10。此文筆者於2007年3月20日取自施懿琳「臺灣古典文學研究室」網站，網址：http://140.116.14.95/history.htm。

〔註203〕謝金鑾〈紀捷〉第三首形容噶瑪蘭草莽未開之時。同註97，頁477。

酒醉欣搖舞，情歡樂笑歌。尊卑還可愛，男女實難訛。

八節無時序，三冬亦暖和。未能傳五教，咸曉四維摩。〔註 204〕

詩中描寫蘭地「番社」有三十六個之多，指噶瑪蘭族，當時稱爲熟番。他們靠山搭蓋茅屋，或在近水之地剖竹編結爲家。喝醉了就欣喜跳舞，心情歡愉時就快樂歌唱，男女老少純樸可愛。蕭竹爲漢人，無可避免的以漢文化背景觀看此地原住民，後四句以「八節」、「三冬」漢人時令及「五教」、「四維」漢人道德觀加以比附，不過此詩前十二句仍客觀的呈現的番俗風貌，去除偏私成見的態度，仍是難得的好詩。〔註 205〕番漢相遇，因風俗習慣的差異，難免造成誤解。柯培元道光 15 年（1835）由福建甌寧知縣調署噶瑪蘭通判，寫下〈生番歌〉、〈熟番歌〉直指漢人對原住民的壓迫。道光 29 年（1849）授噶瑪蘭通判的董正官曾寫〈蘭陽雜詠〉八首，其中有二首敘及蘭地原住民，〈番社（化番成社）〉：

獻地當年此熟番，社分卅六駐平原。

譯名武歹龜劉別，問俗榛狉鴃舌存。

金鯉魚懸雙額喜，刺桐花發一年論。

斗醪尺布售摹紙，忍極田租漢仔吞。〔註 206〕

噶瑪蘭族以刺桐花開作爲一年的循環，語言及生活習慣和漢人不同，此詩末兩句明白寫出漢人對噶瑪蘭族的欺壓。另一首〈生番（廿隘防堵）〉：

海角蒼生共此生，靦然何獨戾人情。

飾金怪具髑髏癖，飲血群歸鳥獸行。

番割得毋忻搆禍，鐵工疑亦暗齎兵。

雖言隘隘難防遍，鬼怨糜糧瞰最明。〔註 207〕

漢化深的原住民會受到漢人的壓迫，漢化淺的原住民較爲兇悍，治理者採取設隘防堵的策略，從董正官詩作內容可看出他們神出鬼沒，令人難以捉摸。

番漢時有械鬥，又頻歲多災，人心浮動，姚瑩會集三籍漢民及生熟各社番，設厲壇於北郊，祭祀開蘭以來死者，當天至者有二千餘人，列漳籍位左，泉、粵籍位右，列社番於地，以從其俗。在文武官員的帶領下，井然有序的

〔註 204〕蕭竹，〈蘭中番俗〉，同上註，頁 488。

〔註 205〕許俊雅之語，引自〈蘭中番俗〉詞條檢索，筆者於 2007 年 5 月 22 日取自國家臺灣文學館「臺灣文學詞典」檢索系統，網址：http://www2.nmtl.gov.tw。

〔註 206〕董正官，〈蘭陽雜詠．番社（化番成社）〉，同註 97，頁 494。

〔註 207〕董正官，〈蘭陽雜詠．生番（廿隘防堵）〉，同上註，頁 495。

舉行祭典，〔註208〕姚瑩特別寫〈噶瑪蘭屬壇祭文〉〔註209〕祝禱之，一篇至情至性的祝禱文，憐憫往生者的不幸，同時傳達人民喜安居，遠爭鬥的祈求，聞著為之泣下。

漢人至蘭地開墾，常有水土不服的情況，天災也不少，此時則需要藉助宗教力量化險為夷，安頓心靈上的不安。從嘉慶 14 年（1809）至咸豐 2 年（1852），史書有記載的，蘭地發生八次水災，二次火災，二次風暴，三次大地震，〔註210〕全卜年〈社稷壇禱告地震疏〉〔註211〕述之以理，禱之以情，專為安撫地龍而作。另一篇〈天后宮上梁文〉寫天后宮〔註212〕移宮安樑之事，祈求「百卅里安瀾平浪，普濟慈航；廿四秋闢地聚人，宏昭化宇。」〔註213〕

臺人祭祀活動多，七月份為普渡孤魂野鬼所舉辦的搶孤活動更是盛大，黃逢昶〈臺灣竹枝詞〉七十五首之五十七：「中元穀果列層臺，夜夜燒花繞市闤。鴨作高山雞作塔，人人競說搶孤來。」此作為黃逢昶光緒 8 年（1882）奉委至宜蘭推收城捐事期間，所寫的有關「搶孤」的風俗詩。搶孤風俗在彰化、澎湖皆有，但在場面的熱列上，恐怕難以和宜蘭相比，〔註214〕這可從烏竹芳所寫的〈蘭城中元〉一詩中看出：

> 穀果層層列此筵，紙錢焚處起雲煙。
> 滿城香燭人依戶，一路歌聲月在天。
> 明滅燈光隨水轉，輝煌火炬繞街旋。
> 鬼餘爭食齊環向，跳躍高台欲奪先。〔註215〕

從「滿城香燭人依戶，一路歌聲月在天」以及「輝煌火炬繞街旋」，可知此頭城的搶孤，場面熱鬧，是全城都參與的活動。詩題小註：「蘭每年七月十五夜，

〔註208〕姚瑩，〈噶瑪蘭屬壇祭文〉後序，《東槎紀略》（臺北：臺灣經濟銀行研究室，1957 年），頁 87。

〔註209〕姚瑩，〈噶瑪蘭屬壇祭文〉，《東槎紀略》（臺北：臺灣經濟銀行研究室，1957 年），頁 85～87。

〔註210〕陳淑均，《噶瑪蘭廳志・風俗上・祥異》（臺北：文建會，2006 年），頁 302～303。

〔註211〕同註97，頁 461。

〔註212〕天后宮，在噶瑪蘭廳治南，東向，嘉慶 12 年（1807）居民合建。柯培元，《噶瑪蘭志略・寺廟志》（臺北：文建會，2006 年），頁 298。

〔註213〕全卜年，〈天后宮上梁文〉，同註97，頁 461～462。

〔註214〕薛順雄，〈從清代臺灣漢語舊詩看本島漢人社會及習俗〉，《臺灣古典文學與文獻》（臺北：文津出版社，1999 年），頁 120～145。

〔註215〕烏竹芳，〈蘭城中元〉，同註97，頁 480。

火炬燭天，笙歌喧市，沿溪放啗。家家門首各搭高臺，排列供果。無賴之徒
爭相奪食，名爲搶孤」。蘭城中元搶孤活動，是民俗特色，也是遊子思家時最
美的記憶。李望洋〈蘭州省七月十五夜思家〉七絕兩首：

> 記否家鄉獻敬樽，華筵葷素列當門。
> 只今萬里爲西客，空對孤燈拭淚痕。
> 河魚甘米佐盤飧，地角天涯酒一樽。
> 料想蘭陽今夜月，三更應照普孤魂。〔註216〕

蘭地中元普渡，家家燈燭輝煌，並結綵燈，夜夜遊街，沿溪放水燈。祭拜的
貢品豬羊雞鴨，堆積成塔，百盤果品海荣，羅列高臺之上，「搶孤」活動盛況
空前。遠在大陸任官的蘭陽子弟李望洋，憶起家鄉風俗，不禁潸然淚下。

七夕情人節也是農曆七月重要的日子，李逢時五言古詩〈七夕有懷〉〔註217〕
探索牛郎織女愛情傳說的眞諦。另一首八言律詩〈乞巧日借廂萬歲禪寺與諸同
年分韻得先字〉「土鼓雷門慚一擊，新詩漫草不須編」〔註218〕，道出詩人們在七
夕乞巧日，擊鉢分韻寫詩的樂趣。

農曆七月過後，八月最重要的節日就是象徵月圓人團圓的中秋節，文人
筆下的蘭陽中秋節是如何呢？楊廷理〈噶瑪蘭中秋〉二首：

> 聞說朝晴暮雨天，中秋始見月重圓。
> 茆簷新蓋劫灰盡，冰鏡高懸景色妍。
> 聖化昭明含內外，神靈照耀徹中邊。
> 乾坤運動眞無跡，共仰清輝話往年。
>
> 我亦相隨笑口開，不孤跋涉賦重來。
> 九天雲淨除纖翳，百里途平絕點埃。
> 丹桂園中思舊植，紅菱池面紀新栽。
> 夜深秋思無端集，香霧清輝詠幾回。〔註219〕

多雨的蘭陽，中秋節這一天難得碰到好天氣，此時詩人的心情愉快，二首詩
都給人平和的感覺，雖有幾許愁思，也被沖淡了。楊氏高興的應該是治蘭有
成的成就。吳鏴〈噶瑪蘭中秋見月呈楊太守〉二首：

〔註216〕李望洋，〈蘭州省七月十五夜思家〉，同註21，頁53。
〔註217〕李逢時，〈七夕有懷〉，同註83，頁55～56。
〔註218〕李逢時，〈乞巧日借廂萬歲禪寺與諸同年分韻得先字〉，同上註，頁54～55。
〔註219〕楊廷理，〈噶瑪蘭中秋〉，同註97，頁470。

喜聞新土樂堯天，盡仰光明月影圓。

甘露被皋徵碩德，仁風遍野慶豐年，

雲開萬里茅簷睹，霾盡千山海國妍。

一片流輝秋皎皎，揚清度量信無邊。

共說青天霧氣開，歡迎天上福星來（太守召見，上命馳驛來蘭）。

十分清影橫霄漢，萬姓歌聲淨土埃。

珠貫呈輝同朗徹，桂香垂象仰栽培。

大開海外文昌運，月朗風清詠幾回。〔註220〕

吳鎔受楊廷理之邀來到蘭陽，極力歌頌楊氏治蘭功績，雖有歌功頌德之嫌，但考之史實，楊氏確實對蘭地的開發貢獻良多，可謂名副其實。

　　時序進入九月，登高重陽節已來到。楊廷理〈噶瑪蘭重陽〉：

身安異域便為家，肯向空山惜歲華？

半雨半晴天氣象，如癡如夢我生涯。

塵冠甫拭無須正，濁酒能沽不用賒。

吟興問誰詩思美，催租且漫任喧譁（時議催徵）！〔註221〕

楊廷理身在異域，但安居此地，飲酒吟詩，自得其樂，只是催租的事太煩心。又楊廷理〈九日登高〉：

開雲撥霧近霜天，此日登臨我獨先。千畝穗垂含曉露，萬家炊起吐晴煙。龜山南北全開面（相傳吳沙思報陞時，夜夢神人告曰：『龜山險開，可歸版圖』。今連年風雨，山南北皆開），帶水東西任放船（年前溪分清濁，清淺濁深；今匯為一，俱可泛船）。乘興不知筋力弱，振衣直上喜如顛。〔註222〕

噶瑪蘭廳濁水溪發源於玉山腳，經大叭哩沙喃，因水濁而得名。嘉慶 14 年（1809），正溜北徙，與發源於鹿埔北崁腳的清水溝溪合流。至隔年夏天，清濁收分，仍循故道。由楊氏「帶水東西任放船」 詩下小註，可知此詩寫作時間當為嘉慶 15 年（1810）重陽節，他引用龜山傳說故事，將治蘭入版圖視為天命使然。此詩一至四句，象徵楊氏為自己能成為第一位順利治理蘭陽者，讓人民安居樂業，喜上眉梢。

〔註220〕吳鎔，〈噶瑪蘭中秋見月呈楊太守〉，同註41，頁 449。
〔註221〕楊廷理，〈噶瑪蘭重陽〉，同註97，頁 471。
〔註222〕楊廷理，〈九日登高〉，同上註，頁 475。

世居蘭地的李逢時面對重陽節卻感到惆悵，〈緒古句八首〉：

滿城風雨近重陽，楓葉蘆花野水長。

不必龍山凌絕頂，烏沙小帽自生涼。

滿城風雨近重陽，籬菊初開半未黃。

戲馬臺高空落葉，問誰重上一傾觴。

滿城風雨近重陽，橘柚人煙到處黃。

筆與并刀爭並快，翦將秋色入詩囊。

滿城風雨近重陽，砧杵傳聲遍水鄉。

遲寄寒衣君莫怪，南天九月未飛霜。

滿城風雨近重陽，無客過門自醉鄉。

添寫一林好秋色，梧花落盡菊花香。

滿城風雨近重陽，陡覺離愁別恨長。

昨夜江邊秋水漲，蟹肥無客不思鄉。

滿城風雨近重陽，落木蕭蕭客子傷。

記得榕垣烏石港，登高舊伴半淪亡。

滿城風雨近重陽，騷客誰留翰墨香。

一自子安投筆去，空餘高閣弔滕王。〔註223〕

佳節思親的情緒，仍是千古文人的喜於描寫的題材。楊廷理事業有成，足以
減輕思鄉之情，李逢時宦途不順，〈緒古句八首〉充滿親友離別的落寞愁思。

重陽節過後，農曆過年最令人期待。李若琳道光 17 年（1837）五月調
署蘭廳通判，他有機會在噶瑪蘭過年，寫了以下幾首與過年有關的詩作：

〈祀竈〉

水火資生活，庖廚藉割烹。人間炊爨主，天上屈伸衡。

見說仙輿駕，均於此日行。緬懷俞淨意，精白寸心盟。

〈迎春〉

鳳紀頒夷島，鴻鈞入後臺（後臺借用，以蘭處臺後也）。人方循海迓，

天已送春來。歲稔民同樂，官微老暗催。捧符經半載，布德未能該。

〈除夕〉

欲與民更始，胥將舊染除。一年終此夕，萬戶貼新符。

〔註223〕李逢時，〈緒古句八首〉，同註83，頁 16～17。

老去心猶壯，春來病欲蘇。天教能健飯，不必到澎湖（已奏補澎湖）。
〔註224〕

從送竈神到除夕圍爐，農曆過年迎新春這段期間蘭地最熱鬧，此時除舊佈新，檢討過去，展望未來，心情也特別的複雜，李若琳大病初癒，既想與民同樂，又感嘆自己未能照顧到蘭地所有的百姓。官宦至蘭者圍爐夜感慨最深，柯培元〈蘭城除夕有感〉：

官閣蕭條百事慵，舉觴白眼看雲容。
食因養胃宜求淡，交未傾心莫太濃。
繞砌苔痕經雨滑，補牆山影被雲封。
曹騰塵夢醒來後，海外新年驀地逢。〔註225〕

柯培元入蘭僅一個月，人生地不熟難免孤寂，此詩頸聯雖以寫景，實有人跡罕至的寂寥感。看著蘭地家家戶戶歡喜吃團圓飯，在異鄉過年的柯培元無心辦公，也無心享受佳餚，只能以「食因養胃宜求淡，交未傾心莫太濃」的想法安慰自己。

不同於官宦至蘭者的感嘆，本地文人李逢時筆下的除夕有蘭地濃郁的過節味，〈圍爐二十韻〉：

天意此休息，家人高會時。香芹采綠節，嫩蒜切銀絲。白水調花鴨，
紅爐爨伏雌。佳餚既云備，清酒斟滿巵。燭影溫窗紙，薰籠熨帳幃。
尊前娛二老，膝下弄雙兒。妻子代庖潔，諸孫執酌宜。老采衣學舞，
商陸火添炊。玉漏銅壺淺，洪鈞斗柄移。陽和噓大塊，德教仰皇慈。
聚順鯨鯢樂，排行鴻雁隨。汝曹機可引，其羽用為儀。願養凌雲翮，
毋傷連理枝。亡羊牢再補，剡鵠驚何為。海底珊瑚樹，庭前松柏姿。
美材為棄擲，弱質反矜持。爆竹徒從俗，揶揄笑賣癡。世醒甘旨誤，
吾醉素心知。舊雨今宵盡，春風明日吹。聖朝得遭際，桃李解葳蕤。
〔註226〕

此詩前半段舉出是蘭地吃年夜飯時常見的佳餚，如香芹配竹筍，嫩蒜炒銀絲，清水煮花鴨、清酒斟滿杯等，過節的氣氛濃厚。後半段則陳述詩人一生抑鬱不得志的遭遇。此詩末二句：「聖朝得遭際，桃李解葳蕤」，「葳蕤」有埋滅不

〔註224〕李若琳，〈封篆後偶染微疴幸公事稍簡有所感輒書數韻彙之得十二首〉，同註97，頁486～487。
〔註225〕同註41，頁450。
〔註226〕李逢時，〈圍爐二十韻〉，同註83，頁41～42。

稱之意〔註227〕，詩人雖不得意於官場，但桃李滿天下的教育熱忱足以化解詩人官宦不順遂的苦悶，詩人最眷戀的還是蘭地家鄉。李逢時〈除夕〉：

> 絕裾何以慰親顏，碧海雲深戀故山。
>
> 童稚徧斟蘭尾酒，一杯徐上老人懽。〔註228〕

「山川誠美秀，桃李好培栽」〔註229〕，如果執意離開家鄉如何能承歡膝下，官場波雲詭譎，還是回到故土，從事教育工作，享受天倫之樂，看著孩童為老人家勸酒，歡喜過新年，心情也變得愉悅。

六、植栽賞物天地心

蘭地多雨水非常適合水稻的種植，畦畦水田，映照山色，白鷺鷥悠閒地飛舞田間尋找食物，一處處圍著竹籬笆的人家，構成一幅美麗的農村圖：

> 野望蒼蒼多竹圍，水田漠漠柳依依。
>
> 綠陰樹裡黃鸝囀，紅藕花邊白鷺飛。〔註230〕

這首李逢時〈野望〉實為蘭地農村景致的最佳寫照。蘭地的氣候潮濕多雨，但土地和暖，「花卉則不時常開，木葉則歷年未落」〔註231〕。居住在花木繁榮的蘭陽平原，文人們留下許多描寫花卉的詩作，其中以佛桑花名列第一，菊花次之，再者為洋玉簪、木樨花、月季花等。

李若琳〈佛桑〉詩題小註：「俗名大紅花。署中一株，四季長開。」他以「酡顏」形容蘭地四季皆可見的佛桑花（大紅花）：

> 果否佛桑屬爾魂，酡顏日映扶桑暾。居官若概同倉、庾，富貴真看
> 到子孫（「史記」「平准書」：為吏者長子孫，居官者以為姓，號倉氏、
> 庾氏。蘇詩：縣令若同倉庾氏，亭松應長子孫枝。李商隱〈詠牡丹
> 詩〉：「是處園亭皆可種，看到子孫能幾家。」）。〔註232〕

此詩後兩句試圖運用典故說明拂桑花象徵繁衍眾多之意，但不夠妥貼巧妙。相較之下，柯培元〈噶瑪蘭署佛桑花〉較有神話傳說的美感：

> 艷說佛桑樹，廳前印綠莎。果參般若蜜，花似曼陀羅。

〔註227〕「紛綸葳蕤，有埋滅而不稱者，不可勝數也。」司馬遷，《史記·司馬相如傳》（臺北：藝文印書館，清乾隆武英殿刊本）卷117，頁1229。

〔註228〕李逢時，〈除夕〉，同註83，頁83。

〔註229〕楊廷理，〈出山贈瞿榆園司馬〉，同註97，頁476。

〔註230〕李逢時，〈野望〉，同註83，頁154。

〔註231〕陳淑均，《噶瑪蘭廳志·風俗上·氣候》（臺北：文建會，2006年），頁281。

〔註232〕李若琳，〈佛桑〉，同註97，頁487。

下界曇雲幻，西天環色多。朝朝烘日出，映我醉顏酡。〔註233〕

烘日而出，盛放的大紅花，彷彿紅潤的臉頰，令人神醉。據《噶瑪蘭廳志‧物產‧花之屬》記載東海日出之地有扶桑樹，此花光豔照日，其葉如桑，因以比之，後訛爲佛桑。佛桑花有多種別稱，一名扶桑，一名牽牛，俗又稱大紅花，是木槿的別種，高四、五尺，枝葉婆娑，葉深綠色，光而厚，有紅、白、黃三種顏色。紅者尤貴，呼爲朱槿。蘭地有二品種，單葉者深紅，名照殿紅。千葉者有紅、黃二色。佛桑花四時常開，插樹即活，蘭地隨處可見。〔註234〕烏竹芳〈大紅花〉詩題小註：「即扶桑花，蘭地最盛」〔註235〕，蘭地庭園常見的家花，在烏竹芳筆下另有一種炫目的魔力：

> 珊瑚點綴綠雲叢，海外花開別樣工。
> 葉似青桑微帶露，葩如赤芍笑迎風。
> 四時不改朝霞豔，一色常歆夕照紅。
> 雨後清芬飄滿院，教人錯認牡丹同。〔註236〕

此詩以描繪扶桑花葉爲主軸。對作者而言，海外的花朵別具風貌，非大陸內地所能見。扶桑花的葉子像綠色的桑葉，花朵如同紅色芍藥，雨後的扶桑花更會讓人誤認爲嬌貴的牡丹。經過詩人的描繪，尋常家花也有不可勝收之美。

菊花，也常成爲文人描繪的對象。烏竹芳曾寫了二首〈別菊花〉：

> 久滯蘭城厭海濱，陰雲不見日華新。
> 爲因種菊情偏戀，冒雨初開送主人。
> 節過重陽又一旬，白衣送酒更無人。
> 含情脈脈如將吐，笑口留開報小春（蘭地菊皆十月開也）。〔註237〕

烏竹芳官署蘭城時，種植數盆菊花，要離開蘭地之時，菊花含葩未吐，烏氏心中不捨，詩以誌之，原詠四絕，今存其二。〔註238〕花本無意，人自有情，烏竹芳〈別菊花〉二首，運用轉化的筆法，賦予菊花多情的樣貌。蘭地菊花品種繁多，花色黃色多而白色少。〔註239〕李逢時有〈詠菊和韻〉〔註240〕、〈詠

〔註233〕同註41，頁451。
〔註234〕陳淑均，《噶瑪蘭廳志‧物產‧花之屬》（臺北：文建會，2006年），頁351。
〔註235〕烏竹芳，〈大紅花〉，同註97，頁480。
〔註236〕同上註。
〔註237〕烏竹芳，〈別菊花〉，同上註，頁481。
〔註238〕見烏竹芳〈別菊花〉詩題小註，同上註。
〔註239〕陳淑均，《噶瑪蘭廳志‧物產‧花之屬》（臺北：文建會，2006年），頁350。
〔註240〕李逢時，〈詠菊和韻〉，同註83，頁5。

夏日白菊花〉〔註241〕、〈菊花雜詠〉〔註242〕三首詩作描繪菊花，以蘭地菊花
花色較少的〈詠夏日白菊花〉爲例：

> 洗盡鉛華玉骨留，繁英透露不關秋。
>
> 梨花影裡神逾淡，菡萏香時韻更幽。
>
> 便入炎天猶雪豔，雖侵暑雨亦風流。
>
> 如教六月飛霜處，未識殘枝可傲不。〔註243〕

少見的白菊花，韻味更甚梨花與菡萏，在夏日有如點點白雪，而且更禁得起
炎日暑雨的催殘，只是眞如飛霜降落，它是否能承擔呢？作者在歌詠白菊花
之餘，也注意到此植物的自然特性，並非一味的讚頌而已。李逢時另有〈武
陵花〉、〈戲褒姒〉、〈醉西施〉、〈粉蝴蝶〉、〈虎爪黃〉、〈火麒麟〉、〈點絳唇〉、
〈出爐金〉、〈白牡丹〉、〈粉牡丹〉、〈三疊雪〉等詩，〔註244〕描繪菊花的各種
特殊品種，千嬌百媚，各有姿態。

　　寓居蘭地文人中以烏竹芳、李若琳留下較多描寫蘭地花卉的詩作。烏竹
芳〈洋玉簪〉：

> 銀箭微攢雪作花，襲人香氣透窗紗。
>
> 夜深明月來相照，一傘高擎玉吐葩。〔註245〕

此詩扣緊白色洋玉簪花的特性描摹。詩題小註：「其花莖如傘柄、葩似箭攢，
開如傘蓋，周圍似雪，香氣襲人，眞異花也。蘭地有之。」爲此詩最佳註腳。
烏竹芳另一首〈木樨花〉：

> 綠葉層枝與桂同，花開蒂軟怯迎風。
>
> 經年滿院天香散，不待秋清八月中。〔註246〕

蘭地桂花品種不一，有黃白二色，有四季開花者，有一月一花者，有當春、
秋而開花者，蘭地所種以月桂爲多，來自內地。〔註247〕烏竹芳〈木樨花〉詩
題小註：「此花蒂軟。每月花開，亦名月桂。」詩人描寫的蘭地常見月桂（木
樨花），它經年滿院飄香，深深吸引詩人的目光。李若琳〈月季花〉也是描寫
有香味的花：

〔註241〕李逢時，〈詠夏日白菊花〉，同上註，頁82。

〔註242〕李逢時，〈菊花雜詠〉，同上註，頁103。

〔註243〕李逢時，〈詠夏日白菊花〉，同上註，頁82。

〔註244〕同上註，頁103～107。

〔註245〕烏竹芳，〈洋玉簪〉，同註97，頁480。

〔註246〕烏竹芳，〈月季花〉，同上註。

〔註247〕陳淑均，《噶瑪蘭廳志・物產・花之屬》（臺北：文建會，2006年），頁350。

月季花開應月明，幽芳豔質四時榮。

光華未許蝱蠁蝕，免使東坡和「再生」（東坡和子由「季花再生詩」：

幽香本長春，暫悴如蝕月）。〔註248〕

月季花即「月下香」，葉似宣草，叢生，細嫩而長，中吐一莖，可數十蕊。開花時由下至上，色白，花至夜香愈烈。〔註249〕蘭地花卉香氣迎人，深受詩人讚頌。

蘭地花草繁多，「細雨舖勻徧地錦（草名圓細如錦，蘭地到處有之），杜鵑啼破滿山紅（杜鵑花一名滿山紅，二三月間杜鵑啼即開）」，〔註250〕茅盧坐落繁花中，更令人流連忘返。咸豐8年（1858），李逢時寫下〈戊午人日遊留飲人家〉：

今年人日好天氣，到處春光韶光媚。

桃花李花相映紅，卉木迎春各如意。

登高極目遙際看，飛鳥却展凌雲翅。

斜村靄靄浮晴煙，楊柳綠陰布滿地。

幾箇人家對晚山，門楣盡貼宜春字。

草色深青沒馬蹄，問道誰家策良駒。

寒鴉忽帶夕陽回，遊人大半發歸思。

老翁邀我開蓬門，樽酒盤蔬強留醉。〔註251〕

末兩句道出蘭地人民的好客，從整首詩則可看出蘭地春光明媚，桃李爭豔，花木向榮的景致，詩人們徜徉其間，各有所鍾。從現存的詩作來看，本地文人喜歡描述蘭地大環境的美好，遊宦文人則從「覽異」的視角出發，仔細描繪「相異」於原故鄉（大陸）的花卉。

七、雨情詩意感時行

蘭地氣候以潮濕多雨著稱，與臺灣南部炎熱溫暖有異，也不同於多風沙的淡水，《噶瑪蘭廳志・風俗上・氣候》記載：

蘭與淡水接壤，淡水冬多朔風，飛沙拔木；蘭則冬多淋雨，積潦成渠。蘭尤時常陰翳連天，密雨如線，即逢晴霽，亦潮濕異氣。蓋自

〔註248〕李若琳，〈佛桑〉，同註97，頁487。

〔註249〕陳淑均，《噶瑪蘭廳志・物產・花之屬》（臺北：文建會，2006年），頁353。

〔註250〕李逢時，〈蘭陽閒居即事用前韻呈洪判官〉，同註83，頁93～94。

〔註251〕李逢時，〈戊午人日遊留飲人家〉，同上註，頁128。

淡水之水返腳至蘭之蘇澳一帶，海瘴山嵐，交釀濃露，日晡而注，日出未消，值夜則霏霏如霰，村舍園林，咫尺莫辨；茅簷日高，尚留餘滴，故常交霪為雨，與通臺氣候竟有不同。〔註252〕

蘭地多雨和地形有關，「圓月西巖墮，斜風送雨回。山雲驀地起，海霧接天來」〔註253〕，秋冬之際，南風盛行之時，從海面挾帶著充足的水氣，吹進蘭陽平原，遇三貂大山、玉山等山脈的阻隔，沛然而降，形成蘭地常年陰雨的氣候特色。「雨」也就成為蘭地文人筆下的常客。

嘉慶17年（1812）八月，噶瑪蘭廳正式建置，楊廷理五度入蘭，治理蘭務，楊氏來到蘭地，「雨」常伴左右，〈悶雨夜坐〉：

倚囊誰共話深更？兀坐青燈撫短檠。

點滴茆簷流不了，滂沱荒砌漫將平。

蚓簫蛙鼓淒涼調，別緒羈思去住情。

治賦無才民待澤，終朝翹首課陰晴（時每甲擬徵租若干石之議，尚無定示。閱丈半月，晴少雨多，不勝焦灼）。〔註254〕

異鄉深夜，無人共話，只有窗外的雨聲相伴。楊氏擔心陰雨天防礙丈地徵租工作的進行，〈九月十五夜苦雨〉：

匝月秋霖不肯晴，中宵屢起看雲情。

報陞田甲容遲丈，輸運倉儲耐緩徵。

溪漲泥深肩負苦，雷奔電掣鬼神驚。

劇憐一片光明影，卻在亭雲暗裏行。〔註255〕

雨天無法外出丈量田地，延誤報陞田甲工作。中宵月夜，楊氏頻頻起身觀雲，想窺知氣象，只見烏雲密佈，雷奔電掣，晴日無望。蘭地少晴多雨，秋冬尤甚，楊廷理〈九日晨起悶坐（八月十六日雨，至此日止，中間晴不及五日）〉：

斜風密雨到重陽，憶到身家百感茫。

覓句了無新意味，從公難改舊衷腸。

潮聲遠近喧清夢（夜夢人以「恭城留任」四字封貼宅之後門），

蟲語周遭（按週遭疑當作「啁嘈」）近小床。

〔註252〕陳淑均，《噶瑪蘭廳志・風俗上・氣候》（臺北：文建會，2006年），頁281。

〔註253〕同註45，頁269。

〔註254〕楊廷理，〈悶雨夜坐〉，同註97，頁467。

〔註255〕楊廷理，〈九月十五夜苦雨〉，同上註，頁471。

畢竟似僧還是客？披衣起坐費思量。〔註256〕

蘭陽多雨確實是詩人最大的苦悶，一方面思念家鄉，一方面擔憂公事，兩面夾攻，愁上添愁，楊廷理忍不住寫下〈畏雨〉：

一日陰晴屢看天，晚收伊始兆豐年。

揚花恰遇秋陽暴，擷實頻驚宿雨綿。

手執瓣香虔拜禱，心懸鰲祝凜冰淵。

浮雲終惜東風掃，枉使愚忱苦自煎。〔註257〕

天氣好壞影響農作物收成，詩人虔誠祈禱暴風雨趕快過去，好讓人民有好收成。

有時雨實在下得太久，讓人不禁懷疑是否天空有破洞，董正官〈蘭陽雜詠八首〉之〈漏天（秋冬多雨）〉：

聞道黔中雨勢偏，秋冬蘭雨更連綿。

氣迎塞北風掀浪，地處瀛東水上天。

補石欲邀媧再煉，變桑誰信海三遷。

可憐沖壓艱修復，租稅年年泣廢田。〔註258〕

楊廷理、董正官兩位入蘭官員，他們詩作大部分扣緊民生疾苦。連綿蘭雨，董正官甚至興起請女媧娘娘補天的想法，以免開墾好的良田變廢田，影響人民生計。

多雨已經足夠令人擔憂不已，如果碰到風雨交加的颱風，人民的損失更慘重。臺灣的風信和其它地方不同，風烈而大者稱爲「颶」，又甚者爲「颱」，颶風倏發倏止，颱常連日夜。〔註259〕蘭地從嘉慶14年（1809）四月收入清朝版圖，至道光元年（1821），有五年發生水患，三年發生颱患。

道光元年（1821）六月颱風襲蘭，人民恐懼不已，「鬼神降災」之說，不脛而走，以爲上天不希望開闢蘭地，故降下災禍示警。姚瑩寫〈噶瑪蘭颱異記（辛巳）〉〔註260〕，從天地間陰陽二氣運行的道理解釋颱風的生成，並舉堯湯時也曾發生水旱災爲例，說明「颱風乃天地之氣交逆，地鼓氣而海沸，天風烈而雨飄，故能沉舟而檣」〔註261〕的自然現象，何來鬼神降災之說。並進

〔註256〕楊廷理，〈九日晨起悶坐〉，同上註，頁470。

〔註257〕楊廷理，〈畏雨〉，同註97，頁472。

〔註258〕董正官〈蘭陽雜詠八首〉之〈漏天（秋冬多雨）〉，同上註，頁494。

〔註259〕陳淑均，《噶瑪蘭廳志・風俗上・風信》（臺北：文建會，2006年），頁285。

〔註260〕姚瑩，《東槎紀略》（臺北：臺灣經濟銀行研究室，1957年），頁84～85。

〔註261〕同註259，頁287。

一步告誡人民，自然災害不可怕，「人禍」才是需要擔憂的，當人們久處安樂，好逸惡勞，心生歹念，所釀成的災難，更值得戒懼、謹慎。姚瑩〈噶瑪蘭颱異記〉結構完整，文理通暢，誠為佳作。

氣候多變，原是難以預測，生活經驗卻可以提供我們判斷的標準。例如海吼聲可作為占驗自然氣候變化的徵兆，蘭地海吼於冬時者為多，或久晴而吼，則必有風雨；久雨而吼，則必有晴霽。〔註262〕烏竹芳〈海濤〉：

> 緣何海嘯滿蘭城，山雨欲來先作聲。
> 雪湧港門龍作吼，風搖舟楫客初驚。
> 幾番飛瀑從天降，一片晶簾捲地橫。
> 十里猶聞喧聒響，瀟瀟不住到平明。〔註263〕

此詩生動說明「海」和「雨」的微妙關係，詩題小註：「蘭近海，濤聲作即大雨」。海濤聲、雨水聲，聲聲入耳，多雨蘭陽常勾起旅人的愁思，烏竹芳〈蘭城久雨〉：

> 終日陰雲總不晴，滿城惟作海濤聲。
> 幾番風雨涼砭骨，添得愁人逆旅情。〔註264〕

又如柯培元〈蘭城陰雨〉：

> 陰雨竟如此，繩床客不眠。浮沉成大夢，哀樂感中年。
> 擁絮與誰語，挑燈只自憐。夜涼官鼓靜，睡鴨裊殘煙。〔註265〕

烏竹芳〈蘭城久雨〉與柯培元〈蘭城陰雨〉這兩首詩都以「雨」開頭，進而寫「愁」，相異處在於前者描繪風雨交加時的逆旅情，後者描寫綿綿陰雨夜的感懷。蘭城陰雨且久雨，困坐城中，思家念子，憶舊懷思，感慨尤深。

連日連月的陰雨，故然令人生畏，但乾旱之時，則有久旱逢甘霖的喜悅，楊廷理〈雨中即事〉：

> 及時霖雨恰逢丁（是日丁未），望慰三農婦子寧。
> 靜檢吟篇憑素几，閒移秋色對疏櫺（時分雁來紅）。
> 數峰石潤苔痕綠，半璈香浮竹葉青。
> 首夏餘春生意滿，心安身健氣清泠。〔註266〕

〔註262〕陳淑均，《噶瑪蘭廳志・風俗上・占驗》（臺北：文建會，2006年），頁291。
〔註263〕同上註，頁479。
〔註264〕同註41，頁448。
〔註265〕同上註，頁452。
〔註266〕同註45，頁285。

內在心情會影響對外在事物的觀感，烏竹芳〈倉中夜坐（余已卸事，寓倉中）〉：

> 新月如鈎映草亭，空階露滴竹稍青。
>
> 風吹螢火明還滅，飛向簷前入畫櫳。〔註267〕

已經卸事的烏竹芳反而能靜心享受雨後大地的清新感。

在長居蘭地的文人筆下，「又是羈人風雨天」〔註268〕的惱人苦雨，也有可愛可親的一面，以李逢時詩作為例：

〈郊行〉

> 泥水蒼茫二月天，育蠶村裡看蠶眠。
>
> 溪南溪北絲絲雨，布穀一聲人插田。〔註269〕

〈春雨〉

> 細雨如絲未肯晴，山鳩苦喚鵲無聲。
>
> 春遊共約騷人去，滑滑紅泥不肯行。〔註270〕

〈對雨〉

> 水潦兼旬積，門無車馬通。平田白浩浩，遠野青濛濛。
>
> 煙下一漁艇，雨來雙屐前。蓬門辭竟夕，窗外日瞳矓。〔註271〕

〈雨後過東鄰〉

> 東鄰小屋傍巖栖，竹徑冥冥山霧迷。
>
> 梅子壓簷知雨重，李花礙帽覺枝低。
>
> 呼晴噪出林間鵲，報午啼來樹上雞。
>
> 樓外住雲吾別野，雨頓風月好分攜。〔註272〕

陰雨終日，靜觀田園，自有一分安詳與喜樂，從上諸詩可看出李逢時與「雨」相融相合的情感。雨天也是有千萬種風情，絲絲細雨天，冒雨郊行，聽布穀，看蠶眠。多日綿雨，地上溼滑，騷人無出遊的興趣，那麼靜待雨後訪友亦可。雨後天晴，李逢時來到位於枕頭山的棲雲別墅，眼見梅樹李樹的雨珠未落，耳聞林鵲樹雞的叫聲始作，景致迷人，心滿意足。

〔註267〕同註41，頁447。
〔註268〕同註83，頁24。
〔註269〕同上註，頁7。
〔註270〕同上註，頁121。
〔註271〕同上註，頁60。
〔註272〕同上註，頁85。

　　蘭地下雨機率高，早上晴天午後也可能下雨，李逢時〈聽電作〉：「霹靂一聲春氣深，黑雲如黑墜遙林。千家煙樹萬家雨，大造經營慘澹心。」〔註273〕此詩第二句重複使用「黑」字過於累贅，第三句生動的描繪下雨時如煙似霧的場景。如果是出遊後遇雨又如何？李逢時〈郊行遇雨有懷〉：

> 春遊帶小童，徒倚畫橋東。野草連村綠，林花隔岸紅。
>
> 路回雙屐雨，門掩一樓風。几上搜書籍，千年懷謝公。〔註274〕

前四句詮釋「郊行」，後四句說明「遇雨有懷」，詩人不從郊行遇雨的苦惱著筆，反而形容遇雨回家後，將風雨關在門外，自個兒享受翻閱謝靈運詩作的樂趣。世居蘭地的文人，已接納隨時可能飄雨的蘭地氣候，李逢時〈中秋賞月遇雨與子觀家少廉分韻〉：

> 斗酒曾從老婦謀，欲俱騷客泛扁舟。
>
> 烏雲忽合山窗暗，白雨橫飛海寺秋。
>
> 呼月不來燈借豔，作詩無興酒添籌。
>
> 更深料得團圓處，多少人家倚畫樓。〔註275〕

「子觀」即李望洋字號。李逢時與李望洋兩人曾經在中秋賞月時遇雨，沒有月亮助興，有燈光有美酒也可以分韻作詩。對蘭地文人而言，「雨」是家鄉的象徵，如果有人蘭陽子弟問宜蘭是怎樣的地方？「欲從雲外望瀛州，漂渺仙蹤何處求。一局殘棋疏雨過，萬竿修竹滿城秋。」〔註276〕竹影扶疏，迷濛細雨，是蘭地最佳寫照。

八、離鄉思家歸去來

> 　　對鄉土極深的附著，看起來是全世界的現象。它並不限於任何特定的文化和經濟體系。它在有文字和無文字的人們，狩獵、採集、定居農民和城市居民中都有發現。城市或土地被視作母親，它有撫育機能。地方是愛的記憶的所在，也是鼓舞現在的光輝的所在。〔註277〕

人們對鄉土情感的附著是共同的現象，弔詭的是，人們往往離開鄉土後才意識到對它的情感，如同離開母親的懷抱才體會到母親的愛，離鄉後的「鄉愁」

〔註273〕李逢時，〈聽電作〉，同上註，頁91。
〔註274〕李逢時，〈郊行遇雨有懷〉，同上註，頁149。
〔註275〕李逢時，〈中秋賞月遇雨與子觀家少廉分韻〉，同上註，頁103。
〔註276〕李逢時，〈答舊館人訊蘭中山水〉，同上註，頁85～86。
〔註277〕同註2，頁148。

成爲文學作品中重要題材。

　　人「在」故鄉就無「鄉愁」可言，因此「鄉愁」是相對的概念，視人對「故鄉」的認同而決定，認同甲地爲故鄉，離開甲地即可能產生鄉愁，認同乙地爲故鄉，產生鄉愁的對象即是乙地。此處「認同」主要端看敘述者的內心意識，與政治立場、國家歸屬無關。分析清治時期蘭地傳統文人「鄉愁」詩作，可從「官宦至蘭思鄉情」、「外宦離蘭懷鄉意」、「身安異域便爲家」三點探討。

（一）官宦至蘭思鄉情

　　人們可能因求學、工作、搬遷、逃難等種種理由離開家鄉，清治時期大陸官員因工作需要，離開家鄉來到蘭地，他們離鄉思家的情緒，清晰展現在作品中。

　　楊廷理廣西柳州馬平人，治蘭功績備受肯定，楊氏自嘉慶 12 年（1807）起入蘭次數多達五次，總計停留的時間長達一年半。〔註278〕寓居蘭地的時間這麼久，楊氏留下許多鄉愁詩作，〈七月十五夜對月述懷〉二首：

　　　孤負月圓十二回，蘆花風動客愁來。

　　　微名幸附垂青史（噶瑪蘭今得方制府奏准開闢，予以委辦，應得附名），小住那堪枕碧苔（榻前水浸，卑濕不可耐）。

　　　蒼莽山雲蒸幻境，迷漫海霧湧飛埃（颶風將作，先日海霧湧起如塵）。

　　　田疇信美非吾土，好把勞生仔細推。

　　　不須重溯舊因由，垂老何妨聽去留。

　　　數片白雲閒放眼，千叢綠葦晚搖秋。

　　　輪轅異地難同轍，清濁崇朝也判流（即清、濁二溪事）。

　　　此後風光隨所遇，前程莫漫付登樓。〔註279〕

月圓夜，蘆花盛開蕭瑟的景致，更增添旅客愁思。卑濕多雨、颶風湧現、土力肥沃的蘭地，對楊廷理而言，實在不是心目中的「家」。但他願意在此地展現自己的長才，證明清濁不同流，「久客何知苦？前謀快一償」〔註280〕，年過六十的楊氏忍著離鄉之苦來到蘭地，最大的希望是能有一番作爲。如同〈噶

〔註278〕詳見陳進傳〈大清來治——楊廷理五度入蘭略考〉，《「宜蘭研究」第三屆學術研究研討會論文集》（宜蘭：宜蘭縣立文化中心，2000 年），頁 195～228。及林麗鳳，《詩說噶瑪蘭，說噶瑪蘭詩——清代宜蘭地區古典詩研究》，政治大學國文教學，2006 年碩士學位班論文，頁 76。
〔註279〕楊廷理，〈七月十五夜對月述懷〉，同註 97，頁 479。
〔註280〕楊廷理，〈漫興〉，同上註，頁 469。

瑪蘭道中口占〉二首：

五入深山敢憚遙，開雲屢喜見三貂。
榛柸漸化民番習，淡泊能爲屬吏標（時翟榆園司馬新蒞，頗能安貧）。
照眼野桃紅細細，濕衣曉露白飄飄。
嗟余孤立無將伯，冀把涓埃報聖朝。

停輿洗耳聽蟬鳴，雅噪能令百感平。
可口蔗漿寒浸齒，宜人茶味澹怡情。
飢驅老宦神偏健，困頓長途坦不驚。
手劚海棠秋色里，意傳芳韻出山城。〔註281〕

困頓的旅途，飢饉外宦生活，食物都不太對味。茶味飄香但過於清淡，蔗汁甜美但沁涼浸齒，和家鄉的味道都不同，忍著異鄉的寂寞與孤苦，忍著「老去任人侮」〔註282〕的無奈，楊氏等待的是「欣償夙願歷深山，自在尋吟暮雨灣」〔註283〕，以治理蘭地的佳績回報朝廷，證明自己的實力。

只不過身居蘭地，離開原生故鄉，鄉愁不經意間，還是會流露出來，〈思歸〉：

草淺塵輕雨過天，山花灼灼水涓涓。
三年荒域非無謂，六度重洋信有緣。
餘子也知才可惜，上官猶覺老應憐。
歸帆倘遇春風好，僂指蟾光廿二圓。（己秋七月【八月】初三日出省，計至未夏，又三月定可回省。）〔註284〕

卸任回鄉的心情如此喜悅。因此當楊廷理得知翟淦接任蘭廳通判職務時，不禁寫下〈得麋廉訪先代請免接蘭篆志感〉、〈出山贈翟榆園司馬〉二詩，一方面告知蘭地的報陞、鹽務、工程、教育等事，需費心籌維。一方面表達去職歸鄉的喜樂心情，蘭地的雨不再令人發愁，反而是草淺塵輕、山花灼灼的山水美景。

烏竹芳山東博平人，道光5年（1825）六月初八入署噶瑪蘭廳通判，〔註285〕最期盼家鄉書信，稍解鄉愁，〈蘭城公寓寄興〉：

〔註281〕楊廷理，〈噶瑪蘭道中口占〉，同註45，頁277～278。
〔註282〕楊廷理，〈寄嘅〉，同上註，頁275。
〔註283〕楊廷理，〈辛未生日志感〉，同註97，頁472。
〔註284〕同註45，頁274。
〔註285〕陳淑均，《噶瑪蘭廳志・職官・官制》（臺北：文建會，2006年），頁136。

竹聲蕭颯雨聲催，驚破幽人午夢回。

拂袖香風木樨放，映窗金色菊花開。

海天已滯三秋後，鄉信難逢一雁來。

渺渺予懷添旅悶，蘭舟何日渡陽臺？〔註286〕

此詩《噶瑪蘭志略》題作〈蘭城公寓〉末三句改為「鄉信不逢一雁來。渺渺予懷添旅思，輕舟穩傍越王臺」〔註287〕與〈蘭城公寓寄興〉相異，餘皆同。〈蘭城公寓寄興〉的最末一句「蘭舟何日渡陽臺」使用「蘭舟」、「陽臺」二詞較能呈現作者身居蘭地欲乘舟渡海歸鄉之迫切感，故以此版本為佳。

　　風聲、雨聲、竹聲，聲聲催，催醒旅人思鄉夢，蘭地多風雨易勾起鄉愁，每逢佳節更是傷感。楊廷理在噶瑪蘭過中秋「夜深秋思無端集」〔註288〕。屠文照〈九日登黃泥嶺（在頭圍縣丞署後）〉：

與客臨深瞰翠濤，黃泥偏說是登高。

雖無海雁啣書至，尚有風鳶結陣鏖。

短髮傷秋還落帽，異鄉過節漫題糕。

沿山尋遍茱萸少，且把籬花下濁醪。〔註289〕

家鄉雖無捎來書信，旅人客居異鄉，所見所聞不禁都要和家鄉相評比。重九登高日，登高的山不夠高，也沒有同族兄弟，只能看著籬笆邊的花，喝著酒，想著家鄉重陽節天上也是成群飛舞的風箏。

　　傳統習俗中除夕、元宵節是團圓的日子，此時也會增添旅人鄉愁，柯棐〈正月十五日至頭圍〉：

山村羯鼓與鐋篁，旅館黃昏破寂寥。

邀月樽前春漫漫，試燈風裡雨瀟瀟。

近年飄泊如浮梗，半夜喧騰又上潮。

行李匆匆正月半，可憐今夕是元宵。〔註290〕

此詩描寫柯棐客居頭圍，巧逢元宵節，內心的愁思，最末句「可憐」二字直

〔註286〕烏竹芳，〈蘭城公寓寄興〉，同註97，頁480。

〔註287〕同註41，頁448。

〔註288〕楊廷理，〈噶瑪蘭中秋〉，同註97，頁470。

〔註289〕屠文照，〈己丑九日登黃泥嶺望海〉，同上註，頁480。此詩，《噶瑪蘭志略・藝文志・詩》（臺北：文建會，2006年），頁449，題作〈九日登黃泥嶺（在頭圍縣丞署後）〉且文句有異，兩相比較以《噶瑪蘭廳志》較為通暢，故取之。

〔註290〕柯棐，〈正月十五日至頭圍〉，《噶瑪蘭志略・藝文志・詩》（臺北：文建會，2006年），頁456。

抒情緒，眞情流露。另一位李振唐，清西南城人，光緒 12 年（1886）宦遊臺灣，爲劉銘傳上客，其〈丁亥除夕（時客宜蘭縣署）〉：

> 縛袴長征歲序移，三貂嶺外客心馳。
>
> 元龍豪氣三千丈，張翰思鄉十二時。
>
> 椒酒黃雞供異地，蠻雲瘴雲阻歸期。
>
> 四千里外重回首，惆悵香山歲盡時。〔註291〕

光緒年間正是戰事紛擾之際，因軍旅客署宜蘭縣的李振唐，縱有豪氣三千丈，仍舊無法抵銷四千里外思鄉情。

（二）外宦離蘭懷鄉意

　　蘭地士子留在外地任官者不多，楊士芳爲蘭地唯一一位進士，卻不重功名，回鄉守喪後，即在蘭地從事教育工作。李春波也因家中變故，辭官回鄉，從此世居蘭地不再外出任官。李逢時「少時好遊藝，奔走府州縣。風塵多業冤，辛苦眞嘗徧。歧路悲蹭蹬，客遊亦云倦。」〔註292〕又認爲「一別鄉關去，車船不定家。生涯隨處有，夢裡是虛花。」〔註293〕最後還是回到家鄉。蘭地遂有多隱士的說法，李望洋〈十七感懷〉：

> 委身作吏十來年，一事無成兩鬢髯。
>
> 欲爲殘黎除敝政，敢因覆餗怨蒼天。
>
> 狂吟尚未詩三百，歸去還多路八千。
>
> 每羨蘭陽高隱士，琴棋風明自神仙。〔註294〕

此詩末兩句，指蘭地士子不熱衷官宦的風氣，也顯示對蘭地的眷戀。

　　蘭地士子外宦時間最久當推李望洋，自同治 11 年（1872）正月從蘭地起程赴甘肅任職，到光緒 11 年（1885）四月返抵家門，長達十三年宦遊生涯，留下許多鄉愁詩作。《西行吟草》收錄詩作中，詩題有「思家」、「憶家」、「故園」等一望即知爲鄉愁詩者多達二十首，若加上〈十八日漢川縣三查壇即事〉：「自嘆此身渾似夢，方知到處是他鄉。今宵信宿猶如昨，一枕溪聲欲斷腸」〔註295〕之類，詩題未言懷鄉，內容實爲懷鄉的詩作，李望洋鄉愁詩作，不可勝數。

〔註291〕李振唐，〈丁亥除夕〉，同註4，頁 204。
〔註292〕李逢時，〈己未之春作〉五言古詩，同註83，頁 130。
〔註293〕李逢時，〈寄內〉，同上註，頁 52～53。
〔註294〕李望洋，〈十七感懷〉，同註21，頁 131。
〔註295〕李望洋，〈十八日漢川縣三查壇即事〉，同上註，頁 37～38。

　　李望洋往甘肅途中碰到下雨，就想起多雨的蘭陽，〈十七日泊陳家灣宿雨〉：

　　　　不言不語暗鄉愁，漢圻楊枝逐水流。

　　　　一葉征帆雲霧裡，那堪風雨又當頭。〔註296〕

人在家鄉不覺得懷鄉，一離開家鄉，鄉愁湧上心頭。李望洋〈晚泊東邨小雨（東宇邨係浙川廳轄境地名）〉：

　　　　東邨何處暗飛聲，流水潺湲繞浙城。

　　　　一雨便成秋夜氣，添衣不改故鄉情。

　　　　此身未肯同千諾，獨坐何妨到五更。

　　　　明朝又是行舟路，誰向荊關計驛程。〔註297〕

連因為下雨天冷添衣的動作，都會讓人想家鄉，鄉愁滿懷不成眠，獨坐到天明。

　　　離家在外，李望洋較勇於表達思念兒子的心情，如〈癸酉午節前一日省寓憶家中兒子〉：

　　　　天涯地角極西東，宦海茫茫寄此躬。

　　　　榆樹有錢空落葉，楊枝無力不勝風。

　　　　山皆濯濯牛何牧，路盡迢迢馬易窮。

　　　　明日端陽猶舊歲，遐思插艾兩兒童。〔註298〕

又如〈十月十八夜憶家中二子〉：

　　　　謬膺民牧擁專城，案牘勞勞夢五更。

　　　　背榻殘燈光不遠，挂窗斜月影微明。

　　　　容身之外皆餘地，得意其中便自鳴。

　　　　曷若投簪歸竹里，兒童伴我讀書聲。〔註299〕

想起兩個兒子，李望洋甚至興起辭官回鄉的念頭。

　　　旅人踏上離家的旅途，懷鄉情緒漸漸浮現，想起家人和親友。李望洋〈省邸曉起思蘭陽親友八月初七日〉〔註300〕表達對親友的思念，〈七月十五夜思家〉〔註301〕想起家鄉農曆七月十五普渡的盛況。每逢佳節鄉愁更濃，〈八月中秋夜

〔註296〕李望洋，〈十七日泊陳家灣宿雨〉，同上註，頁37。

〔註297〕李望洋，〈晚泊東邨小雨〉，同上註，頁48。

〔註298〕李望洋，〈癸酉午節前一日省寓憶家中兒子〉，同上註，頁59。

〔註299〕李望洋，〈十月十八夜憶家中二子〉，同上註，頁101。

〔註300〕李望洋，〈八月初七日省邸曉起思蘭陽親友〉，同上註，頁69。

〔註301〕李望洋，〈七月十五夜思家〉，同上註，頁53。

拜月〉：

> 今年勝似去年秋，輪鏡初升屋角頭。
>
> 料想家人應下拜，滿懷離思到河州。〔註302〕

李望洋藉由異地拜月的儀式，聯想家人此時也是在拜月，烘托異地鄉愁的孤寂感。將異鄉所見所感與家鄉相比較是鄉愁詩常用的寫作方向，〈除夕思家〉：

> 本擬投簪返故家，圍爐好共過年華。
>
> 誰知老叟身無主，致令賢妻眼望賒。
>
> 隻婢走堂呼太太，二孩依母念爹爹。
>
> 今宵定有團圓席，新婦應添一位加。（接到家書知是歲次男先甲娶妻
>
> 故云）〔註303〕

此詩以白描手法，敘述想家的思緒。不能回家吃團圓飯，只能想像家人圍爐吃飯的模樣，家中大小事都由妻子承擔，孩子娶妻的消息也是由家書得知。有時「驛馬只傳回去信，邊鴻不帶寄來書」〔註304〕，收不到家書，只想著今晚月色應該會照到我的書房吧！

月是故鄉明，同樣的明月，觀賞的地點不同，心情也不一樣，李逢時〈月下吟〉：

> 蘭江湧出一輪月，上下波光寒浸骨。素影俄看流滿天，河漢昭明漸激沒。萬里長天雲霧開，冰魂玉質無塵埃。數點流螢失光彩，孤雁一聲天際來。旅人對此心悠悠，花影半窗登夜樓。尋常一樣見明月，祇在他鄉多別愁。多別愁，長延企。蒹葭白露橫秋水，所思不見空斷腸。未免有情誰遣此，我聞月裡有姮娥，十二瓊樓天最高。霓裳羽衣奏仙曲，桂花樹下風颭颭。如此素娥善歌舞，乃在廣寒清虛府。蹋足梯雲上九天，除非此術將安取。顧影徘徊良久立，滿庭風露青衫濕。美人遲暮費相思，竟夜徬徨百感集。〔註305〕

李逢時在蘭地看到明月，想起旅人思鄉情，也想起外出任官的友人。李逢時與李望洋交情頗佳，李逢時曾寫〈子觀宗一兄之令甘肅詩以贈別十二首〉〔註306〕

〔註302〕李望洋，〈八月中秋夜拜月〉，同上註，頁103～104。

〔註303〕李望洋，〈除夕思家〉，同上註，頁126。

〔註304〕李望洋，〈十六日夜家書久不寄來〉，同上註，頁79～80。

〔註305〕李逢時，〈月下吟〉，同註83，頁14～15。

〔註306〕李逢時，〈子觀宗一兄之令甘肅詩以贈別十二首〉，同上註，頁121～124。

為李望洋送別，提醒李望洋「此間自是桃源洞，莫戀他鄉爛熳遊」〔註307〕。李
望洋也常想起蘭地詩友的盟約，〈憶故園五月十六日〉：

> 故園花柳逐春榮，乘興閒行聽曉鶯。
>
> 何意今成秦隴客，年年遙憶舊詩盟。〔註308〕

故鄉的牽引，時時召喚遊子，最後李望洋終於回到蘭地。李望洋〈九月初旨
歸山雜詠〉：

> 墮落紅塵十二年，百般鑪火任熬煎。
>
> 只今收拾歸山去，好在東瀛別有天。
>
> 法人烽火警南天，遙憶閩東思悄然。
>
> 莫詡隆山曾報捷，須知海外勢孤懸。
>
> 廬山面目久蒙塵，及早回頭乃見真。
>
> 記得少年窗下事，焚香照讀不言貧。
>
> 也識桃源好避秦，一官誤我老風塵。
>
> 如今方得劉郎意，獨向漁人去問津。
>
> 久慕高風五柳傳，有腰未肯折當年。
>
> 今雖此地非澎澤，願續歸來賦一篇。
>
> 瞬息駒光二六秋，隴雲秦樹苦淹留。
>
> 試看黃水滔滔去，任爾千呼不轉頭。
>
> 自問生前未了因，颶災盜劫死仍頻。
>
> 彼蒼何意偏留我，又到鑪中鍊鐵身。
>
> 眾人何醉我何醒，割斷塵緣未了情。
>
> 歸囑滄浪孺子輩。休歌濯足不平聲。
>
> 看開色界悟前因，萬劫歸來剩此身。
>
> 明月故園應待我，蘭州山水屬何人。
>
> 歸心似箭射飛鴻，繕就封章請上公。
>
> 此日辭官回故里，兒童應笑白頭翁。〔註309〕

十首七絕雜詠一氣呵成，回顧詩人一生的遭遇。從年少焚香苦讀的志氣，談
到中舉後，渡海遇難的驚險，任職蘭州的歷練，時間匆匆流逝，十二年後因

〔註307〕李逢時，〈子觀宗一兄之令甘肅詩以贈別十二首〉之十二，同上註，頁124。
〔註308〕李望洋，〈十七感懷〉，同註21，頁130。
〔註309〕李望洋，〈九月初旨歸山雜詠〉，同上註，頁155～157。

中法事件，詩人有回到家鄉的機會。這一趟離家的路，走得夠久，走得夠遠，該是辭官回鄉的時候，學學陶淵明，我也來續寫一篇〈歸去來兮〉，重回俗稱小桃源的宜蘭〔註310〕。

（三）身安異域便為家

家，建立在對此地的親切感、安全感，「心安到處皆清境」〔註311〕，「身安異域便為家」〔註312〕，對游離各地的人而言，「異域何曾異，殊方亦不殊」〔註313〕，居於何地皆可為家，只是情感有別。

儘管身在外地，食衣住行各方面並非盡如人意，楊廷理常以隨遇而安的想法來安慰自己，排解苦悶，〈排悶〉：

> 無端捧檄陟層巒，跡寄空山暑亦寒。
>
> 怒發火龍飛掣電（六月十六亥初，居民失火，五圍草屋二千餘間移時淨燼，予與居民同嗟露處），憐深赤子急投丸（淡防朱半帆司馬為予製定中丸施送，適居民病，投之多愈）。
>
> 低簷矮屋當長夏，鹿脯園蔬慰素餐。
>
> 隨遇置身原可樂，人生何必苦求安！〔註314〕

楊氏帶著隨處皆可為家的想法，低簷矮屋是最美好的居所，鹿脯園蔬是最美味的食物，他和蘭地居民同甘共苦，有福同享（投藥），有難同當（露宿），難怪蘭地人民在楊氏死後願意在感懷文昌壇右設主祭祀，配享香火，永遠的懷念他。

居於蘭地的本地文人與遊宦文人，同樣關心蘭地建設與開發，相異者在於本地文人多了長居此地的悠閒心態。蘭地位於臺灣東北角，靠山面海自成格局，有如世外桃源，李望洋指稱「宜蘭縣俗稱小桃源」〔註315〕。本地文人則視此地為永久居處的「棲雲」家園，遊宦至此的文人視此地為「停雲」小憩之所。

〔註310〕李望洋於「也識桃源好避秦，一官誤我老風塵。如今方得劉郎意，獨向漁人去問津。」下自註：「宜蘭縣俗稱小桃源」。李望洋，〈九月初旨歸山雜詠〉，同上註，頁156。

〔註311〕楊廷理，〈移寓口占〉，同註97，頁470。

〔註312〕楊廷理，〈噶瑪蘭重陽〉，同上註，頁471。

〔註313〕楊廷理，〈異域〉，同註45，頁270。

〔註314〕楊廷理，〈排悶〉，同註97，頁467。

〔註315〕同註21，頁156。

　　柯培元將公家住屋東邊的房子取名爲「小停雲館」，並寫下〈小停雲春初寄興〉〔註316〕詩以記其事，柯椽也寫〈跋小停雲館〉〔註317〕與之相和。雲霧繚繞，氤氳多雲的蘭陽，也許是暫時停留，也許是永久的棲息處，多雨的蘭陽，多情的文人。細觀柯培元〈小停雲春初寄興（公廨東有屋三椽，余顏之曰小停雲）〉：

　　　　匆匆新歲換，春色到天涯。階茁姑婆草，庭開姊妹花。

　　　　四山紛沐雨，落日獨明霞。羈客還鄉夢，風吹海上槎。〔註318〕

新歲初春之際，詩人想到自己在天涯觀落日的淒楚。柯椽〈跋小停雲館〉：

　　　　青雲招不來，白雲留不住。我欲賦停雲，雲停渺何處？〔註319〕

陰暗的下雨日，只有烏雲，何來青雲、白雲呢？若以官宦的意象來解釋，到偏遠的臺灣任官已有降職的感覺，更何況是任官的位置又地處臺灣東北角，平步青雲無望，亦恐無撥雲見日的機會，就在此化外僻地稍作停留。此時雖有不得志的感傷，然也有居於帝力之外，不知何時何地，暫時停歇的悠閒感。楊廷理〈登員山〉：

　　　　莫謂此山小，龜峰許並肩。千尋壓吼浪，一撮縈濃煙。

　　　　蟠際眞隨地，安排本任天。披榛舒倦眼，吟望好平田。〔註320〕

他鄉亦或故鄉，居於斯安於斯，蘭地的文人，不論是遊宦至此，或出生此地，他們在雨水豐沛、農產豐盛的蘭陽平原，都能過著自得其樂、休養生息的生活，只是心境不同。

　　在外遊宦十三年的李望洋，將蘭地的書房取名「寄吾廬」，有〈寄吾廬六月十七日〉詩爲證：

　　　　解組歸來瞬歲餘，宜蘭城北寄吾廬。

　　　　時邀明月爲知己，幸有清風不棄余。

　　　　朋輩喜逢今日面，閒中補讀少年書。

　　　　茫茫世局誰能識，人事滄桑迭乘除。〔註321〕

─────────────

〔註316〕同註41，頁454。
〔註317〕同上註，頁456。又見連橫，《臺灣詩乘》（南投：臺灣省文獻委員會，1960年），頁170，惟詩題〈題小停雲館〉，最末句「雲停在何處？」相異。
〔註318〕同註41，頁454。
〔註319〕同上註，頁456。又見連橫，《臺灣詩乘》（南投：臺灣省文獻委員會，1960年），頁170，惟詩題〈題小停雲館〉，最末句「雲停在何處？」相異。
〔註320〕楊廷理，〈登員山〉，同註53，頁475。
〔註321〕同註21，頁174。

歷盡滄桑回到家鄉，任何事物都覺得親切可愛，可悠閒閱讀少時書，可聽到親友間有人情的談話，又有清風明月相伴，可將繁雜的世事拋諸腦後。

　　同樣出生蘭地的李逢時，性情豪爽，喜好吟詠，曾應臺灣道孔昭慈學攻之聘爲幕賓，因此歷遊郡縣，但抑鬱不得志，乃歸隱枕頭山（今宜蘭縣員山鄉）下，與親友草建棲雲別墅，詩酒相酬至終。李逢時〈暮春與同人遊棲雲別墅（有序）〉：

> 在枕頭山下離城西五里許，丁巳（咸豐七年）與族弟春波同置多種
> 果樹，土人漁其利而就耕焉。每值春日桃李盛開，足供遊玩，因名
> 之曰棲雲別墅。
>
> 手結衡茅傍水西，護居何必險山谿。
>
> 川長自種花千樹，果落時聞鳥一啼。
>
> 黃葉隔村人叱犢，白雲垂野客扶犁。
>
> 深耕僅得彈丸地，愁聽邊城動鼓鼙。〔註322〕

咸豐 7 年（1857），李逢時與李春波〔註323〕兩人在枕頭山設置棲雲別墅，此地成爲蘭地文人聚會的場所。此詩最末一句雖帶有悲痛的情緒，全詩卻給人和諧安樂的感覺，也許土地不夠肥沃，也許建築不夠輝煌，但蟲鳴鳥叫，花香果實，依山傍水，耕田叱犢，此地有如地外桃源，邊城鼓聲雖引人發愁，但此彈丸之地卻不受影響。這間「手結衡茅」的簡陋房屋，卻是文人心中的「別墅」。「斯是陋室，惟吾德馨」（劉禹錫〈陋室銘〉）地小屋陋沒關係，人氣可彰顯地氣，這間茅廬蓋成的別墅，同治 4 年（1865）還存在，李逢時〈乙丑棲雲別墅漫興〉：

> 一桁青山帶夕曛，數村雞犬亦相聞。

〔註322〕詩前序文之標點符號爲筆者所加。見註83，頁7～8。

〔註323〕李春波（1833～1892），字鏡如，號心亭。原本家境清貧，弱冠應歲試及第爲生員，轉入仰山書院攻讀，咸豐9年（1859）中舉人。回臺後，掌教仰山書院，先後有高足陳望曾、李春瀾、李春潮等人。其後曾五度晉京赴考，惜朱衣未點頭。同治7年（1868）參加戊辰科禮部會試及格，挑取國史館謄錄官，不幸遭丁父憂，請假回鄉守喪三年，遂無意仕途。咸豐7年（1857）與宗兄李逢時，友人黃佩卿、陳搏九、陳學庸、張鏡光、陳以德、陳濟川等人，在宜蘭城西枕頭山下建置「棲雲別墅」，另築「蘭亭」，飲酒作文，以娛晚年。李家一門書香，李春波是咸豐九年（1859）舉人，胞弟李春瀾與李春潮分別於光緒二年（1876）及光緒六年（1880）中舉，兒子紹宗是光緒十五年（1889）貢生。詳見林萬榮編著，《宜蘭鄉賢列傳》（宜蘭：宜蘭縣政府民政局，1976年），頁11～14。

　　　　嚴居莫説無供給，有客扶犁耕白雲。

　　　　竹間隨意引流渠，日去鋤雲種野蔬。

　　　　桃李遍開山下路，煙霞自占水邊居。〔註324〕

八年間，棲雲別墅環境沒有什麼變化，一樣是桃李滿山，雞犬相聞，白雲悠
悠的桃源仙境。李兆祥題李春波舉人棲雲別墅對聯：「得好友來如對月，有奇
書讀勝看花」〔註325〕，蘭地文人齊聚棲雲別墅，談詩說文，寫字議理，自成
悠遊天地。

第四節　詩情話意：自成天地桃源行

　　　居於蘭地的文人，以文學的筆觸，陳述風土民情，剖析漢番關係，描繪
自然環境，從這些作品中我們體會到清治時期蘭地漢人社會生活的點點滴
滴。若與全臺相較，蘭地清治時期傳統文學呈現「翩然來遲起步晚」、「三貂
嶺上兩樣情」、「盡忠職守報皇恩」、「自然人文地方感」、「深情眷戀小桃源」
五項特點。

一、翩然來遲起步晚

　　　有關臺灣清治時期古典詩的發展，廖一瑾《臺灣詩史》〔註326〕以朝代區
隔各時期，嘉慶年間才出現與蘭地有關的遊宦文人，如楊廷理、姚瑩，至於
蘭地本地文人，終清之世，無一人上榜。林政華〈臺灣古典詩的發展與欣賞〉
〔註327〕以區域分期，清康熙22年以後為「臺灣本地期」，依序可分為「鹿港
期」、「淡水期」、「臺北期」、「臺中期」、「基隆期」、「高雄期」，蘭地只在淡水
期約略被提及，並無獨領風騷時期。蘭地開發遲至嘉慶初年，文教建設也隨
之逐漸創置，然終因地勢限制，交通不便，發展受限。

　　　有關臺灣清治時期散文發展，林淑慧研究認為清治前期（1683～1795）
臺灣初納入清版圖，來臺文人一方面記錄實地見聞，同時也懷著想像與好奇

〔註324〕李逢時，〈乙丑棲雲別墅漫興〉，同註83，頁84。
〔註325〕李兆祥為噶瑪蘭人，同治元年中秀才，此詩錄自陳志謙手跋，陳長城編著，〈蘭
　　　城殘墨餘譚（四）〉《蘭陽》，第13期（臺北：蘭陽雜誌社，1978年3月），
　　　頁112～115。
〔註326〕廖一瑾（雪蘭），《臺灣詩史》（臺北：文史哲出版社，1999年）。
〔註327〕林政華，〈臺灣古典詩的發展與欣賞〉，《臺灣文學汲探》（臺北：文史哲出版
　　　社，2002年），頁6～56。

的心態，描寫臺灣這個新的「邊陲」之地，作品呈現旅遊書寫的特色。清治中期（1796～1866）在地士紳與遊宦文人擔任書院講席，或參與公共建設與編纂方志，以及社會救濟的情形已漸普遍，作品呈現社會教化特色。清治後期（1867～1895）通商港埠陸續開放後，文人常直率發表對政經局勢的評論，及對文化變遷的省思，作品呈現議論時事書寫的特色。〔註328〕

　　蘭地傳統文學發展以蕭竹〈甲子蘭記〉首開其端，較全臺晚了一期，清治中期（1796～1866）才起步，此時期旅遊與奏議文章並行，並以遊宦文人作品為主。清治後期（1867～1895）國事家事，事事關心的時期，本地文人已嶄露頭角。本地文人與遊宦文人關懷的視角有別，遊宦者注意到地方的治理，抱持盡忠職守的心情，以采風心情書寫蘭地人情風俗，本地文人對蘭地有較深的認同感，以「在地」的觀點書寫蘭地景觀及事物。

二、三貂嶺上兩樣情

　　遊宦至蘭的文人對入蘭道旅的艱困有較深的體會，因此對於三貂嶺至頭圍的路況有較多的描寫，例如楊廷理〈孟夏六日重上三貂口占〉〔註329〕二首、〈丁卯九日錫口道中〉、〈上三貂嶺〉、〈孟夏六日重上三貂嶺頂口占〉、〈出山漫興〉〔註330〕，及柯培元〈過草嶺〉〔註331〕等詩，描寫入蘭道途的艱辛，對三貂嶺風大雨疾，山路崎嶇不平，番民為害的情形，多所描繪。相較之下，蘭陽濁水溪以南的羅東，敘述較少，僅楊廷理〈羅東道中〉著重自然景色描繪，末聯傳達作者三年內五度入蘭，對蘭地事物的熟悉。詩題小註：「生番呼猴曰惱黨，是處有石如猴，傳者誤為羅東」讓後人得知羅東地名的由來。

　　蘭陽子弟經過三貂嶺離開蘭地，他們想到是離鄉的別情，而不是入蘭的艱辛。李逢時〈出北關〉〔註332〕、〈三貂〉〔註333〕、〈三貂山歌七章〉〔註334〕、〈兩度貂嶺〉〔註335〕、〈望貂山〉〔註336〕，以及李望洋〈余自去歲壬申正月

〔註328〕林淑慧，《臺灣清治時期散文發展與文化變遷》，臺灣師範大學國文所，2005年博士論文。
〔註329〕此詩名《噶瑪蘭志略‧藝文志‧詩》載「日」為「月」。
〔註330〕同註97，頁464～465。
〔註331〕同上註，頁482。
〔註332〕李逢時，〈北關〉，同註83，頁21。
〔註333〕李逢時，〈三貂〉，同上註，頁21。
〔註334〕李逢時，〈三貂山歌七章〉，同上註，頁48～50。
〔註335〕李逢時，〈兩度貂嶺〉，同上註，頁113。

二十六日出門六月十六到廿一路所經重洋之險山水之勝車馬之勞欲構一長篇以紀巔末無如枯腸苦索毫無意思遲至今年癸酉五月十五日在寓悶坐靜裡思家不已因作西行吟平仄七十一韻以自解〉〔註337〕等詩，都述說三貂嶺上離家的愁緒，「濤聲送我出關門」〔註338〕，「人自回家我作客」〔註339〕，一樣的三貂嶺，離鄉入蘭兩樣情。

三、盡忠職守報皇恩

　　有關風土教化、治疆馭民的作品為方志收錄的重點，因此清治時期蘭地詩文有極大的部分是這方面的作品，從這些作品可深刻感受到文人們對朝廷的忠貞，對人民的關愛。遊宦至蘭的清朝官員，身負朝廷的使命，期待以好的政績，再獲朝廷重用，如楊廷理〈抵蛤仔難即事〉：

> 亂山行盡是頭圍（原名頭城，予為改之），茆舍參差白板扉。
> 萬姓歡騰迎太守，千疇穰釀載朝暉（山中無日不雨，是日晚晴）。
> 民嵒可畏知時語，忠信堪師涉世機。
> 一紙乞憐來已晚（時得朱濆投誠稟），帝威所暨義旗揮（理宣布朝廷
> 德威，於是化外之民，皆成義旅）。〔註340〕

又如，柯培元〈過草嶺〉：

> 荒草沒人作風浪，我御天風絕頂上。
> 風催飛瀑衝石過，霧漫前山殢雲漲。
> 老猿攀枝窺行人，怪鳥啼煙弄新吭。
> 千年老樹無能名，十丈懸崖陡相向。
> 下瞰大海疑幽冥，仰視天光透微亮。
> 安得化險為平夷，中外同歌王道蕩。〔註341〕

這兩首詩作呈現官宦者入蘭的心態，他們之所以願意遠渡重洋，翻山越嶺，

〔註336〕李逢時，〈望貂山〉，同上註，頁114。
〔註337〕李望洋，〈余自去歲壬申正月二十六日出門六月十六到廿一路所經重洋之險山水之勝車馬之勞欲構一長篇以紀巔末無如枯腸苦索毫無意思遲至今年癸酉五月十五日在寓悶坐靜裡思家不已因作西行吟平仄七十一韻以自解〉，同註21，頁60～67。
〔註338〕李逢時，〈北關〉，同上註，頁21。
〔註339〕李望洋，同註21，頁63。
〔註340〕同註97，頁465。
〔註341〕同註97，頁482。

來到終年多雨的蘭陽，最主要是宣揚「帝威」，讓「中外同歌王道蕩」。這樣的詩作，收入官方志書，一則歌頌皇恩，一則表明忠誠，可謂公私皆宜。

遊宦臺灣者心態不一，楊廷理對發放邊疆（由大陸到臺灣）不滿、鬱悶，但克盡職守，為民服務，〔註342〕以蘭地角度觀之，蘭地能得賢官擘畫草創事宜，幸也；李望洋身為蘭陽子弟，遠任甘肅，受人民愛戴，得贈萬人衣，榮也。受儒家教化的讀書人，如果能實踐「窮則獨善其身，達則兼善天下」（《孟子・盡心上》）的理想，對人民或自身而言，都是佳事。從留存下來的科考文章，我們讀出清治時期蘭地士子追求科考的努力及提昇本地文教的用心。深受儒家教育薰陶的士子，常懷忠君報國的思想。

四、自然人文地方感

追溯「八景詩」的寫作源頭，始自六朝山水文學有意識的取景，行旅他鄉者，登高望遠作定點式欣賞風景的活動，進而演變成「刻意」觀賞美景的耽美活動。〔註343〕遊宦至蘭者如蕭竹、烏竹芳、柯培元、陳淑均等都有意標舉蘭陽八景以彰顯蘭地景觀。出生蘭地的文人如李祺生、黃學海、李逢時、李望洋反而不熱衷於標舉八景，凡家鄉蘭地景觀各有特色，似乎無標舉八景的必要，李逢時寫了「雞籠八景」〔註344〕卻沒有寫「蘭陽八景」。因此，「蘭陽八景詩」可視為外地文人欲認識蘭地，顯示自己對此地的瞭解所進行的書寫策略。

地方感的形成在於人們對某地熟悉與瞭解，進而產生親切的認同感。撰寫「蘭陽八景詩」是方式之一，自然人文景致的描繪也是重要的關鍵。不論是本地文人或遊宦文人，經由他們的書寫，我們可以得知蘭地自然人文的整體特色：

1、地處偏僻，開墾不易。

2、三貂嶺是入蘭重要孔道。

3、最重要的地景——龜山，充滿神話色彩。

4、族群械鬥是當局者最頭痛的問題。

〔註342〕謝崇耀，《清代臺灣宦遊文學研究》（臺北：蘭臺出版社，2001年）。

〔註343〕衣若芬，〈閱讀風景：蘇軾與「瀟湘八景圖」的興起〉，《千古風流——東坡逝世九百年學術研討會》（臺北：洪葉出版社，2001年），頁693。

〔註344〕李逢時〈雞山積雨〉、〈鱟穴凝煙〉、〈三爪聳翠〉、〈八尺澄清〉、〈社寮漁火〉、〈燭嶼夜光〉、〈人堆戰浪〉、〈仙洞鳴泉〉，同註83，頁100～102。

5、潮濕多雨帶來豐沛的資源也困住旅人。

6、竹圍籬笆和火紅的拂桑花是最主要的農家景觀。

7、農曆七月搶孤活動場面盛大最具特色。

　　對某地的真實觀感，只有經由真正的生活經驗才能獲得，它可以是共同擁有的情感，也允許個別經驗的差異。〔註345〕實際居住於蘭地的文人，以親身的經歷書寫蘭地自然人文景觀，表達他們對蘭地的感覺和看法。

五、深情眷戀小桃源

　　蘭地僻處臺灣東北角，開發較慢，加上地形封閉，出生於蘭地的文人對家鄉存有「守著天井」〔註346〕的滿足感，他們形容蘭地有如陶淵明筆下桃花源〔註347〕，悠然自足，自成天地，即使離鄉在外，心中仍舊眷戀滿城修竹、綿綿多雨的蘭地。

　　同樣是離鄉在外作官，李望洋西行大陸的遊宦想法，和大陸文人遊宦至臺的書寫模式有很大的不同。《西行吟草》的寫作誘因，在於「思鄉」及報皇恩，因此在《西行吟草》詩作中我們很少讀到有關當地風俗紀錄。〔註348〕離鄉在外遊歷，走過千山萬水的李望洋，回到家鄉時，內心不禁讚嘆：

　　　　五岳歸來又看山，三貂一路透重關。

　　　　誰知海角成源洞，別有桃花不改顏。〔註349〕

這首〈境比桃源〉出自李望洋〈宜蘭襍詠八首五月七日〉最後一首，全詩展現作者回歸蘭地的喜悅，因歸心似箭，三貂嶺不會是重重阻礙，反而是一路暢通。重回桃花源境的歸鄉路，走起來是如此的輕鬆愉快。

〔註345〕Allan Pred 著，許坤榮譯，〈結構歷程和地方──地方感和感覺結構的形成過程〉，《空間的文化形式與社會理論讀本》（臺北：明文書局，1993 年），頁 92。

〔註346〕王鼎鈞文章中曾提到他見過一個住在深山裡的家庭，森林和嚴石替他們圍了個天井，他們世世代代守著天井過日子。他們不理解人為什麼要走那麼遠的路（離開天井），他們認為男孩子走那麼遠的路怎能長大成人，女孩子走那麼遠的路怎能生兒育女。本文「守著天井」取自此文概念，比喻人們安居於家鄉的心態。王鼎鈞，《海水天涯中國人》（臺北：爾雅出版社，1982），頁 1～5。

〔註347〕李逢時〈子觀宗一兄之令甘肅詩以贈別十二首〉稱蘭地為「此間自是桃源洞」詳見註81，頁 121～124。李望洋〈九月初旬歸山雜詠〉題註：「宜蘭縣俗稱小桃源」，同註21，頁 156。

〔註348〕許惠玟，《道咸同（1821～1874）臺灣本土文人詩作研究》，中山大學中文系，2007 年博士論文，頁 438；455～456。

〔註349〕李望洋，〈境比桃源〉，同註21，頁 174。

　　如果說許南英筆下的桃源是一種依託的理想世界，陳肇興筆下的桃源是一種不可得的理想世界，〔註350〕那麼李逢時、李望洋筆下的桃源是親切可近的家鄉，它不是摸不著，搆不著的「理想世界」。換個角度來說，地形的封閉，限制蘭地的種種發展，相對的，卻帶人們自給自足的喜樂。不論是「小停雲」、「棲雲別墅」或是「寄吾廬」，蘭地是眞實存在的小桃源，而非尋不著路徑的理想世界。

小　結

　　本章梳理清治時期蘭地傳統詩文作品，經由實際文本的閱讀，結合人文地理學的觀念，探析傳統文人對蘭地的關懷。又因作者背景亦會影響創作內容，故區分作者與蘭地的關係，藉以說明出生於蘭地的文人對成長家園的熱愛和眷戀，以及外來文人對蘭地體認與觀感。

　　本文以「區域文學史」的寫作爲目標，在第一章剖析作者、作品與區域的關係，因此在本章中對於作者離鄉的作品也可以獲得適切的討論，並比較本地文人與外地文人對蘭地認同感的差異。蘭地開發及文教發展晚於全臺是不爭的事實，但封閉的環境反而成就「桃源仙境」的眞實想像，形塑強烈的地方感。

〔註350〕同註348，頁446。